合理的配慮義務の横断的検討

差別・格差等をめぐる
裁判例の考察を中心に

編者
九州弁護士会連合会
大分県弁護士会

現代人文社

◎巻頭言

　本書は，2017（平成29）年10月に大分市で開催される第70回九州弁護士会連合会定期大会でのシンポジウムに関連して，大分県弁護士会会員（シンポジウム部会）が取り組んだ成果をまとめたものです。

　障害者権利条約は，2006（平成18）年12月，第61回国連総会で採択され（発効：2008〔平成20〕年5月），わが国は，2014（平成26）年1月，同条約を批准しました。この間の2013（平成25）年6月には「障害を理由とする差別の解消の推進に関する法律」（障害者差別解消法）が成立し，また，「障害者の雇用の促進等に関する法律」（障害者雇用促進法）が改正されました（2016〔平成28〕年4月1日施行）。合理的配慮義務は，これらの法律において公法上の義務として規定されています。

＊

　本書は，この合理的配慮という概念が，わが国の法制上はじめて用いられたものであるところから，合理的配慮義務の内容，法的問題等を検討して行為規範としての意義を明らかにすること，合理的配慮に関する実際の取組みの検証を通じて今後の実践に活かすことを企図し，そのうえで，これらの法律で定められた合理的配慮義務の考え方が，他の法分野において行為の有効性ないし違法判断に際しての判断手法として用いることができるのではないかという視点（むしろ，これを積極的に活用することで違法性判断の考慮事情がより明確になるのではないかという野心的な視点といって良いと思います。）を持って取りまとめられました。

　もとより，まったく新しい法概念について，障害分野以外の法分野への適用ないし展開可能性を検討すること自体に無理があるという批判もありうるところだと思います。しかしながら，本書を手にされた方は，この合理的配慮論が

特に差別や格差が問題となる場面で有効に機能することを理解していただけると信じます。本書が，今後の裁判実務においての違法性判断や有効性判断の場面で合理的配慮論が活用される端緒となることを期待しています。

　　　　　　　　　　　　　　　　　　　　　　　九州弁護士会連合会
　　　　　　　　　　　　　　　　　　　　　　　　理事長　　岩崎　哲朗

◎はしがき

　2016（平成28）年4月1日，障害者に対する不利益取扱いに関して，わが国の実定法上はじめて認められた「合理的配慮義務」の規定が施行されるに至った。すなわち，障害者差別解消法において，行政機関等および事業者に対して，障害者への差別禁止の一つとして合理的配慮義務が定められ，また，改正障害者雇用促進法において，事業主の障害者に対する合理的配慮提供義務が定められている。

　これらの法律に規定された合理的配慮義務は，大まかにいえば，障害者に一定の支障が生じている場合において，行政機関等や事業者・事業主に対し，その支障となっている事情を改善ないし除去するための合理的な配慮の提供を義務づけるものである。本書では，このように当事者の一方に何らかの支障が生じている場合において，他方当事者に対して当該支障となる事情を改善ないし除去するための合理的な配慮の提供が法的に求められるという考え方を「合理的配慮論」と呼称している。

　本書は，この合理的配慮論に関して，わが国の障害者法制における合理的配慮の実践の現状と課題を確認するとともに，障害者差別解消法および障害者雇用促進法に規定された合理的配慮義務について解釈上の問題を含めてその内容を検討し，そのうえで，合理的配慮論の射程として障害分野以外の他の法分野に同様の考え方を適用ないし展開できないかを考察しようというものである。

＊

　わが国の合理的配慮への取組みの現状については，各方面における合理的配慮への取組み状況を調査し，この調査を踏まえて今後の課題の検討を行っており，これは主として第1部で論じられる。また，合理的配慮義務がどのような内実を有しているかという点については，海外における合理的配慮論の内容の検討，

わが国の障害者差別解消法および改正障害者雇用促進法が施行される前の裁判例の検討，これを踏まえた合理的配慮義務規定の解釈上の問題についての検討などを行っており，これは第2部で論じられる。

合理的配慮論の射程および展開可能性についての考察は，主として第3部で論じられる。その考察方法としては，考察対象とする法分野における裁判例について，その判示内容に合理的配慮論と相通じるものがあるか，あるいは判示内容を前提にして合理的配慮論を適用しうる可能性があるかといった視点のもとに裁判例を検討するということを行った。したがって，取り上げた裁判例をいわば実験的な視点で検討するという内容になっている。

このような試みは，ある意味では，新たな規範の定立に向けた作業になるが，残念ながら，弁護士の日々の業務は，既に存在する規範をもとに具体的事実を規範に適用して事案を解決するということが中心であることから，研究者と違って新たな規範定立のための作業に慣れているわけではない。そのため，裁判例の考察といっても，比較法的な観点を踏まえた検討などが十分なされているわけではないし，考察の結果についても研究者からみれば不十分なものにとどまっているかもしれない。しかし，一定の視点をもって裁判例を検討した実務家の考察の結果としては，それなりに意味のあるものではないかと考えている。

また，新たな規範定立という点では十分な見解を示すことはできないとしても，裁判例を検討するにあたって，従前とは異なった視点を入れて判断内容を分析することで，その裁判例の判断を，これまでとは違った観点を踏まえて改めて理解し直すという契機になりうるのではないかとも考えている。したがって，裁判例についての理解を深めうるという意味を有するのではないかと期待している。

＊

　本書は，本年10月に大分市で開催される第70回九州弁護士会連合会定期大会でのシンポジウムを企画・検討する過程で，シンポジウムの企画と並行して検討してきた内容をまとめたものである。

　シンポジウムは本書の第１部を主として取り上げることとしており，「合理的配慮の定着に向けて」と題して，障害者に対する合理的配慮の実践についての現状と課題を分析し，合理的配慮の定着のためには地方公共団体による条例の制定が極めて大きな意義を有していることなどを議論する予定である。このシンポジウムの報告書には本書の第１部に関連した資料等を掲載しているので，ご興味のある方は，シンポジウム報告書の方もご覧いただければ幸甚である。

　シンポジウムの企画および本書第１部の内容に関しては，大分県立看護科学大学の平野亙准教授に検討会議の段階からご参加いただき，貴重なご意見をうかがうことができた。平野准教授にはこの場をかりてお礼を申し上げる。

＊

　なお，本書では，「障害」ないし「障害者」という表記を統一的に用いている。「障がい」や「障がい者」という表記を使用すべきではないかという指摘もあるが，法律上の表記が「障害」，「障害者」となっていること，他の書籍等でも「障害」，「障害者」という表記が多いこと等を考慮して，上記のような表記を用いることとした。

　2017（平成29）年10月

第70回九州弁護士会連合会定期大会シンポジウム部会
部 会 長　　千野　博之
副部会長　　田中　利武

目　次

巻頭言　ii
はしがき　iv

序　章　検討課題の設定　3
第 1 節　本書の問題関心……………………………………………………3
第 2 節　本書の構成…………………………………………………………9

第 1 部　合理的配慮論の現状と課題

第 1 章　わが国の障害者法制における合理的配慮　15
第 1 節　本章の検討課題……………………………………………………15
第 2 節　障害者法制の概要と合理的配慮…………………………………16
第 3 節　「合理的配慮」の定着に向けての実践と課題……………………29
　　第 1　地方行政　30
　　第 2　教育　35
　　第 3　雇用・福祉的就労　47
　　第 4　司法　57
第 4 節　本章のまとめ………………………………………………………67

第 2 部　合理的配慮論の内実

第 2 章　合理的配慮論の歴史と展開　75
第 1 節　本章の検討課題……………………………………………………75
第 2 節　合理的配慮論の起源と展開………………………………………76
第 3 節　アメリカにおける合理的配慮論…………………………………78
第 4 節　その他の諸外国における合理的配慮論…………………………91
第 5 節　合理的配慮論の独自性と共通性…………………………………97
第 6 節　わが国の「合理的配慮義務」の内容と性質……………………103
第 7 節　他の法分野への合理的配慮の適用可能性………………………108
第 8 節　本章のまとめ………………………………………………………120

第3章　障害分野における合理的配慮論　122

- 第1節　本章の検討課題 ……………………………………………………… 122
- 第2節　裁判例の検討1（就学就園拒否に関する裁判例）……………… 123
- 第3節　裁判例の検討2（移動の権利，雇用分野に関する裁判例）…… 138
- 第4節　制定法下における合理的配慮論の解釈上の問題 ……………… 156
- 第5節　本章のまとめ ……………………………………………………… 171

第3部　合理的配慮論の展開可能性

第4章　労働法分野における合理的配慮論の展開可能性　175

- 第1節　本章の検討課題 ……………………………………………………… 175
- 第2節　労働契約における健康情報の取得 ……………………………… 177
- 第3節　人事をめぐる諸問題（休職・配転等）…………………………… 190
- 第4節　安全配慮義務 ……………………………………………………… 200
- 第5節　セクハラ …………………………………………………………… 213
- 第6節　雇用平等 …………………………………………………………… 222
- 第7節　母性保護・育児休業 ……………………………………………… 233
- 第8節　非正規雇用（非正社員）………………………………………… 245
- 第9節　外国人労働者 ……………………………………………………… 260
- 第10節　本章のまとめ ……………………………………………………… 272

第5章　その他の法分野への合理的配慮論の展開可能性　275

- 第1節　本章の検討課題 ……………………………………………………… 275
- 第2節　性的少数者 ………………………………………………………… 277
- 第3節　信仰に対する合理的配慮 ………………………………………… 286
- 第4節　説明義務・情報提供義務 ………………………………………… 297
- 第5節　約款・消費者契約 ………………………………………………… 308
- 第6節　本章のまとめ ……………………………………………………… 320

終　章　総括　328

- 第1節　本書の検討結果のまとめ ………………………………………… 328
- 第2節　合理的配慮論の展望 ……………………………………………… 342

判例索引　348
あとがき　354

凡　例

1 **文献等**
    判批　　雑誌掲載の判例評釈, 判例批評
    判解　　最高裁判所判例解説民事編

2 **裁判例の表示**
    最判昭59・4・10民集38・6・557
        最高裁判所昭和59年4月10日判決, 最高裁判所民事判例集38巻6号557頁
    大阪高判平25・3・29判時2219・64
        大阪高等裁判所平成25年3月29日判決, 判例時報2219号64頁

3 **判例掲載誌等**
    民集　　　　　最高裁判所民事判例集
    裁判集民　　　最高裁判所裁判集民事編
    下民集　　　　下級裁判所民事裁判例集
    判時　　　　　判例時報
    判タ　　　　　判例タイムズ
    金商　　　　　金融商事判例
    判例自治　　　判例地方自治
    労判　　　　　労働判例
    労経速　　　　労働経済判例速報
    労判ジャーナル　労働判例ジャーナル

4 **判例データベース**
    WLJ　　　　ウェストロー・ジャパン
    LEX/DB　　TKCローライブラリー
    LLI/DB　　　判例秘書

合理的配慮義務の横断的検討

差別・格差等をめぐる裁判例の考察を中心に

序章

検討課題の設定

第1節　本書の問題関心

1　明文化された合理的配慮義務

(1)　障害者権利条約は，2006（平成18）年12月13日，第61回国連総会で採択され，その後，2008（平成20）年5月3日に発効した。

　この条約は，定義規定（2条）において，「障害に基づく差別」について，「障害に基づくあらゆる区別，排除又は制限であって，……あらゆる分野において，他の者との平等を基礎としてすべての人権及び基本的自由を認識し，享有し，又は行使することを害し，又は妨げる目的又は効果を有するものをいう。障害に基づく差別には，あらゆる形態の差別（合理的配慮の否定を含む。）を含む。」と定義している。また，「合理的配慮」については，「障害者が他の者との平等を基礎としてすべての人権及び基本的自由を享有し，又は行使することを確保するための必要かつ適当な変更及び調整であって，特定の場合において必要とされるものであり，かつ，均衡を失した過度の負担を課さないものをいう。」と定義している。

　ここに障害差別における「合理的配慮」の概念が規定されるに至った。

　わが国は，2007（平成19）年9月28日に障害者権利条約に署名し，同条約が発効した後の2014（平成26）年1月20日に同条約を批准した。

(2)　わが国では，障害者権利条約に関して国内法化としての法整備が進められ，2013（平成25）年6月26日，「障害を理由とする差別の解消の推進に関する法律」（障害者差別解消法）が成立し，また，同（平成25）年6月13日には，

「障害者の雇用の促進等に関する法律」(障害者雇用促進法)が改正され，これらの法律ないし改正規定は2016(平成28)年4月1日に施行された。

障害者差別解消法は，障害を理由とする差別を解消するための措置として，行政機関等および事業者の合理的配慮義務を定めた。具体的には，「障害者から現に社会的障壁の除去を必要としている旨の表明があった場合において，その実施に伴う負担が過重でないときは，障害者の権利利益を侵害することとならないよう，当該障害者の性別，年齢及び障害の程度に応じて，社会的障壁の除去の実施について必要かつ合理的な配慮」をすることとし，これを行政機関等については法的義務として規定し(7条2項)，事業者については努力義務として規定した(8条2項)。

また，このような社会的障壁の除去の実施についての合理的配慮に関する環境の整備として，行政機関等および事業者に対して，「社会的障壁の除去の実施についての必要かつ合理的な配慮を的確に行うため，自ら設置する施設の構造の改善及び設備の整備，関係職員に対する研修その他の必要な環境の整備に努めなければならない。」との努力義務を課した(5条)。

改正障害者雇用促進法は，雇用分野において事業主の合理的配慮義務(合理的配慮提供義務)を法的義務として定めた。具体的には，労働者の募集・採用段階において，「障害者からの申出により当該障害者の障害の特性に配慮した必要な措置を講じなければならない。ただし，事業主に対して過重な負担を及ぼすこととなるときは，この限りでない。」と規定し(36条の2)，また，採用後の段階においては，「その雇用する障害者である労働者の障害の特性に配慮した職務の円滑な遂行に必要な施設の整備，援助を行う者の配置その他の必要な措置を講じなければならない。ただし，事業主に対して過重な負担を及ぼすこととなるときは，この限りでない。」と規定した(36条の3)。

そのうえで，これらの合理的配慮措置を講じるにあたって，障害者の意向を十分に尊重するとともに，労働者からの相談に応じ，適切に対応するために必要な体制整備その他の雇用管理上必要な措置を講じる義務を規定した(36条の4)。

こうして，障害者差別解消法および改正障害者雇用促進法において，障害者

に対する合理的配慮義務が規定され，現在，既に施行されるに至っている。

2 合理的配慮義務の解釈論の必要性と実践例の検証の有用性

(1) そこで，次に問題となってくるのは，このような障害者差別解消法および改正障害者雇用促進法に規定されている合理的配慮が，実際には実践されているのかどうかという実態である。

既に障害者差別解消法に関しては，2015（平成27）年2月に「障害を理由とする差別の解消の推進に関する基本方針」が閣議決定され，合理的配慮の基本的考え方などが示されている。また，改正障害者雇用促進法に関しても，2015（平成27）年3月に「合理的配慮指針」が告示され[*1]，基本的考え方，合理的配慮の手続，合理的配慮の内容，過重な負担の考慮要素などが示されている。

しかし，他方で，こうした規定や指針等の整備とは別に，実際にどの程度，合理的配慮に向けた取組みがなされているのか，また，個別対応としての合理的配慮の提供が履践されているのかといった状況が明確になっているとはいいがたい。

(2) これは，合理的配慮義務の具体的内容や，合理的配慮義務に関連して，「社会的障壁」や「過重な負担」とはどのようなことを意味するのかについて，その問題点を含めた検討が十分ではないことも影響しているのではないかと思われる。そのために，合理的配慮に向けてどのような取組みを行うべきか，具体的な場面においてどのような合理的配慮の提供を行うべきかを検討するにあたって，問題点を的確に把握して対応することが容易ではないと考えられなくもない。すなわち，合理的配慮義務が法律上規定されたにしても，その概念が明確ではないために，行為規範としての機能をどこまで持ちうるかという問題が存しているといってよい[*2]。

---

*1 平成27年厚生労働省告示第117号。
*2 岩村正彦ほか「座談会・障害者権利条約の批准と国内法の新たな展開」論究ジュリスト8号（2014）13頁〔岩村正彦発言〕参照。

「合理的配慮」という概念は、障害者差別解消法および改正障害者雇用促進法において、わが国の制定法上、はじめて用いられた概念であるので、その意義をどのように理解し、また、どのような法律上の問題が生じうるのかを検討することが必要であり、こうした検討を行うことが実際の運用にあたっても有用である。

(3) このようなことから、障害者差別解消法および改正障害者雇用促進法で定められるに至った「合理的配慮義務」について、その内容および法的問題点等を検討し、行為規範としての機能をより明確にできないだろうか。

また、こうした解釈論を検討することに加えて、合理的配慮措置に関する実際の取組みを検証することによって、今後の実践に生かすことができるのではないか。

さらには、合理的配慮義務は公法上の義務として規定されているが、この合理的配慮義務に違反した場合のサンクションはどのような内容となるのか。特に、私人が合理的配慮義務違反を主張する場合の法的効果はいかなるものかについては、あまり詳細な議論は尽くされていない。そのため、合理的配慮義務違反に対処するためにはどのような準備が必要か等を考えるうえでも、この点について検討することが有益ではないか。

(4) 以上のような、現行法で規定された「合理的配慮義務」の解釈論の検討、および合理的配慮措置の取組みについての検証が本書の第1の問題関心である。

3 合理的配慮論の他の法分野への適用ないし展開可能性

(1) 合理的配慮義務は、障害者差別解消法および改正障害者雇用促進法ではじめて明文として規定されたものであり、その意味で、これら両法律に定められた法律上の特別の義務と解される。

もちろん、これらの法律に規定された合理的配慮義務が公法上の義務であることから、そうした公法上の義務としての合理的配慮義務が、法律に規定されていない他の法分野に妥当することはない。

しかし，この合理的配慮義務に違反した場合，私人との関係で合理的配慮義務違反にはどのようなサンクションが認められるのか，私人が合理的配慮義務違反を理由としていかなる請求がなしうるかという局面は，公法上の義務の場合とは別途の考慮もなしうるのではないだろうか。

　(2)　障害者差別解消法および改正障害者雇用促進法で定める合理的配慮義務は，①その者に対する積極的措置を求めるものであること，②その措置が過重な負担となる場合には義務は認められないこと等が規定内容となっており，これまでに債務不履行ないし不法行為等における注意義務や配慮義務などで論じられていたものとは異なった視点が示され，これらが配慮義務違反の有無の判断や，行為の違法性ないし有効性判断にかかわっている。
　このような合理的配慮義務について，障害者差別解消法および障害者雇用促進法の適用対象となる場合だけでなく，その他の法分野においても，行為の有効性ないし違法判断に際して同様の考え方を適用できるとすれば，問題となっている行為の有効性ないし違法判断に一つの判断過程ないし判断手法として追加することができて，当該行為の有効性ないし違法性を判断するための有用なツールとなりうるのではないか。
　合理的配慮義務自体は，障害者差別解消法および改正障害者雇用促進法に公法上の義務として規定されたものであるので，これを直接に他の法分野に適用することは難しいかもしれないけれども，この合理的配慮義務の根底にある考え方や，合理的配慮義務を参考にしてこれに類似した考え方をもとに，他の法分野において私人が一定の行為を無効と主張したり，一定の行為が違法であると主張したりする際に，その有効性ないし違法性判断の考慮事情の一つとして取り上げることは不可能とまでいえないのではないだろうか。
　合理的配慮義務は，障害者差別解消法および改正障害者雇用促進法ではじめて規定されたものであるが，それ以前において，行為の効力や違法性の有無の判断に際して，合理的配慮義務に類似するような考え方で違法性ないし有効性判断がなされた例はないのだろうか。そのような例があるとすれば，そうした実例も踏まえて，改めて，合理的配慮義務の考え方を，対象行為の有効性ない

し違法性判断の考慮事情の一つに取り上げて違法性の判断過程を示すことができるのではないだろうか。

(3) 以上のような問題意識をもとに、合理的配慮義務ないし類似の考え方について、障害者差別解消法および障害者雇用促進法が適用されない他の法分野に適用ないし取り入れることができないかについて検討することが、本書の第2の問題関心である。

このような問題関心については、これまでのところあまり議論されていないようであり、そのため、この検討課題は本書が独自に検討や考察を行わざるをえない。しかし、法律実務家にとっては、合理的配慮義務の公法上の義務についての規律という側面と比べると、義務違反のサンクションや、合理的配慮義務が裁判規範としてどの程度の有用性を有するかといった側面の方がより身近な問題であり、そのため、この第2の問題関心を本書の中心的課題ととらえている。

本書では、この問題関心についての検討として、他の法分野における裁判例を取り上げたうえで、合理的配慮義務ないし類似の考え方を視点にして裁判例の判断を位置づけることができないかという考察を行う。こうした検討作業を行うことは、裁判例の判断過程をこれまでとは異なった視点でとらえて、その内容を確認するという意義を有するとも考えられるところ、このような作業は法律実務家にとっても有益なものといえるのではないだろうか。

4　本書の検討課題

以上述べてきたところからお分かりいただけるとおり、本書の中心的検討課題は、障害者差別解消法および改正障害者雇用促進法で定められた合理的配慮義務ないしその基礎にある合理的配慮論、あるいはこうした合理的配慮論に類似する考え方について、これを明文の定めのない他の法分野に適用ないし展開できないかを検討することにある。

そして、そのためには、そうした検討の前提として、障害者差別解消法および改正障害者雇用促進法に規定された合理的配慮義務の内容を明らかにすると

ともに，解釈上の問題点，裁判規範としての有用性，合理的配慮義務違反に対する救済措置等を検討する必要がある。

第2節　本書の構成

1　以上のような検討課題について，本書では，以下のような構成で検討を進めたいと考えている。

　まず，本書を大きく3部構成とし，第1部は，わが国における合理的配慮への取組み状況を検討する。これによって，障害者に対する合理的配慮について社会が実践しているか否かを検証し，今後の課題を確認しようというものである。第2部では，合理的配慮義務，合理的配慮論と呼ばれる考え方の具体的内容について検討する。これは，合理的配慮義務，合理的配慮論の考え方についての他の法分野への適用ないし展開可能性を論じるための前提として，合理的配慮論に関する考え方の基礎を確認する作業である。次いで，第3部では，個別の法分野を取り上げて，合理的配慮義務，合理的配慮論の考え方が適用ないし展開できないかを具体的な裁判例等に即して検討を加える。

2　この第1部ないし第3部についての具体的な内容は，以下のとおりである。

(1)　第1部は，第1章のみで構成されており，わが国の障害者法制における合理的配慮に関する制度の概要を確認するとともに，合理的配慮についての取組み状況の現状と課題について考察を加える。取組み状況の現状については，行政分野，教育分野，雇用分野，司法分野を対象とし，各種の資料やアンケート調査をもとに検証を行う。

(2)　第2部は，第2章と第3章とからなる。第2章では，合理的配慮論が認められてきた海外の法制度とその展開を紹介し，また，海外において合理的配慮論がどのように議論されているか等を検討する。そのうえで，わが国おいて，合理的配慮義務や合理的配慮論ないしこれに類似する考え方を，障害差別だけ

でなく他の法分野に適用ないし展開できないかについての理論的可能性を考察する。

　第3章では，障害者差別解消法および改正障害者雇用促進法で規定された合理的配慮義務の内容を解釈上の問題点も含めて検討したいと考えている。その前提として，制定法や改正法が施行される以前の段階で，障害者に対する不利益取扱い等が争われた裁判例の検討を行う。

　(3)　第3部は，第2部における合理的配慮論の検討を受けて，合理的配慮論ないし類似の考え方についての他の法分野への適用ないし展開可能性を，個別の法分野を特定して検討を加える。その具体的方法としては，個別の法分野における裁判例について合理的配慮論の視点から判断内容を検討するというものである。

　いかなる法分野について検討を加えるか，その対象を特定することは極めて困難であるが，本書では，一応，障害者差別解消法および障害者雇用促進法と比較的関連する可能性のある分野を取り上げることにした。

　そこで，第4章では，労働法分野における合理的配慮論の展開可能性を検討した。労働法ないし雇用の分野は，障害者雇用促進法に合理的配慮義務（合理的配慮提供義務）が規定されていることもあり，障害差別に限らず，その他の雇用問題においても同様の考え方が妥当しないかという視点から検討することが可能と考えられることから，取り上げることとした。

　第5章では，労働法分野以外における法分野をまとめる形で「その他の法分野」と題して個別に取り上げることとした。具体的には，格差や不利益取扱いが特に問題となりうると考えられるテーマとして，LGBTなどの「性的少数者」，「信仰ないし宗教」との関係を検討対象に取り上げた。このほかにも，民法の分野では，高齢者問題や未成年者，責任能力の制限の問題なども想定しうるが，広範囲に対象を広げることによって議論が散漫になるおそれを考慮して検討対象に含めることはしていない。また，消費者法関連では，「説明義務・情報提供義務」，「約款・消費者契約」を取り上げた。もっとも，「説明義務・情報提供義務」は民法に関連する問題でもあり，消費者法だけの視点というわけでは

ない。

　これらの第4章, 第5章の検討では, 具体的な裁判例を取り上げつつ, これとの対比や考察を行うことによって, 合理的配慮義務, 合理的配慮論ないしこれに類似した考え方を適用ないし展開する可能性があるか否かを検討している。

　3　このような検討を踏まえて, 終章で, 合理的配慮論ないし類似の考え方について, 他の法分野への適用ないし展開可能性についての一応の考察結果を示したいと考えている。

第 1 部

合理的配慮論の現状と課題

第1章
わが国の障害者法制における合理的配慮

第1節　本章の検討課題

1　本章では，わが国の法制度において，合理的配慮論を唯一明文の規定としている障害者法制の全体像とその具体的内容を紹介したうえで，こうした規定を現実に定着させるために，どのような実践が行われているのかを，各分野ごとに検証し，合理的配慮論が実定法規範として機能するために必要とされる課題を明らかにする。

2　わが国の法律において，最初に合理的配慮論を採用したのは，2011（平成23）年に改正された障害者基本法である。

その契機となったのは，国連における2006（平成18）年12月の障害者の権利に関する条約（障害者権利条約）の採択である。同条約に署名したことに伴い，改正された障害者基本法には，不十分ながらも障害についての社会モデルが定義規定として採用され，合理的配慮の不提供が差別になる旨が明記されるに至るとともに，医療，療育，教育，選挙等々の分野ごとに必要な配慮がなされるべき旨が規定されている。

そのうえで，同条約の批准に向けての作業として，「障害者の日常生活及び社会生活を総合的に支援するための法律」（障害者総合支援法），「障害者虐待の防止，障害者の養護者に対する支援等に関する法律」（障害者虐待防止法）の制定とともに，新たに立法化され，あるいは改正されたのが，障害者差別解消法，障害者雇用促進法である。

本章では，まず，次節において，こうした障害者法制の体系の概要を紹介し，

障害者基本法，障害者差別解消法および障害者雇用促進法の関係を明らかにしたうえで，各法律における「合理的配慮論」の具体的内容を明らかにしていくこととする。

続いて第3節では，わが国の障害者法制における合理的配慮論が単なる政策目標や努力条項ではなく，実定法規範として定着し機能するに至るには，どのような課題を克服することが必要とされているのかを明らかにするために，合理的配慮を定着させるための地方行政，教育，雇用，司法の各分野における対応方針の策定や条例の制定等の具体的な取組状況とその問題点について検討している。

3 これらの検討を経て，第4節では，本章のまとめとして，合理的配慮の定着のための課題を明らかにし，条例制定の意義と司法における取組みの遅れの問題について論じていくものである。

第2節　障害者法制の概要と合理的配慮

本節では，第3節において，合理的配慮の諸分野における取組みについての現状等を踏まえて，合理的配慮の定着に向けた実践と課題を論じるための前提作業として，日本の障害者法制を構成する主要な法律を紹介し，合理的配慮の位置づけを確認する。そのうえで，合理的配慮について定める法律について概観し，合理的配慮を実効化するための仕組みについて述べることにする。

1　日本の障害者法制と合理的配慮
(1)　障害者法制と合理的配慮

障害者法制は，各種の法律，条例，および，それら諸法令または要綱，予算措置などに基づく各省庁，各地方公共団体の施策からなる。

障害者法制にかかわる主な法律は**表1**のとおりである。

表1　障害者法制を構成する主要な法令一覧[*1]

```
障害者基本法
社会福祉法
児童福祉法(障害児関連)
知的障害者福祉法
精神保険及び精神障害者福祉に関する法律(精神保健福祉法)
発達障害者支援法
障害者虐待の防止,障害者の擁護者に対する支援等に関する法律(障害者虐待防止法)
心神喪失等の状態で他害行為を行った者の医療及び観察等に関する法律(医療観察法)
高齢者,障害者等の移動等の円滑化の促進に関する法律(バリアフリー新法)
障害者の日常生活及び社会生活を総合的に支援するための法律(障害者総合支援法)
介護保険法(障害のある高齢者)
障害を理由とする差別の解消の推進に関する法律(障害者差別解消法)
障害者の雇用の促進等に関する法律
難病に患者に対する医療等に関する法律(難病法)
国等による障害者就労施設等からの物品等の調達の推進に関する法律(障害者優先調達法)
身体障害者旅客運賃割引規則・知的障害者旅客運賃割引規則
身体障害者の利便の増進に資する通信・放送身体障害者利用円滑化事業の推進に関する法律
教育基本法
学校教育法
障害のある児童及び生徒のための教科書特定図書等の普及の促進等に関する法律
公職選挙法
```

　上記各種の法律のうち，合理的配慮を定めた法律としては，障害者基本法，障害者総合支援法，障害者差別解消法，2014（平成26）年に改正された改正障害者雇用促進法が重要である。

(2) 理念法

　合理的配慮の提供義務を理念として掲げた法律として，最も重要なものは障害者基本法である。

　障害者権利条約に署名したことを受けて，2011（平成23）年に障害者基本法が改正され，次のとおり，合理的配慮が理念として掲げられるに至った。す

[*1]　社会福祉士養成講座編集委員会『障害者に対する支援と障害者自立支援制度』（中央法規，第5版，2015）88頁以下をもとに作成。

なわち，障害者基本法4条は，「差別の禁止」として，従前からあった1項（ただし旧法では3条）に加えて，2項として，「社会的障壁の除去は，それを必要としている障害者が現に存し，かつ，その実施に伴う負担が過重でないときは，それを怠ることによって前項の規定に違反することとならないよう，その実施について必要かつ合理的な配慮がされなければならない」と規定した。「社会的障壁」とは，「障害がある者にとって日常生活又は社会生活を営む上で障壁となるような社会における事物，制度，慣行，観念その他一切のもの」をいう（2条2号）。ここに，「社会的障壁」の除去に向けて，「必要かつ合理的な配慮」を提供すべきこと，合理的配慮の不提供は差別にあたることが，日本の法制上，はじめて明文化された。

さらに，2012（平成24）年に制定された障害者総合支援法1条の2は，基本理念として，障害者に対する支援は，「障害者及び障害児にとって日常生活又は社会生活を営む上で障壁となるような社会における事物，制度，慣行，観念その他一切のものの除去に資することを旨として」，行わなければならないと規定した。ここにも，基本理念として，社会的障壁の除去を目指す合理的配慮が規定された。

これらの法律で合理的配慮が規定されたのは，障害の定義にかかわる大きな転換がある。すなわち，「医学モデル」から「社会モデル」への転換である。「医学モデル」とは，障害，すなわち障害者の社会生活上の不利の原因を，心身の機能障害に還元する考え方である[*2]。これに対し，「社会モデル」とは，障害者の社会生活上の不利は心身の機能の障害それ自体ではなく，心身の機能の障害と社会的障壁との相互作用によって生じるとし，とりわけ社会的障壁の問題性を強調する考え方である[*3]。「社会モデル」の採用によって，障害を克服するには社会の側がこそが変わるべきであるという形で障害分野において合理的配慮論との接続が図られることとなり，合理的配慮の不提供は障害者に対する差別であるとする差別概念が生まれたのである。

[*2] 川島聡ほか『合理的配慮』（有斐閣，2016）149頁〔西倉実季〕。
[*3] 川島ほか・前掲注(2) 149頁〔西倉実季〕。

(3) 障害者差別解消法

以上は理念法であり，合理的配慮をより具体化する法律として，2013（平成25）年，障害者差別解消法が制定され，2016（平成28）年4月1日に施行された。この法律の概要は**図1**のとおりである。

図1　障害者差別解消法の概要

障害を理由とする差別の解消の推進に関する法律（障害者差別解消法〈平成25年法律第65号〉）の概要

| 障害者基本法
第4条
基本原則
差別の禁止 | 第1項：障害を理由とする
差別等の権利侵害
行為の禁止
何人も，障害者に対して，障害を理由として，差別することその他の権利利益を侵害する行為をしてはならない。 | 第!項：社会的障壁の除去を怠ることによる権利侵害の防止
社会的障壁の除去は，それを必要としている障害者が現に存し，かつ，その実施に伴う負担が過重でないときは，それを怠ることによって前項の規定に違反することとならないよう，その実施について必要かつ合理的な配慮がされなければならない。 | 第"項：国による啓発・知識の普及を図るための取組
国は、第一項の規定に違反する行為の防止に関する啓発及び知識の普及を図るため，当該行為の防止を図るために必要となる情報の収集、整理及び提供を行うものとする。 |

具体化

Ⅰ. 差別を解消するための措置

不当な差別的取扱いの禁止
- 国・地方公共団体等 → 法的義務
- 事業者 → 法的義務

合理的配慮の提供
- 国・地方公共団体等 → 法的義務
- 事業者 → 努力義務

具体的な対応
（1）政府全体の方針として，差別の解消の推進に関する基本方針を策定（閣議決定）
（2）国・地方公共団体 ⇒ 当該機関における取組に関する対応要領を策定（※地方の策定は努力義務）
　　事業者 ⇒ 主務大臣が事業分野別の対応指針（ガイドライン）を策定

実効性の確保 ● 主務大臣による事業者に対する報告徴収，助言，指導，勧告

Ⅱ. 差別を解消するための支援措置

- 相談・紛争解決 ● 相談・紛争解決の体制整備 ⇒ 既存の相談・紛争解決の制度の活用，充実
- 地域における連携 ● 障害者差別解消支援地域協議会における関係機関等の連携
- 啓発活動 ● 普及・啓発活動の実施
- 情報収集等 ● 国内外における差別及び差別の解消に向けた取組に関わる情報の収集、整理及び提供

施行日：平成28年4月1日〔施行後3年を目途に必要な見直し検討〕

（ウェブページ　http://www8.cao.go.jp/shougai/suishin/pdf/law_h25-65_gaiyo.pdfより引用。最終アクセス2017〔平成29〕年7月29日）。

この**図1**から分かるとおり，障害者差別解消法は，障害者基本法4条をより具体化するものとして位置づけられる[*4]。障害者に対する不当な差別的取扱いの禁止および合理的配慮の提供を法的義務として規定したうえで，それらを実

[*4] 内閣府障害者施策担当「障害を理由とする差別の解消の推進に関する法律Q&A集」（2013）問1-1。このQ&A集は，主に障害者差別解消法に関する国会審議における答弁を集約し，内閣府としての2015（平成25）年6月時点における考え方をまとめたものである。

効化するため，相談・紛争解決のための体制整備，地域における連携，啓発活動，情報収集などの規定を設けた。詳細は項をあらためて紹介する（なお，同法の個別の解釈論は第3章第4節を参照されたい）。

(4) 改正障害者雇用促進法

もう一つ，合理的配慮を具体化する法律として改正障害者雇用促進法がある。障害者差別解消法は雇用分野には適用されず，雇用分野にはもっぱら改正障害者雇用促進法が適用される。同法の概要は**図2**のとおりである。

図2　改正障害者雇用促進法の概要

障害者の雇用の促進等に関する法律の一部を改正する法律の概要

雇用の分野における障害者に対する差別の禁止及び障害者が職場で働くに当たっての支障を改善するための措置（合理的配慮の提供義務）を定めるとともに、障害者の雇用に関する状況に鑑み、精神障害者を法定雇用率の算定基礎に加える等の措置を講ずる。

1. 障害者の権利に関する条約の批准に向けた対応

(1) 障害者に対する差別の禁止
雇用の分野における障害を理由とする差別的取扱いを禁止する。

(2) 合理的配慮の提供義務
事業主に、障害者が職場で働くに当たっての支障を改善するための措置を講ずることを義務付ける。
ただし、当該措置が事業主に対して過重な負担を及ぼすこととなる場合を除く。

（想定される例）
・ 車いすを利用する方に合わせて、机や作業台の高さを調整すること
・ 知的障害を持つ方に合わせて、口頭だけでなく分かりやすい文書・絵図を用いて説明すること

→(1)(2)については、公労使障の四者で構成される労働政策審議会の意見を聴いて定める「指針」において具体的な事例を示す。

(3) 苦情処理・紛争解決援助
① 事業主に対して、(1)(2)に係るその雇用する障害者からの苦情を自主的に解決することを努力義務化。
② (1)(2)に係る紛争について、個別労働関係紛争の解決の促進に関する法律の特例（紛争調整委員会による調停や都道府県労働局長による勧告等）を整備。

2. 法定雇用率の算定基礎の見直し
法定雇用率の算定基礎に精神障害者を加える。ただし、施行(H30)後5年間に限り、精神障害者を法定雇用率の算定基礎に加えることに伴う法定雇用率の引上げ分について、本来の計算式で算定した率よりも低くすることを可能とする。

3. その他
障害者の範囲の明確化その他の所要の措置を講ずる。

（ウェブページhttp://www.mhlw.go.jp/file/06-Seisakujouhou-11600000-Shokugyouanteikyoku/0000121387.pdfより引用。最終アクセス2017〔平成29〕年7月29日）。

図2のとおり，改正障害者雇用促進法は，障害者に対する差別の禁止，合理的配慮の提供義務を定めたうえで，苦情処理・紛争処理解決援助の仕組みを設

けた。詳細は項を改めて紹介する（なお，同法の個別の解釈論は第3章第4節を参照されたい）。

障害者差別解消法と大きく異なる点は，同法では，合理的配慮の不提供を差別と規定したが，改正障害者雇用促進法では，それを差別とは規定しなかった点である。

2　障害者差別解消法
(1)　差別禁止規定としての合理的配慮義務

障害者差別解消法では，合理的配慮を提供しないことは，不当な差別的取扱いととともに，障害者に対する差別として禁止される（7条，8条の表題は「障害を理由とする差別の禁止」となっている）。

(2)　障害者の定義

同法の対象となる障害者については，2条1号で「身体障害，知的障害，精神障害（発達障害を含む。）その他の心身の機能の障害（以下「障害」と称する。）がある者であって，障害及び社会的障壁により継続的に日常生活又は社会生活に相当な制限を受ける状態にあるものをいう」と定義されている。心身の機能障害に加えて，社会的障壁による制限を考慮する「社会モデル」の考え方を踏まえたものとなっている。[*5] ここにいう障害者は，障害者手帳の所持者に限られず，難病者も含む。[*6]

(3)　合理的配慮義務者

合理的配慮義務を負うのは「行政機関等」[*7]（2条3号）と「事業者」（同条7

---

*5　内閣府「障害を理由とする差別の解消の推進に関する基本方針」（平成27年2月24日閣議決定）3頁。障害を理由とする差別の解消の推進は，雇用，教育，医療，公共交通等，障害者の自立と社会参加に関わるあらゆる分野に関連し，各府省の所掌に横断的にまたがる政策であるから，政府として，施策の総合的かつ一体的な推進を図るとともに，行政機関や分野間における取組みのバラツキを防ぐため，施策の基本的な方向等を示す基本方針として策定された。
*6　内閣府障害者施策担当・前掲注(4)問9-3。
*7　「行政機関等」には，国会や裁判所は含まない。

号)である。

　「事業者」は,商業その他の事業を行う者と定義されており,目的の営利・非営利,個人・法人の別を問わず,同種の行為を反復継続する意思をもって行う者のことをいう。[*8] 例えば,個人事業や対価を得ない無報酬の事業を行う者,非営利事業を行う社会福祉法人や特定非営利法人も含まれる。

　合理的配慮義務は,率先して,障害者差別解消に取り組むべき行政機関等に対しては法的義務とされているが,民間事業者に対しては,「障害者と相手方の関係は様々であり,求められる配慮も多種多様」[*9] であって私的自治の原則も妥当することから,[*10] 努力義務にとどまっている。

(4) 合理的配慮の内容

　合理的配慮とは,障害者が日常生活や社会生活において受ける様々な制限をもたらす原因となる社会的な障壁を取り除くため,その実施に伴う負担が過重でない場合に,特定の障害者に対して個別の状況に応じて講じられるべき措置である。[*11] 例えば,乗り物への乗車にあたっての職員等による手助けや,筆談,読み上げ等の障害の特性に応じたコミュニケーション手段による対応,段差の解消のための渡し板の提供等が考えられる。

　ただし,合理的配慮義務は,行政機関等および事業者の事務・事業の目的・内容・機能に照らし,必要とされる範囲で本来の業務に付随するものに限られること,障害者でない者との比較において同等の機会の提供を受けるためのものであること,事務・事業の目的・内容・機能の本質的な変更には及ばないことに留意する必要がある。また,合理的配慮は,障害の特性や社会的障壁の除去が求められる具体的場面や状況に応じて異なり,その内容は技術の進展,社会情勢の変化等に応じて変わりうるものである。[*12]

＊8　内閣府・前掲注(5)3頁。
＊9　内閣府障害者施策担当・前掲注(4)問10-9。
＊10　川島ほか・前掲注(2)61頁[川島聡]。
＊11　内閣府障害者施策担当・前掲注(4)問10-5。
＊12　内閣府・前掲注(5)4頁。

(5) 合理的配慮を提供する契機

合理的配慮の提供は，障害者から現に社会的障壁の除去を必要としている旨の意思の表明があった場合において必要となる（7条2項，8条2項）。「意思の表明」が合理的配慮提供の前提となっている理由は，合理的配慮とは，社会的障壁の除去を必要としている障害者が現に存在する場合における個別の対応として求められるものであり，配慮を求められる相手方からみて，当該者が障害者なのか，配慮を必要としているか否かが分からない場合についてまで，具体的に配慮を義務づけることが困難なためである。[*13]

(6) 非過重負担

行政機関等および事業者にとって，負担が過重である場合は，社会的障壁を除去する必要はない。先にも指摘したように，合理的配慮は，障害の特性や社会的障壁の除去が求められる具体的場面や状況に応じて異なり，多様かつ個別性の高いものである。よって，過重な負担にあたるかどうかは，①事務・事業への影響の程度（事務・事業の目的・内容・機能を損なうか否か），②実現可能性の程度（物理的・技術的制約，人的・体制上の制約），③費用・負担の程度，④事務・事業規模，⑤財政・財務上状況などの要素を考慮して，個別の事案ごとに，具体的場面や状況に応じて総合的・客観的に判断する。[*14]

3 改正障害者雇用促進法
(1) 合理的配慮提供義務

改正障害者雇用促進法では，障害のある労働者に対する合理的配慮提供義務が課せられた。同法36条の2で募集・採用の場合，36条の3で採用後の場合について，それぞれ規定されている。対象となるのはすべての事業者であり，その規模の大小，営利事業か非営利事業かは問われない。

---

*13 内閣府障害者施策担当・前掲注(4)問10-12。
*14 内閣府・前掲注(5)6頁。

(2) 障害者の定義

　障害者とは、2条1号で「身体障害、知的障害、精神障害(発達障害を含む。)その他の心身の機能の障害があるため、長期にわたり、職業生活に相当の制限を受け、又は職業生活を営むことが困難な者をいう」とされている。「身体障害者」、「知的障害者」、「精神障害者」の具体的な定義については、同条各号に規定が置かれている。障害者手帳の有無・所定労働時間等による限定はなく、中途障害の者も対象となる。[*15]「その他の心身の機能の障害」、「長期にわたり」等の意義については、解釈通知で詳細な説明がなされている。[*16]

　条文の文言から分かるように、同法は、障害者の定義について「社会的障壁」という文言を用いていない。また、身体障害、知的障害、精神障害の定義にあたっても、心身の機能障害を中心に規定されている。この点をとらえて、同法は障害者差別解消法とは異なり、「医学モデル」に立脚していると解されている。[*17]

(3) 合理的配慮の内容

　合理的配慮の提供例としては、視覚障害者に対して募集内容を音声等で提供することや、聴覚障害者に対して面接を筆談等により行うこと、精神障害者に対し面接時に就労支援機関の職員等の同席を認めることなどがある。

　合理的配慮は、障害の特性に応じた、多様性と個別性が高いものであるから、合理的配慮指針に記載された例をあらゆる事業者が必ずしも実施しなければならないものでもなく、また、合理的配慮指針に記載された例以外でも合理的配慮に該当するものがあることは当然である。

---

*15　厚生労働省「障害者雇用促進法に基づく障害者差別禁止・合理的配慮に関するＱ＆Ａ【第二版】」Q1-3-1、Q1-3-2。このＱ＆Ａは、障害者に対する差別の禁止および合理的配慮の提供義務に関する基本的な疑問点について、厚生労働省が考え方を示したものである。

*16　厚生労働省職業安定局「障害者の雇用の促進等に関する法律の一部を改正する法律の施行について」(職発0616第1号平成27年6月16日)。この解釈通知は、改正障害者雇用促進法の趣旨、内容および取扱いについて記載されているもので、厚生労働省職業安定局長が各都道府県労働局長に円滑な実施を図るよう配慮を求めるために発せられた。

*17　永野仁美ほか編『詳説障害者雇用促進法』(弘文堂、2016) 157頁〔中川淳〕。
　　もっとも、障害者基本法や差別解消法と比べて障害の範囲が狭くなるかどうかについては必ずしも明らかではないと考えられている。この点について、岩村正彦ほか「座談会・障害者権利条約の批准と国内法の新たな展開」論究ジュリスト8号 (2014) 18頁〔長谷川珠子発言〕。

雇用場面における合理的配慮は義務規定となっている。その理由として，障害者権利条約27条で労働および雇用場面について特に約定されており重要と考えられるほか，労働者と事業主の関係は継続的なものであり，指揮命令関係にあるということも指摘されている[18]。

(4) 合理的配慮を提供する契機

募集・採用の場面では，合理的配慮義務は，障害者からの申出により生じる（36条の２）。申出がなければ，事業主は，事前にどのような障害特性を有する障害者から応募があるか分からず，そのすべてに対応することは困難であるためである。障害者が希望する措置の内容を具体的に申し出ることが困難な場合は，支障となっている事情を明らかにすることで足りる[19]。

採用後は，合理的配慮提供にあたり，障害者からの申出は必要ではない（36条の３）。対象となる障害者である労働者の状況を事業主が把握することが可能であるためである[20]。

(5) 非過重負担

事業主は，合理的配慮にかかる措置が，事業主に対して過重な負担を及ぼす場合には，合理的配慮を提供する義務はない。ある措置が過重な負担にあたるか否かについては，①事業活動への影響の程度，②実現困難度，③費用・負担の程度，④企業の規模，⑤企業の財務状況，⑥公的支援の有無が判断要素等の各要素を総合的に勘案しながら，個別の措置ごとに事業主が判断する[21]。

4　合理的配慮を実効化するための仕組み

合理的配慮は，障害者法制の最も基本となる障害者基本法にも規定されてお

---

*18　川島ほか・前掲注(2) 60頁〔川島聡〕。
*19　厚生労働省「雇用の分野における障害者と障害者でない者との均等な機会若しくは待遇の確保又は障害者である労働者の有する能力の有効な発揮の支障となっている事情を改善するために事業主が講ずべき措置に関する指針」（平成27年厚生労働省告示第117号）。
*20　厚生労働省職業安定局・前掲注(16) 11頁。
*21　厚生労働省・前掲注(15) Q4-4-1。

り，障害者法制全体をもって，実現されるべきものと考えられる。

ここでは，合理的配慮を実現するために重要となる障害者差別解消法，改正障害者雇用促進法，障害者総合支援法を取り上げて，合理的配慮を実効化するための仕組みを説明する。次いで，合理的配慮を実効化する条例について述べ，最後に，障害者差別解消法，改正障害者雇用促進法の裁判規範としての効果について簡単に述べる。

(1) 障害者差別解消法

障害者差別解消法は，差別禁止の実効性を確保するため，政府全体の方針としての基本方針の策定，行政機関等の取組みに関する対応要領の策定，事業分野別の対応指針の策定，主務大臣による行政措置，差別を解消するための支援措置を規定している。

(ア) 基本方針

障害者差別解消法6条1項は，「政府は，障害を理由とする差別の解消の推進に関する施策を総合的かつ一体的に実施するため，障害を理由とする差別の解消の推進に関する基本方針を定めなければならない」と規定する。これを受けて，政府は，「障害を理由とする差別の解消の推進に関する基本方針」（平成27年2月24日閣議決定）を定めた。

(イ) 対応要領

同法9条1項は，「国の行政機関の長及び独立行政法人等は……当該国の行政機関及び独立行政法人等の職員が適切に対応するために必要な要領を定める」とする。これを受けて，内閣官房，内閣法制局，内閣府をはじめ，計37の関係府省庁において対応要領が定められている。

同法10条1項は，地方公共団体における対応要領についての規定であり，地方公共団体の機関および地方独立行政法人に対し，対応要領を定める努力義務を課している。

(ウ) 対応指針

同法11条1項は，「主務大臣は，基本方針に即して……事業者が適切に対応するために必要な指針を定める」と規定している。これを受けて，内閣府，国

家公安委員会，金融庁をはじめ，計15の関係府省庁において対応指針が定められている。

(エ) **主務大臣による行政措置**

事業者が障害者差別解消法に反した取扱いを繰り返し，自主的な改善を期待することが困難である場合など，主務大臣は，特に必要があると認められるときは，事業者に対し，報告を求め，または助言，指導もしくは勧告をすることができることとされている（12条）。

(オ) **差別を解消するための支援措置**

同法には，障害者差別を解消するための支援措置として，差別に関する紛争の防止または解決を図ることができるような体制の整備を図ること（14条），必要な啓発活動を行うこと（15条），差別とその解消のための取組みに関する情報の収集，整理，提供を行うこと（16条），差別に関する相談事例を踏まえて差別を解消するための取組みを効果的かつ円滑に行うための障害者差別解消支援地域協議会できることを定めている（17条）。

(2) **改正障害者雇用促進法**

改正障害者雇用促進法は，合理的配慮提供義務の実効化のため，障害者からの苦情を事業主において自主的に解決する努力義務，都道府県労働局長による紛争解決援助制度を規定している。

(ア) **事業主の自主的解決**

事業主は，障害者である労働者から，障害者に対する労働条件に関する差別禁止と均等な待遇の確保・能力の有効な発揮に関する合理的配慮提供義務に関する苦情の申出を受けたときは，苦情処理機関に対し当該苦情の処理を委ねる等により，自主的な解決を図るように努力義務を負う（74条の4）。苦情解決処理機関とは，事業主を代表する者および当該事業所の労働者を代表する者を構成員とする機関である。

(イ) **都道府県労働局長による紛争解決援助**

都道府県労働局長は，募集・採用段階を含めた差別禁止および合理的配慮提供義務に関する紛争について，当該紛争の当事者の双方または一方からその紛

争の解決につき援助を求められた場合は，当該紛争の当事者に対し，必要な助言，指導または勧告をすることができる（74条の6）。

都道府県労働局長は，募集・採用段階を除く，差別禁止および合理的配慮の提供義務に関する紛争について，当該紛争の当事者の双方または一方から調停の申請があった場合において，当該紛争の解決のために必要があると認めるときは，紛争調整委員会に調停を行わせるものとされる（74条の7）。

(3) 障害者総合支援法

先に述べたように，障害者総合支援法では，基本理念において，社会的障壁の除去を目指す合理的配慮について触れている（1条の2）。

サービスとしては，自立支援給付，地域生活支援事業のもと，多様なメニューがある。同行援護，行動援護，共同生活介護・援助，自立訓練，就労移行支援，就労継続支援など，障害者と社会の接点を支援するメニューも多い。それらのメニュー実施にあたっては，常に，合理的配慮という基本理念の実現に資するようサービスが提供されなければならない。

(4) 条例

障害者差別解消法を実効化するための仕組みとして，大きな役割を担っているものが，障害者差別禁止条例である。

障害者差別解消法には，衆参両院とも，いわゆる上乗せ・横だし条例を含む障害を理由とする差別に関する条例の制定を妨げ，または拘束するものではないという趣旨の付帯決議が付されている。これにより，条例では，障害者差別解消法では規定されていないことがらを，上乗せ・横だし的に定めることができる。

先に，障害者差別解消法に定められた「差別を解消するための支援措置」の規定を紹介した。これら障害者差別解消のための支援措置が実効的に機能するのは，より住民に密着した地方公共団体においてである。地方公共団体において，相談・紛争の解決，差別解消に向けた街づくり（地域における連携），啓発活動が活発に行われるためには，障害者差別禁止条例が制定されることが望ましい。

(5) 裁判規範性

障害者差別解消法，改正障害者雇用促進法とも，私法的効力はなく，公法的効力しかないとされている。

障害者差別解消法に規定された合理的配慮義務違反に対しては，同法から直ちには差別行為を無効であるとしたり，損害賠償を請求できるわけではなく，民法の一般原則である公序良俗や信義則違反として，賠償請求等が可能となりうる。

改正障害者雇用促進法に規定された合理的配慮提供義務違反に対しては，公序良俗違反や権利濫用等の構成で，労働契約上の地位確認や不法行為に基づく損害賠償請求が可能であると考えられる[22]。

5　本節のまとめ

本節では，障害者法制における合理的配慮の位置づけ，障害者差別解消法，改正障害者雇用促進法の概略を述べ，両法を中心にして，合理的配慮を実効化させる仕組みについて簡潔に述べた。

これを受けて，次節以降では，地方行政，教育，雇用・福祉的就労，司法の各分野において，合理的配慮を実効化させる取組みの実情と課題を述べる。地方行政においては障害者差別禁止条例について，教育分野・司法分野では対応要領・対応指針について，雇用・福祉就労の分野では，改正障害者雇用促進法の履行状況，障害者総合支援法に基づくサービス提供場面における合理的配慮についても触れることとなる。

第3節　「合理的配慮」の定着に向けての実践と課題

本節では，各分野ごとに合理的配慮に向けた取組状況と課題を検討することとし，地方行政（第1），教育（第2），雇用・福祉的就労（第3），司法（第4）の順で述べていく。

＊22　永野ほか・前掲注(17) 127 頁〔長谷川聡〕。

第1 地方行政

1 千葉県における「障がいのある人もない人も共に暮らしやすい千葉県づくり条例」の制定とその波及状況

千葉県では，障害者権利条約の採択を受けて，2006（平成18）年10月，「障がいのある人もない人も共に暮らしやすい千葉県づくり条例」を制定した。

同条例の特徴は，次の4点にある。

第1は，条例の原案づくりに障害当事者が直接的に参加したということである。

第2の特徴は，条例案の作成にあたって，障害当事者や家族から800を超える「生の声」を集めて，これを条例に反映させたことである。

第3は，合理的配慮を提供しないことが差別となることを明文で規定したうえで，合理的配慮の不提供の具体例を列挙したということである。

第4の特徴は，障害者差別解消法を先取りして，合理的配慮の不提供を含む差別事例を解決するための仕組みを条例に盛り込んだということである。

こうして千葉県に始まった障害者差別禁止条例づくりは，岩手県，北海道，熊本県，長崎県，沖縄県，鹿児島県，京都府，大分県等々へと波及し，さらには，さいたま市，八王子市，別府市に及んでおり，2017（平成29）年7月1日現在で，19道府県，10の市に及んでいる。[*23]

2 障害者差別禁止条例における合理的配慮規定の特徴とその意義

(1) 既成の障害者差別禁止条例は，大きく三つの傾向に大別される。

第1の系列は，千葉県条例に代表されるものであり，各分野ごとに合理的配慮の不提供による差別の実例を規定し，そうした差別事例の解決のための仕組みを定めたものである。

第2の系列は，合理的配慮については具体例に触れることなく，差別の解消の必要性を明記したうえで，その解決のための仕組みを定めるものであり，北

---

*23 http://www.dinf.ne.jp/doc/japanese/law/anti。最終アクセス2017（平成29）年7月21日。

海道条例，岩手県条例が該当する。

　第3の系列は，合理的配慮が必要とされる場面について，各分野ごとに加えて，障害がある人の人生の各局面において問題となりうる事項についても定めようとするものであり，その代表例というべき大分県条例や，別府市条例では，「親亡き後」の解決や，防災，性，恋愛，結婚，出産，子育ての問題等が「合理的配慮」を要する事項として取り上げられ，その解決が行政に求められるという内容になっている。

　(2)　こうした障害者差別禁止条例の制定の意義は次の3点にあると指摘することができる。

　第1の意義は，合理的配慮の不提供が差別となるということを周知徹底させる機能を有するということである。特に，分野別に具体的な事例が列挙されることを通じて，事業者団体ごとに，「合理的配慮」の必要性についての認識の共有化が進むことになる。

　第2の意義は，合理的配慮が提供されなかった事例について，申立てを受けて，行政が，その解決に取り組む仕組みが整備されることになるということである。このことは，合理的配慮論が規範としての意義を有することになるうえで格別の意味を持つ。単に合理的配慮の不提供が差別になると規定しただけでは，単なる政策目標や努力義務にとどまり，実効性を担保することにはつながらないからである。例えば，JRや私鉄駅のバリアフリー化の問題にしても，従来は単なるJRや私鉄企業への要請にとどまっていたが，条例による解決の仕組みが作られると，行政が設置した委員会において，バリアフリー化しないことが差別といえるかどうかが検討されることになる。

　第3の意義は，大分県条例や別府市条例のように，「親亡き後」の問題や結婚・出産・子育ての解決といった，障害のある人の生涯において最も合理的配慮が求められる課題について，解決に向けての端緒が開かれることになるということである。

3 大分県条例，別府市条例における新たな試みとその意義
(1) 別府市条例とその意義

(ア) 別府市条例は，障害当事者らを中心として結成された「誰もが安心して暮らせる別府市条例をつくる会」が，別府市長に対し，条例の制定を求め，これを受けて市長が別府市障害者自立支援協議会に条例案の作成を諮問し，同協議会の作業部会が作成した条例案が議会に提出されて採択されるという経緯を経て，2014（平成26）年4月に施行されている。

作業部会の中心となったのは，「つくる会」の母体となった「福祉フォーラムin別杵速見実行委員会」の障害当事者である。

(イ) 同条例は，他の条例と同じく各分野ごとに細かく合理的配慮条項を定めたうえで，要旨，次のような条項を設けている。

　第12条　市は，障害のある人に対する災害時の安全を確保するため，防災に関する計画を策定するにあたっては，障害のある人への配慮に努めるものとする。

　　2　市は，災害時における障害のある人およびその家族が被る被害を最小限度にとどめるため，災害が生じた際に必要とされる援護の内容を具体的に特定したうえで，非災害時におけるその仕組みづくりを継続的に行うよう努めるものとする。

　第23条　市は，障害のある人とともに，親亡き後等の問題を解決する総合的な施策を策定し，それを実施する措置をとらなければならない。

このような形で，「親亡き後」の問題や災害時要支援者の防災の問題の解決を行政に義務づけた条例は全国に前例がない。こうした課題の解決こそ合理的配慮が最も必要とされると認識することが可能となったのは，配慮を求める障害者の側の視点から，どのような場面に合理的配慮が必要となるのかを考え抜いたからである。

別府市では，こうした条例の制定を受けて，「親亡き後」の問題については，市民や当事者の参加する親亡き後検討会が設置された。

(ウ) さらに防災に関しては，以下のような取組みが進められている。

まず，同条例の施行後，同条例づくりの中心をになった「福祉フォーラムin

別杵速見実行委員会」が2014（平成26）年７月から2015（同27）年２月にかけて，「障がい者等の防災を考える研修会」を実施した。同研修会では，専門家を招いての３回の講演会のほか，研修会を，障害の種別ごとに６回にわたって開催して，障害当事者から，災害時の不安等についての生の声を集約したうえで，統括的な検討会を３回開催し，同年３月には，その結果を報告書にまとめて公表した。

その報告書には，提言として，以下の５項目がまとめられている。

第１は，要支援者名簿の作成とその情報共有のあり方に関してである。

第２は，個別避難計画の重要性とその作成に向けての課題である。

第３は，自治委員，民生委員，自主防災組織の役割と新たな地域づくりの必要性についてである。

第４は，福祉避難所をめぐる諸問題についてである。

第５は，避難行動支援者連絡会議の意義とその運用のあり方についてである。

こうして，別府市条例の制定は，同市において，全国に先駆けて，災害時要支援者に対する防災の仕組みづくりに本格的に取り組むことを可能にしたのである。

その後，同研修会の５項目の提言を受けて，別府市では，「福祉フォーラムin別杵速見実行委員会」の協力を得て，災害時要支援者の支援の仕組みづくりに着手することとなった。

2016（平成28）年度は，仕組みづくりに関する基礎的な調査，研修，ワークショップの開催およびモデル地域を設定しての障害のある人に特化した避難訓練の実施等に取り組むことが決定されていたところ，同年４月に熊本，大分地震が発生し，別府市も震度６弱という大きな揺れに見舞われることとなった。被害の大きかった地区の地震後の聴き取り調査の結果から，70％を超える障害当事者が避難しなかったことが判明したこともあり，「一人も取り残さない防災づくり」を目指しての取組みの必要性が全市的に認識されるところとなった。

2017（平成29）年１月15日に実施された同市古市町における要支援者避難訓練には，110名（うち障害当事者22名）が参加し，「高知県沖で南海トラフ

地震が発生した」との想定のもとに津波からの避難訓練が行われ，多くの課題が明らかにされている。

　こうした事業は2017（平成29）年度も継続して行われることが決定しており，市内のすべての障害のある人についての個別避難計画の作成に向けての取組みが着々と進められている。

　㈐　以上にみた別府市における災害時要支援者についての防災の仕組みづくりの取組みは，次の二つの問題を明らかにしている。

　第1は，防災の問題は，合理的配慮論が行政における抽象的な政策目的にとどまるのか，配慮を求める側からの具体的な権利ないし法的利益としての実質的な基準として機能するのかを明らかにする試金石となるということである。災害という生命にかかわる事態において，そうした事態の到来を認識することができず，あるいは自ら避難することができない障害のある人にとっては，合理的配慮の提供なしには，そうした災害から身を守る途がまったくないからである。従来，こうした問題は，行政による政策の限界の問題として免責ないし看過されてきたが，合理的配慮論の実体的な法規範性（行為規範性）が明らかになれば，行政にとって，防災の問題の解決は避けることのできない課題となるに至るはずである。

　第2は，合理的配慮を具体的に規定した地方自治体における条例の制定が，こうした防災の仕組みづくりに極めて重要な役割を果たすということである。その意味で，別府市における取組みは高く評価されるべきであり，全国において，こうした取組みが拡大することが求められているというべきである。

⑵　大分県条例とその意義

　㈎　一方で，別府市条例の1年後，2016（平成28）年4月に施行された大分県条例の場合も，同様に，「だれもが安心して暮らせる大分県条例をつくる会」が結成されて，条例の制定を求める運動が開始されている。

　大分県条例の場合，制定まで次のような経過をたどった。まず当事者を中心とするこの「つくる会」（会員数350名）が，県内全域から1200を超える「生の声」を集約して条例素案を作成し，これに1万2000筆の署名を添えて県議

会に条例制定を請願した。県議会で請願が採択された後，大分県障害福祉課が事務局となって，「障がいのある人もない人も心豊かに暮らせる大分県づくり条例」検討委員会が組織され，「つくる会」の代表も参加して条例案を確定した。この条例案を執行部が議会に提案し，県議会がこれを議決した。

(イ) 同条例の特徴の一つは，4条2項において，県の責務として，「障がいのある人の性，恋愛，結婚，出産，子育て，親等生活を主として支える者が死亡した後の生活の維持及び防災対策に関する課題その他の障がいのある人の人生の各段階において生じる日常生活及び社会生活上の課題の解消に努める」と規定された点である。

このような規定が設けられたのは，同条例の「前文」にも明文化されている「自分のことも一人ではできないのに」許されるのかという声に恋愛や結婚，さらには，出産・子育て等を諦めさせられてきた障害当事者の切実な声が行政や議会を動かしたということである。

こうして，一人の障害当事者が，生きていく過程で克服していくことを余儀なくされる諸問題を，合理的配慮論を適用してその解決を行政に求めていくという手法は，合理的配慮の一般条項を定めるという形とならざるをえない「法律」という法形式ではとりえないものであり，「条例」の果たしうる新たな機能として注目されるだけでなく，合理的配慮論の展開可能性を示唆し，その規範性をより具体的にするものとして評価すべきものと思われる。

第2　教育

1　はじめに

地方行政分野に引き続いて，教育分野における合理的配慮への取組状況を概観する。ここで教育分野を紹介する理由は以下の2点にある。

まず第1点目として，教育，とりわけ初等中等教育段階における教育の内容は，社会生活に必要な基礎に加え，将来の発展的学習や職業の基盤を形成する

ためのものとされている。*24 したがって，障害者の社会における可能性が不当に奪われないようにするために，教育分野は，障害者に対する合理的配慮の提供が最も切実に求められる分野ということになる。

それゆえに，同分野に関しては，比較的早い段階から，合理的配慮の提供のあり方について検討等が重ねられ，文部科学省の対応指針のみならず，各地方自治体がマニュアル等を作成するなど，他の分野に比して先進的である。これが，同分野を紹介する理由の第2点目である。

以下，まず文部科学省の対応指針を概観する。それを踏まえて，教育分野における合理的配慮の実践の一例として，大分県弁護士会が所在する大分県の初等中等教育における合理的配慮の提供状況を紹介し，課題を指摘する。

2 文部科学省の対応指針の概要

(1) 文部科学省の対応指針における合理的配慮の考え方

文部科学省は，2015（平成27）年に，「文部科学省所管事業分野における障害を理由にする差別の推進に関する対応指針」（文科省対応指針）を定めた。*25

これは，障害者差別解消法11条1項の規定に基づき，また，政府の基本方針*26に即して，同法8条に規定する事項に関して，文部科学省が所轄する分野における事業者*27が適切に対応するために必要な条項を定めたものとされる。*28 文科省対応指針が以上のような位置づけにあることから明らかなとおり，同指針における合理的配慮の基本的考え方は，政府の基本方針とほぼ同様の内容となっている。*29

---

* 24 文部科学省は，「高等学校段階までの初等中等教育は，人間として，また，家族の一員，社会の一員として，更には国民として共通に身に付けるべき基礎・基本を習得した上で，生徒が各自の興味・関心，能力・適性，進路等に応じて選択した分野の基礎的能力を習得し，その後の学習や職業・社会生活の基盤を形成することを役割としている」としている。
  http://www.mext.go.jp/b_menu/shingi/old_chukyo/old_chukyo_index/toushin/attach/1309748.htm。最終アクセス　2017（平成29）年7月22日。
* 25 平成27年文部科学省告示第180号。
* 26 「障害を理由とする差別の解消の推進に関する基本方針」（平成27年2月24日閣議決定）
* 27 文科省対応指針では「関係事業者」とされる。
* 28 文科省対応指針第1の3「本指針の位置づけ」参照。
* 29 したがって，「加重な負担の基本的考え方」も政府の基本方針と同旨である。

その骨子は，①合理的配慮の定義と基本的要素の確認[*30]，②合理的配慮の個別的，対話的性格の確認，③意思の表明における留意事項，④合理的配慮と環境整備との関係，⑤人的支援のための環境整備と支援機器の活用，⑥同種事業が公私によってそれぞれ実施される場合の対応，の6点にまとめられる[*31]。

(2) 文科省対応指針において示されている合理的配慮の具体例

文科省対応指針は，合理的配慮の基本的考え方として以上の内容を指摘したうえで，別紙において，合理的配慮の具体例を，物理的環境への配慮，人的支援の配慮，意思疎通の配慮，ルール・慣行の柔軟な変更という類型ごとに示している[*32]。以下にその概要を紹介する。

(ア) 主として**物理的環境への配慮**に関する具体例

聴覚障害者に対する災害時警報音の代替手段用意，車いす利用者のための段差対応（キャスター上げ・携帯スロープ用意），図書・パンフレットの場所案内等，臨時休憩スペースの確保，送迎車用駐車場の確保や教室の変更等。

(イ) 主として**人的支援の配慮**に関する具体例

児童生徒の特性に応じた教室環境の変更，案内・介助時の希望確認，支援員等の同席ないし待機等の許可。

(ウ) **意思疎通の配慮**の具体例

筆談・要約筆記・読み上げ・手話・点字等の活用，見えにくさ・聞こえにくさ・知的障害に応じた情報の提供，具体的な説明と理解の確認，音声言語以外の情報提供のための機器活用，比喩・暗喩・二重否定表現の回避等。

(エ) **ルール・慣行の柔軟な変更**の具体例

施設利用時の申請手続代行，順番待ち時の負担軽減，緊張緩和のための座席または別室用意，着席位置への配慮，施設入退場における特別対応，受験時の

[*30] 川島ほか・前掲注(2) 49頁以下〔川島聡〕では，障害者差別解消法が採用する合理的配慮の基本的要素として，①個々のニーズ，②非加重負担，③社会的障壁の除去，④意向の尊重，⑤本来業務付随，⑥機会均等，⑦本質変更不可の7点を指摘する。
[*31] 文科省対応指針第2，2，(1)「合理的配慮の基本的考え方」参照。
[*32] 文科省対応指針別紙1参照。

別室用意・時間延長・点字・拡大文字・音声読み上げ機能装置の使用許可，点訳・拡大文字・テキストデータの事前配布，ヒアリング試験における音質・音量調整または文字による代替問題の用意，体育授業時の配慮（運動量の軽減・代替運動の用意[*33]），試験における柔軟な対応（タブレット端末利用許可，口頭試問による評価，代替措置としてのレポートによる評価），学習グループ編成時の配慮（本人の意向確認，周囲への事前説明）。

(3) 具体例の限界

以上のような具体例について，文科省対応指針は，前提として過重な負担が存在せず，事業者に強制する性格のものではないことを指摘している。また，具体例の限界として，あくまで例示であり，求められる合理的配慮は具体的場面や状況に応じて異なるものであって，それらは多様かつ個別性の高いものであるから，柔軟な対応が期待されるとも指摘している。

この文科省の懸念に示されるように，合理的配慮の提供は，わが国の制度上馴染みのない概念であるため，その内容を想起させる具体例の提示が有益であることは間違いないが，他方で，具体例に記載のない対応は不可能であるとの「誤解」を招きかねないおそれがある。

あるべき合理的配慮の形は，具体的場面における障害者の「困り」を前提としつつ，障害者と提供する側のコミュニケーションを通じて明らかになっていく（合意形成されていく）性格のものである。仮に，個別の事案において，提供しうる合理的配慮を掲載された具体例から「探し出す」という発想がとられるとすれば，それは，法が想定した合理的配慮の提供ではない。以上の点は，関係者に正確に理解されなければならないと思われる。

＊33　過度に予防・排除することなく参加するための工夫をこらすべきとされる。

⑷ スポーツ・文化芸術分野の留意点

　文科省対応指針は，スポーツ分野についてはスポーツ基本法等[*34]，文化芸術分野については文化芸術振興基本法等[*35]を踏まえて各分野において特に留意すべき点が別紙にて示されている。[*36]

　具体的な留意事項として掲げられているのは，以下の2点である。

　①　合理的配慮は，一人一人の障害の状態や必要な支援，活動内容等に応じて決定されるものである。本人・保護者等とよく相談し，可能な限り合意形成を図ったうえで決定し，提供されることが望ましい。

　②　障害者が使用する用具等が施設の管理・維持に与える影響の程度については，具体的場面や状況により異なるものであるため，当該場面や状況に応じて，柔軟に対応することが重要である。

　もっとも，このような内容は，合理的配慮が提供されるべき場面一般において妥当するものである。したがって，スポーツ・文化芸術分野において格別の留意を要するものとして上記2点があえて掲げられたことについては疑問である。

⑸ 学校教育分野の留意点

　上記スポーツ分野等と並んで，学校教育分野についても，指針上，留意点が示されている。[*37]学校教育分野において個別の留意点が示されているのは，同

---

*34　スポーツ基本法2条5項において，「スポーツは，障害者が自主的かつ積極的にスポーツを行うことができるよう，障害の種類及び程度に応じ必要な配慮をしつつ推進されなければならない」と規定されており，スポーツに関する施設およびサービス等を提供する事業者においては，障害の有無にかかわらず誰もが楽しく安全にスポーツに親しむことができる環境を整備し，障害者がスポーツに参加する機会の拡充を図るという基本的な考え方を踏まえて対応することが適当であるとされている。

*35　文化芸術振興基本法前文において，「我が国の文化芸術の振興を図るためには，文化芸術活動を行う者の自主性を尊重することを旨としつつ，文化芸術を国民の身近なものとし，それを尊重し大切にするよう包括的な施策を推進していくことが不可欠である」との理念が掲げられており，文化芸術分野の事業者においては，この理念に基づき，障害の有無にかかわらず，誰もが文化芸術活動に親しむことができるよう，適切に対応することが重要であるとされている。

*36　文科省対応指針別紙2参照。

*37　文科省対応指針別紙2参照。

分野においては，障害者との関係が長期にわたるなど固有の特徴を有するとされるためであるが，この留意点は，スポーツ分野等と異なり，かなり詳細なものとなっているため，以下にその概略を示す。

(ア) **教育分野に関する特別の規定**

学校教育分野の留意点の冒頭においては，同分野における合理的配慮の提供において極めて重要とされる規定が確認されている。

まず，障害者権利条約24条における，インクルーシブ教育システム(inclusive education system，障害者を包容する教育制度) である。これは同条において締約国に求められているものであり，障害のある者が一般的な教育制度から排除されないこと，自己の生活する地域において初等中等教育の機会が与えられること，個人に必要な合理的配慮が提供されること等が含まれ，いわゆる「特殊教育」を否定する概念でもある。

次いで，障害者基本法4条1項および同条2項[38][39]が指摘されるとともに，国および地方公共団体について，教育基本法4条2項[40]，障害者基本法16条1項[41]の義務が確認され，これらの規定を踏まえて，合理的配慮の考え方が，中央教育審議会初等中等教育分科会が取りまとめた「共生社会の形成に向けたインクルーシブ教育システム構築のための特別支援教育の推進（報告）」（平成24年7月23日）および障がいのある学生の修学支援に関する検討会が取りまとめた「障がいのある学生の修学支援に関する検討会報告（第一次まとめ）」（平成24年12月25日）において既に示されていることが指摘されている。

そのうえで，学校教育を行う事業者についても，上記報告等を参考とした取

---

[38] 「何人も，障害者に対して，障害を理由として，差別することその他の権利利益を侵害する行為をしてはならない」

[39] 「社会的障壁の除去は，それを必要としている障害者が現に存し，かつ，その実施に伴う負担が加重でないときは，それを怠ることによって前項の規定に違反することにならないよう，その実施について必要かつ合理的な配慮が成されなければならない」

[40] 「障害のある者が，その障害の状態に応じ，十分な教育を受けられるよう，教育上必要な支援を講じなければならない」

[41] 「障害者が，その年齢及び能力に応じ，かつ，その特性を踏まえた十分な教育が受けられるようにするため，可能な限り障害者である児童及び生徒が障害者でない児童及び生徒と共に教育を受けられるよう配慮しつつ，教育の内容及び方法の改善及び充実を図る等必要な施策を講じなければならない」

組みの一層の推進が必要である旨が明記されるに至っている。

(イ) **初等中等教育段階における留意点の特徴**

初等中等教育段階における合理的配慮に関する留意点として指摘されているのは，基本的には，関係が長期にわたることを踏まえたもの，具体的には，発達段階に考慮して合意形成を図り，それを個別の教育支援計画に明記すること，その後も発達の程度，適応の状況に応じて柔軟に見直されるべきこと，インクルーシブ教育システムの理念に照らして障害のある幼児，児童，生徒が十分な教育が受けられるよう提供されているかどうかを評価し，定期的に見直されるべきこと，進学時等に断絶することがないよう個別の教育支援計画の引継ぎ，情報交換等により合理的配慮の引継ぎが行われるべきこと等である。

しかしながら，初等中等教育段階の留意点において最もきわ立っているのは，合理的配慮の提供につき意思表明を不要とする点[*42]，および相談体制の整備が明記されている点であろう。後者の相談体制としては，特別支援教育コーディネーター[*43]の指名，特別支援教育に関する校内委員会[*44]の設置が求められており，学級担任，特別支援教育コーディネーター等と本人・保護者との対話による合意形成が困難である場合には，校内委員会を含む校内体制への接続が確実に行

---

*42 「障害のある幼児，児童及び生徒の将来的な自立と社会参加を見据えた障害の早期発見・早期支援の必要性及びインクルーシブ教育システムの理念に鑑み，幼児教育段階や小学校入学時点において，意思の表明の有無に関わらず，幼児及び児童に対して適切と思われる指導を検討するため，幼児及び児童の障害の状態等の把握に努めることが望ましい。具体的には，保護者と連携し，プライバシーにも留意しつつ，地方公共団体が実施する乳幼児検診の結果や就学前の療育の状況，就学相談の内容を参考とすること，……校内委員会において幼児及び児童の支援のニーズ等に関する実態把握を適切に行うこと等が考えられる」とされる（文科省対応指針別紙2「分野別の留意点」，「2　初等中等教育段階」）。

*43 各学校における特別支援教育の推進のため，校内委員会や校内研修の企画・運営，関係諸機関や関係する学校との連絡・調整，保護者からの相談窓口などの役割を担う教員であり，合理的配慮の合意形成，提供，評価，引継ぎ等の一連の過程において重要な役割を担うものとされる（文科省対応指針別紙2「分野別の留意点」，「2　初等中等教育段階」）。

*44 全校的な支援体制を確立し，障害のあるまたはその可能性があり特別な支援を必要としている幼児，児童および生徒の実態把握や支援方策の検討等を行うことを目的とする組織であり，校長，教頭，特別支援教育コーディネーター，教務主任，生徒指導主事，通級による指導担当教員，特別支援学級担当教員，養護教諭，対象の幼児，児童および生徒の学級担任，学年主任その他必要と認められる者などで構成するとされる（文科省対応指針別紙2「分野別の留意点」，「2　初等中等教育段階」）。

われるようにし，合意形成に向けた検討を組織的に行うことが必要とされ，このような校内体制を用いてもなお合意形成が難しい場合は，設置者である学校法人等が，法的知見を有する専門家等の助言を得るなどしつつ，法の趣旨に即して対応することが必要とされており，初等中等教育段階における合理的配慮の提供について法律家の関与が想定されている。

なお，上記に加えて，初等中等教育段階においては，地域における合理的配慮の周知・啓発について学校教育が果たす役割が大きいことも指摘されている。

(ウ) 高等教育段階の留意点の特徴

高等教育段階の留意点は，大学等が高度の専門的教育を提供する機関であることを踏まえたものといえるが，学生本人の要望が重視されるべきこと，大学等全体としての受入れ姿勢・方針に関する情報公開が強調されている点に特徴があるといえる。

3 中等教育段階における合理的配慮の実践の紹介

ここでは，中等教育段階における合理的配慮の実践の一例として，大分県内の公立高等学校における合理的配慮の提供状況を紹介する。

(1) 法施行に至るまでの準備

(ア) 県の準備

大分県では，2013（平成25）年6月の障害者差別解消法公布を受け，高等学校特別支援教育協議会が設置され，そこにおいて約3年にわたって検討が重ねられ，2016（平成28）年2月，「合理的配慮提供手続マニュアル－高等学校編－」[45]が策定されるに至った。また並行して，2015（平成27）年4月から，リーフレット等を活用するなどして，関係者に対し，合理的配慮提供の進め方等についての周知が図られた。

---

*45 同マニュアルは，①提供できる合理的配慮の項目，②手続の手順，③手続の様式の三つから構成されている。

(イ) 各校における準備

　また，大分県内すべての公立高校において，前述の大分県作成マニュアルを参考にしつつ，各校独自の「合理的配慮提供マニュアル」の策定が進められ，同時に，2016（平成28）年度から，すべての保護者に対し，合理的配慮の提供に関する説明が進められた。[*46]

　文科省対応指針において求められている校内委員会も，もれなく全校において設置され，特別支援教育コーディネーターとして研修を受けた教員が中心となって校内における特別支援教育の推進が図られた。

(2) **障害者差別解消法施行後の実施状況（2017（平成29）年3月時点）**

　各校独自に作成される「合理的配慮提供手続マニュアル」は，大分県内の公立高校44校全校で作成済みとなり[*47]，かつ，全校で保護者への周知および申請用紙の配布が実施された。そのような準備を経て実施された2016（平成28）年度の合理的配慮の提供状況は，申請のあった22校すべてにおいて提供された（提供率100％）[*48]。

＊46　2016（平成28）年9月7日に実施された説明会には，保護者約200名，教員約90名の参加があり，大分県内において周知が進んでいること及び関係者の関心の高さがうかがわれる。
＊47　うち，ウェブページ上での公開に至っているのは28校である。
＊48　2016（平成28）年度に大分県の公立高校において実際に提供された合理的配慮の内容は以下のとおりである。
　① 教室での授業時における配慮
　　授業開始時に遅れて入室することの許可，座席位置の指定，パソコン・タブレットの使用，板書のデジカメ等による撮影，発表活動時の配慮
　② 体育・実習時における配慮
　　個別の更衣場所確保，随時見学を認める，実習時の安全配慮
　③試験時における配慮
　　別室受験の許可，問題用紙の文字拡大
　④課題等の提出物における配慮
　　課題量・提出期限の調整，課題や提出物の内容を保護者に伝達
　⑤その他
　　保健室や図書館を休憩（クールダウン）場所として利用，就労・インターンシップ・進学における関係機関との連絡

(3) 課題

このように、大分県内の公立高等学校においては、障害者差別解消法施行初年度にさしたる混乱はみられなかったばかりか、提供率100％という素晴らしい結果が示された。ここには、大分県および各校関係者による周到な準備の成果が現れている。

他方、従来から実施ないし想定されてきた対応が列挙されたマニュアルを前提とした合理的配慮の提供であったことに伴う限界もある。今後のより良い合理的配慮提供のため次の2点を将来の課題として指摘しておきたい。

一つは、提供される側のニーズは、いまだ明確化されていないのではないかということである。実際、初年度の提供のあり方は、提供する側がこのような内容はどうかという形でメニューを示すものとなっている。このような手順では、提供される側は、それらのうちから自分に最もふさわしいと思われるものを「受動的に選択する」ということになりがちであり、かつ、それで足りると考えてしまいがちとなる。わが国で前例のないなかでの合理的配慮の提供の実践である以上、このような形でのすべり出しもやむをえないところであるが、「提供率100％」は、このような結果としての数字である可能性を踏まえる必要がある。そのうえで、今後、提供される側がよりリアルなニーズを示すようになってきた場合には、既存のマニュアルにとらわれず、双方向のコミュニケーションによって、（過重な負担とならない範囲で）リアルなニーズに沿った合理的配慮の提供が模索されることが期待される。

もう一つは、学校現場における意識改革である。マニュアルでは、障害者差別解消法施行以前から、学校現場において、教員が障害のある生徒らに対し事実上とられてきた「対応」が提供項目として掲げられた。実際、現場の教員からは、合理的配慮の提供としての個別の対応については、もともと教員によって従来から実行されてきたものであり、特段対応に変化はない旨の声が聞かれたようである。[49]

---

[49] 法施行によって変わった点は、「合理的配慮提供手続マニュアル」に基づく手順の履践・記録化の負担であるとのことである。

しかし，注意すべきは，今後提供されるべき合理的配慮は，障害者の意思決定を前提とした公法上の法的義務としての措置である点である。合理的配慮の不提供は，禁止される差別となる場合がある。学校および教員はこのことについての意識改革が必要であろう。

　また，他の生徒についても，合理的配慮の提供義務を負う主体ではないとしても，学校現場を形成する構成員として，教員の指導のもと，合理的配慮義務を真に理解すること，かつ，その提供に協力することが望まれる。そして，長期的にみた場合，将来の社会構成員としての子どもを教育する学校現場におけるこの意識改革こそ，社会への合理的配慮の定着そのものであるということができる。

4　初等教育段階における合理的配慮の実践の紹介
(1)　初等教育段階の特徴

　わが国の初等教育段階は，通常学級，特別支援学級，特別支援学校が併存している状況にある。障害者権利条約24条に示されるインクルーシブ教育システムでは，障害のある者が一般的な教育制度から排除されないこと，自己の生活する地域において初等中等教育の機会が与えられること，個人に必要な合理的配慮が提供されることが要求されており，このような要求にこたえるためには，上記の各学級・学校の枠を超えた対応が必要となってくる。

(2)　ICF大分モデル

　そのような状況のなかで，大分県では，2014（平成26）年度に，県教育委員会により，特別支援学級を設置する小学校2校および中学校2校をモデル校として，「多様な学びの場充実モデル実践事業」が実施された[*50]。この事業で考案されたのが，初等教育段階における合理的配慮の実践としての「ICF大分モデル」である。

　ICFとは，国際生活機能分類であり，人間の生活機能と障害に関する状況を

＊50　この活動の成果については，阿部敬信ほか「インクルーシブ教育のための小・中学校における合理的配慮を考える～大分県における『平成26年度多様な学びの場充実モデル実践事業』から～」初等教育－研究と実践－，42巻1-7頁。

記述することを目的とした分類である。同分類は，健康状態，心身機能，身体構造，活動と参加，環境因子，個人因子から構成され，その分類項目は1400を超える。

　ICF大分モデルは，上記1400項目を超えるICFの項目から42項目を選択し，「活動と参加」で配慮を要する場面を特定し，「心身機能・身体構造」と「環境因子」に応じて検討した合理的配慮を「学校における合理的配慮の観点」ごとに記載できるワークシートを作成することを最大の特徴とするものである。ここでは「ICF大分モデル」を活用した合理的配慮の提供のあり方の全容を紹介する余裕はないが[*51]，この「ICF大分モデル」において最も重視されているのは，本人・保護者，学校の間の合意形成に至るプロセスと，提供された配慮に対する評価・改善のプロセスである。

5　教育分野における合理的配慮の特徴と展開可能性

　以上，教育分野における取組状況をみてきたが，同分野における合理的配慮の提供の最大の特徴は，合理的配慮の提供および提供後の評価・改善に向けての合意形成プロセスが極めて重視されているという点にあるのではないかと思われる。

　こうした特徴は，一つには，文科省対応指針にもあるとおり，教育分野においては，障害者との関係が長期にわたるという点に由来するものであると考えられるが，加えて，障害者が成長していく過程において，その自律的な意思決定を尊重すべきことが前提とされているためであるといえる。他の法分野への展開可能性を考えるにあたっては，このような配慮を提供される側の属性や，提供する側との関係性について，当該分野との間ではどのような異同があるのか，また，そうした異同が合理的配慮論のそれぞれの分野における判断にどのように影響するのかといった観点を踏まえることが重要なのではないかと考え

＊51　詳細については，大分県教育委員会のウェブページで公開されているので，そちらを是非とも参照されたい（「ICF大分モデルを活用した合理的配慮の検討」参照）。
　　　http://kyouiku.oita-ed.jp/tokusi/2016/03/icf.html。最終アクセス　2017（平成29）年7月22日。

られる。

第3　雇用・福祉的就労

　ここでは障害者の雇用・福祉的就労の現場における合理的配慮の定着状況と課題を探る。その方法として，大分県弁護士会が所在する大分県内において，障害者の雇用・福祉的就労現場における合理的配慮の定着状況などについてアンケート調査を実施した。以下では，そのアンケート調査の結果の紹介をしたうえで，それを踏まえた今後の課題を述べたい。

1　アンケート調査
(1)　アンケートの概要
　アンケート調査の実施主体は大分県弁護士会である。調査時期は，2017（平成29）年3月から4月であり，改正障害者雇用促進法等が施行されて，ちょうど1年が経過した時点である。アンケートの送付先は，大分県内の一般企業205社，就労移行支援事業所47か所，就労継続支援A型事業所54か所，就労継続支援B型事業所159か所である。
　質問項目は，合理的配慮の提供の内容がどの程度理解され受け入れられているか，また，合理的配慮の提供を躊躇させている事情があるとすればそれは何であるか等を探るものとした。

(2)　回答数および回答率
　アンケートの回答数および回答率は，以下のとおりである。
　　　①　一般企業　　　　　　　　　回答数60　回答率29.2％
　　　②　就労移行支援事業所　　　　回答数12　回答率25.5％
　　　③　就労継続支援A型事業所　　回答数14　回答率25.9％
　　　④　就労継続支援B型事業所　　回答数42　回答率26.4％

(3)　分析の視点
　以下では，一般企業，就労移行支援事業所，就労継続支援A型事業所，就労

継続支援B型事業所の各業態ごとに，①「合理的配慮」の内容，②「過重負担」の解釈，③一般企業での就労拡大可能性・一般就労への移行可能性という視点から分析を進めた結果を報告する。

2　一般企業
(1)　合理的配慮の内容

(ア)　回答があった一般企業のうち，障害者を雇用している企業は40社（67%），雇用していない企業は20社（33%）である。雇用している障害者の人数は，1～5名が23社（38%），6～10名が10社（17%），11～20名が3社（5%），21名以上が2社（3%），未回答が22社（37%）であった。一般企業で雇用されている障害者の障害種別については，身体障害者のみが19社（32%），精神障害者のみが2社（3%），知的障害者のみが2社（3%），その他障害者のみは0社（0%），身体障害者と精神障害者が7社（12%），身体障害者と知的障害者が5社（8%），身体障害者とその他障害者が1社（2%），身体障害者・精神障害者・知的障害者が1社（2%），身体障害者・精神障害者・その他障害者が1社（2%），未回答が22社（37%）であった。一般企業で雇用されている障害者の人数は，身体障害者198名，精神障害者17名，知的障害者12名，その他障害者が4名であり，身体障害者が最も多かった。

(イ)　合理的配慮は，障害者の個々のニーズに個別的に対応するものである。そのための前提として，障害者が困りや悩みを表明しやすい環境を作り，それらを丁寧に聞き取ることが重要となる。

この点に関して，雇用している従業員全員に対して合理的配慮の提供の申出を呼びかけた企業は11社（18.3%），障害者から合理的配慮の申出をしやすいような工夫をしている企業が13社（21.6%）あることから，一般企業としても一定の努力をしていることがうかがえる。

しかしながら，一般企業からは，障害者の雇用管理や人材配置に関して，「通院などによりまとまった休みが必要とならないか心配」といった勤務時間や勤務日数への対応等の懸念，「障害者の安全管理を行うスタッフが必要となるが，人員に余裕がないというのが現実である」といった障害者の安全管理や管理者

の人員が不足しているという懸念,「健常者がつきっきりで雇用管理しなければならないのでは」,「それぞれが多くの業務を抱えているため一人につきっきりは難しい」,「各部署とも決してミスがあってはならないため,障害者に管理者が付かなければならず,人材の確保ができないため(また,扱いも知識が必要)」といった障害者に対するサポート体制や人員への懸念が挙げられた。このような懸念は,障害者との対話が不十分であることから生じるものと考えられる。すなわち,障害者の個々の具体的なニーズに対応するための対話を重ね,当該障害者の抱える障害特性や求めている配慮が明らかとなることで,いわば「つきっきりの支援」をしなければならないとの誤解が払拭されるはずである。したがって,一般企業として一定の努力はしているものの,合理的配慮の内容が個々の障害者のニーズに応えることであるということの理解が進んでいないものと思われる。

　また,合理的配慮に対する懸念として,施設・設備の改修およびその費用に関する不安や懸念が多く寄せられた。そのなかでも,特に「バリアフリー化」に対応していない等の声が多かった。

　施設・設備の改修等という物理的環境への配慮については,事前的改善措置(障害者差別解消法5条参照)による改修と合理的配慮の提供による改修の二つの面が考えられる。「バリアフリー化」へ対応していないという回答は,不特定多数の障害者(特に身体障害者)を念頭に置いているものと考えられる。これらの回答から,一般企業において,個々のニーズに応える合理的配慮の提供と不特定多数を前提とする事前的改善措置の問題が混同されている可能性があることがうかがわれ,合理的配慮の内容の理解が進んでいないと考えられる。

　(ウ)　合理的配慮に関する研修を実施した企業は,わずか5社(8.3％)にとどまる。このことも,一般企業において合理的配慮の理解が進んでいないことを裏づけている。障害者に対する合理的配慮の提供への関心や問題意識を持っている企業であるからこそ,従業員に研修を実施し,企業として合理的配慮の理解および提供に取り組んでいると考えられるからである。もっとも,研修の実施を検討中の企業が16社(26.6％)あることから,今後,より多くの企業において,合理的配慮の内容の理解が進むことを期待したい。

(2) 過重負担の解釈

先に述べたように，一般企業からは，雇用管理や人材配置の点で，「つきっきりの支援」が必要ではないかとの懸念，設備や施設の改修，バリアフリー化等への対応等に非常に費用がかかるのではないかという懸念が多く寄せられた。

合理的配慮は，個々の障害者の抱える個別的ニーズに対応するものであり，障害者との対話を通じて実現を図るものである。上述のような多くの一般企業から表出される懸念からは，一般企業が，このような合理的配慮の特性をまだまだ十分に理解していないことがうかがえる。

これらの回答からは，障害者とのコミュニケーションを図り，個々のニーズを聴取することによって，合理的配慮の提供が可能となる場合もあるにもかかわらず，「合理的配慮の提供＝施設・設備の改修＝莫大な費用がかかる＝過重な負担となる」，「合理的配慮の提供＝つきっきりの支援＝人材等の不足・実現不可能＝過重な負担」という誤解を抱き，障害者からの申出に対して，そのニーズを深く検討することなく，安易に過重な負担となるため配慮を提供しないという対応をすることが懸念される。

他方，かかる懸念は，そもそも一般企業が合理的配慮の特性を理解していないことに起因するものとみることも可能である。今後，合理的配慮の特性の理解が進むことにより，雇用している障害者との対話を通じて，より良い合理的配慮を提供する余地も多く残されているともいえる。今後，一般企業においても，障害者からの配慮の提供の申出に対して，安易に過重な負担と判断せずに，対話を通じて合理的配慮の提供が実現されるようになることを期待したい。

(3) 一般企業での就労拡大可能性

上述のとおり，障害者の雇用に関して，通院等で突然休んだりするのではないか，つきっきりで支援しなければならないのではないか等の懸念が寄せられた。このような懸念は，特に精神障害者を雇用した場合の懸念であると思われる。確かに，精神障害（発達障害を含む）には，様々な症状や状態があり，雇用する一般企業における障害特性への配慮が簡単なものではないことは容易に予測できる。

また，実際に精神障害者を雇用したことのある企業が，業務に支障をきたし大変困ったという回答を寄せている。障害者を雇用する企業へのサポートが不足していたことから，企業においても十分な対応ができなかったものと推測される。

　障害者雇用促進法の改正により，2018（平成30）年4月から精神障害者保険福祉手帳を所持する精神障害者も雇用義務制度の対象となる[*52]。これに伴い，法定雇用率も引き上げられる[*53]。他方，精神障害者の特性に関する理解が不十分であること，行政による企業のサポート体制が不足していることから，一般企業の障害特性への理解をうながす方策や雇用後のサポート体制を充実させない限り，精神障害者を含む障害者全体の一般企業における就労可能性は増加しないものと思われる。

3　就労移行支援事業所

(1)　合理的配慮の内容

　就労移行支援事業所は，障害者の就労移行のための福祉事業所である。そのため，すべての事業所（12か所）が，合理的配慮の提供の申出の工夫および申出に際するプライバシー保護の措置をとり，障害者との対話を重視し，困りや悩みを表明しやすい環境づくりを行っている。合理的配慮の内容の理解が進んでいると評価できる。

　なお，就労移行支援事業所でも，合理的配慮の提供に関して，施設や設備の改修に対する懸念が寄せられている。

(2)　過重負担の解釈

　上述のとおり，合理的配慮の提供の内容の理解が進んでいることから，過重な負担を理由にして，安易に配慮の提供を拒否すると事案が生じるということ

＊52　民間企業，国，地方公共団体等の事業主に対し，その雇用する労働者に占める障害者の割合が一定率（障害者の法定雇用率）以上になるように義務づける制度。

＊53　永野ほか・前掲注(17) 95頁〔長谷川珠子〕。ただし，法定雇用率は，改正法施行後，5年間は激変緩和措置がとられることになっている。

は少ないものと思われる。

　ただし，就労移行支援事業所のなかにも，設備・施設の対応に対する懸念が複数挙げられていることから，「合理的配慮の提供＝施設・設備の改修＝費用がかかる＝過重な負担となる」との誤解を抱いている事業所が存在することが懸念される。

(3)　一般就労への移行可能性

　障害者差別解消法等の施行によって，障害者の一般就労が増加するか，変化がないかについては増加するという回答が5，変化なしが5であった（未回答2）。

　また，その理由について，増加すると回答した事業所では，障害者差別解消法や改正障害者雇用促進法によって企業や社会の意識が変化することへの期待，障害への理解が深まることへの期待，合理的配慮を提供する企業が増加することへの期待がある。

　他方，変化なしについては，法律が変わっても企業や社会の理解が深まっていかなければ，障害者の雇用が増加しないという内容の回答であった。

　これらの回答からすれば，障害者差別解消法等の施行により，障害者の一般就労が増えることを期待していることがうかがえるものの，それは一般企業や社会全体が障害特性への理解を深めることを前提としている。障害者差別解消法の施行を追い風として，障害特性への理解が進むような具体的な施策が求められているといえる。

4　就労継続支援A型
(1)　合理的配慮の内容

　就労継続支援A型の事業所では，改正障害者雇用促進法の施行以前より，相談窓口の設置，定期的な面談またはアンケート（満足度調査）を実施している事業所が10事業所（71.4％）あった。改正障害者雇用促進法の施行を受けて，これらをさらに拡充，周知・徹底する事業所も6事業所あり，合理的配慮を提供するために必要となる利用者の個別のニーズの把握はなされているといえる。

改正障害者雇用促進法施行後，かかるニーズが，勤務時間の短縮や担当業務の変更などといった形で，合理的配慮の提供として結実した事業所も 2 事業所あった。

　他方で，利用者のニーズ把握に向けた工夫を一切行っていないと回答する事業所もあり，合理的配慮の提供に関する理解や実践に関して事業所間に温度差がうかがわれる。改正障害者雇用促進法の趣旨が均等に浸透することが求められる。

(2) 過重負担の解釈

　合理的配慮を提供するうえで懸念される事項として，資金面を 3 事業所（21.4％）が，利用者間のバランスを検討すること，または理解を得ることが難しいことを 2 事業所（14.2％）が挙げた。

　まず，資金面についてである。自由記載欄に，「一人一人に個性や特性があるため，多数の従業員から複数の合理的配慮を求められた場合，可能な限りは対応するが，費用的な面……が懸念される」との回答があった。これは，改正障害者雇用促進法の趣旨を理解したうえで，できる限り多くの利用者のニーズに沿った合理的配慮を提供するにあたっての費用に対する懸念である。より多くの，また質の高い合理的配慮の提供に努めようとする事業所が，費用の点で「過重な負担」を感じないよう各種助成金制度の周知および拡充が求められる。

　次に，利用者間のバランス・理解を得ることが難しいという意見についてである。合理的配慮の提供は個別のニーズに対応してなされるものであるから，利用者間で，一見，衡平を欠くかのような状態を招く場合もありうるであろう。[54]そのため，他の利用者との衡平が合理的配慮の提供を躊躇させる事情になっているとの現場の声は理解できる。「当事者に『合理的配慮』を説明するにあたって，……具体的な事例集があった方がイメージをしやすい」との意見もあった。合理的配慮について，事業主の理解もさることながら，障害者自身の理解も同時に促進するための施策が望まれる。

＊54　合理的配慮の提供は，差別解消のための措置であり，その提供自体が他の利用者との関係で差別に該当することはない。ただし，現場では，利用者ごとの対応の違いが，一見すると，あたかも衡平さを欠くような形になって表れることは考えられる。

⑶ 一般就労への移行可能性

改正障害者雇用促進法の施行による就労継続支援A型の事業所から一般就労への移行については、「増加する」との回答が7事業所、「変化なし」との回答が6事業所で、増加するとみる意見の方が多かった。

もっとも、一般就労移行が増えるとの回答は、改正障害者雇用促進法の施行により、精神障害者をはじめ障害者の特性についての社会全体の理解が進むことや、雇用主の障害者に対する意識が変化することを条件としていた。一般就労への移行に変化はないという意見を寄せた事業所も、利用者において一般就労へ向けた意欲はあるが、不安が多いために現状維持を望む者が多いことを理由として挙げている。

一般就労への移行が増加するには、今後、改正障害者雇用促進法の趣旨を踏まえ、雇用主のみならず社会全体で障害者の特性に対する理解を進めていく必要がある。

5 就労継続支援B型
⑴ 配慮の内容

就労継続支援B型事業所においては、就労継続支援A型と同様、利用者との対話を通じて個別のニーズを吸い上げる仕組み・体制を整えている事業所が多かった（42か所中24か所が上記のような仕組み・体制を整えていた）。また、合理的配慮への懸念に対する回答として、「求められた事項についてできることはしっかりと対応し、できないことについては、ご本人・ご家族・行政の方々と相談しながら、できる条件をつくっていきたいと考えています」との回答がなされる等、事業所が個々の利用者との対話を通じて合理的配慮を実践しようとしていることがうかがわれた。

合理的配慮への懸念としては、設備への費用負担を懸念する声やマンパワーの問題が多くの事業所から挙げられた。もっとも、この設備への費用負担に関しては利用者からの具体的な申出が費用負担を要するものであった場合の懸念という形で表明される傾向があり、事前的改善措置との混同という傾向はうかがわれなかった。

各事業所が，利用者との個別の対話を通じて，社会的障壁の除去を目指して努力していることがうかがわれた。

(2) 過重負担の解釈

上記で指摘したとおり，設備費用への負担を懸念する声が多く寄せられた。この点に関しては，就労継続支援A型と同様，事業所が利用できる補助金制度等の設置や既存の制度の広報・積極的な利用が望まれる。

(3) 一般就労への移行可能性

一般就労への移行可能性については，「変化なし」との回答が多かった（42か所のうち，「変化なし」23，「増加する」12，「未回答」7）。「変化なし」の理由としては，「障害者雇用への理解・受け入れが進んでいない」という意見が複数の事業所から出された。

改正障害者雇用促進法の施行により，障害者の支援が行いやすくなったと考えられる事項について自由記載での回答を求めたところ，「変化はない」との回答が複数の事業所からなされたものの，「障がい者に対する意識や理解が深まるのではと思う」といった肯定的な意見もみられた。

以上の結果は，就労継続支援A型と同様の傾向があることがうかがわれ，今後，改正障害者雇用促進法の趣旨を踏まえ，雇用主のみならず社会全体で障害者の特性に対する理解を進めていく必要があると考えられる。

6 小括

(1) 合理的配慮の内容

就労移行支援事業所，就労継続支援A型事業所および就労継続支援B型事業所においては，改正障害者雇用促進法等が施行される前から，多くの事業所で既に意見箱の設置や定期的な面談その他のニーズ把握の仕組み・体制が整えられていた。また同法等の施行を受けてそれらをさらに拡充した事業所も少なくないことが明らかとなった。現状として，就労移行支援事業所では100%，就労継続支援A型事業所では71.4%，就労継続支援B型事業所では57.1%の事業

所で個別のニーズを把握するための仕組み・体制が整えられている。これらの事業所については，改正障害者雇用促進法等が従来からの仕組み・体制に方向性を与え，個々の利用者との対話を通じた合理的配慮を提供する取組みを推進する契機になっているといえる。

他方，一般企業においては，合理的配慮の申出を容易にする工夫をしている企業は21.6％とどまっていることが判明した。障害者の個々のニーズを把握するための仕組み・体制の整備が急務である。

次に，合理的配慮の提供に際しての懸念について，施設の整備や改修に要する費用の点がいずれの業態でも示された。費用負担への懸念を解消することで，障害者の就労やその支援が前進するものと思われる。合理的配慮の提供を支援する助成金制度の周知および拡充が求められる。

合理的配慮の内容に関する誤解や事前的改善措置との混同が見受けられるものが一般企業の回答に多く散見された。障害者差別解消法および改正障害者雇用促進法の施行後，間もないこともあり，合理的配慮の内容に対する一般企業の理解が進んでいないものと思われる。他方で，合理的配慮に関する研修を実施する必要性を感じている企業が一定程度存在することも分かった。一般企業の理解をうながす一歩踏み込んだ施策が不可欠である。

(2)　過重負担の解釈

いずれの業態でも，施設の整備や改修に要する費用の点が合理的配慮を提供するうえでの懸念として挙げられていることは上記のとおりである。「合理的配慮の提供＝施設・設備の改修＝費用がかかる＝過重な負担」という誤解のもと，障害者からの申出に対して，そのニーズを深く検討することなく，「過重な負担」であるとして合理的配慮が提供されない事態が生じることが懸念される。

このような事態が起こることを避けるには，前述したように，合理的配慮の提供に向けた各種助成金の周知および拡充などが重要である。しかし，真に求められるべきことは，障害者の個々のニーズを把握したうえで，障害者との対話を通じて提供可能な合理的配慮を探っていくプロセスを保障することである。かかる改正障害者雇用促進法等の趣旨が早期に社会に浸透することが急務である。

⑶ 一般企業での就労拡大可能性（一般就労への移行可能性）

　一般企業からは，特に精神障害について，障害特性に対する誤解に基づくと思われる回答や，実際に雇用したがサポートが不足していて十分な対応ができなかったという回答があった。このことは，一般企業または社会全体が障害の特性についての理解を深めていくことに加え，障害者を雇用した一般企業へのサポート体制の拡充が必要なことを示している。

　就労移行支援事業所，就労継続支援A型事業所および就労継続支援B型事業所からは，今後，一般就労への移行が増えることを期待する意見が多く寄せられた。しかし，そのほとんどが改正障害者雇用促進法等の施行により，障害特性に対する一般企業または社会全体の理解が深まっていくことを前提としたものであった。

　2018（平成30）年4月から，精神障害者も雇用義務制度の対象となるところでもあり，障害者差別解消法および改正障害者雇用促進法の施行を契機または追い風として，社会全体で障害者の一般就労を促進することができるかが今後の課題である。

第4　司法

1　法の施行と「対応要領」，「対応指針」の制定

　障害者差別解消法が2016（平成28）年4月1日に施行され，またこれに即して政府の「基本方針」[*55]（6条1項），行政機関等の「対応要領」（9条1項），事業者のための「対応指針」（11条1項）などが定められることとなった。対応要領は行政機関等の職員が適切な対応を取るための要領として行政機関等が職員向けに，対応指針は事業者が適切な対応を取るための指針として主務大臣が事業者向けに，それぞれ定めるものと位置づけられている。

　司法分野では，裁判所，検察庁，日本弁護士連合会がそれぞれ対応要領を[*56]

---

*55　「障害を理由とする差別の解消の推進に関する基本方針」
*56　「裁判所における障害を理由とする差別の解消の推進に関する対応要領」，「検察庁における障害を理由とする差別の推進に関する対応要領」，「日本弁護士連合会における障がいを理由とする差別の解消の推進に関する対応要領」

作成している。検察庁は法9条1項に基づき行政機関として対応要領の作成を義務づけられており，また裁判所は司法の独立の観点から直接的に対応要領の策定を義務づけられていないが，その対応要領には法の趣旨を踏まえて制定したものとうたわれている。いずれも，法施行日に合わせて，2016（平成28）年4月1日から施行された。

　一方，日弁連は，行政機関等に該当しないため法の明文では対応要領（日弁連や弁護士会〔単位弁護士会〕の職員向け）の制定が義務づけられておらず，また対応指針（弁護士，弁護士法人向け）を示すべき主務大臣もいない。しかし，日弁連・弁護士会連合会・弁護士会も，あるいは個々の弁護士も，法8条に規定された「事業者」であり同条の各義務（不当な差別的取扱い禁止，合理的配慮の努力義務）を課せられているものと解される。そのため，日弁連においても，日弁連職員向けの対応要領を制定したほか，各弁護士会に対して，弁護士会職員向けの対応要領および弁護士向けの対応指針の制定を依頼し，各モデル案を提示した。[*57] ただし，日弁連の対応要領の施行日は2016（平成28）年6月1日と法の施行より後であり，各弁護士会への上記依頼がなされたのは2017（平成29）年1月25日付けであって少なくとも多くの弁護士会では対応要領・対応指針が未制定の状態である。日弁連も各弁護士会も，日ごろから障害者・高齢者問題に取り組んでおり，対外的な活動（例えば日弁連は各行政機関等の対応要領の案に詳細な意見書を提出するなどしている）と並行しての作業であるのでリソースに限界があるところと推察するが，客観的には日弁連・弁護士会の内部向けの対応要領・対応指針の制定は相対的に遅くなっていたものといわざるをえない。

2　司法分野における「対応要領」，「対応指針」の概要

(1)　対応要領

　裁判所，検察庁，日弁連の対応要領並びに日弁連が各弁護士会に示した対応

＊57　「弁護士会及び弁護士会連合会における障がいを理由とする差別の解消の推進に関する対応要領の制定について（依頼）」，「弁護士会における『弁護士等の職務における障がいを理由とする差別の解消の推進に関する対応指針』の制定について（依頼）」

要領モデル案の概要は以下のとおりである（それぞれ互いに基本部分が共通した内容である。特色がある部分は主に脚注で触れる）。[*58]

(ｱ) **障害者の対象範囲**

法2条1号に沿い，「障害」を「身体障害，知的障害，精神障害（発達障害を含む）その他の心身の機能の障害」と，「障害者」を「法第2条第1号に掲げる障害者」（障害がある者であって，障害及び社会的障壁により継続的に日常生活又は社会生活に相当な制限を受ける状態にあるもの）と，それぞれ定義づける。[*59] また，対象者が障害者手帳の所持者に限られないこと，高次脳機能障害は精神障害に含まれること，女性である障害者が複合的に困難な状況に置かれている場合があること，障害児には成人の障害者と異なる支援の必要性があることを述べている。[*60]

(ｲ) **不当な差別的取扱いの禁止**

「障害を理由として，障害者でない者と不当な差別的取扱いをすることにより，障害者の権利利益を侵害してはならない」旨うたい（7条1項，8条1項参照），基本的な考え方や[*61]，不当な差別的取扱いになりうる具体例を示している。[*62]

---

*58　一般の行政機関等の対応要領と同じく，政府の基本方針に沿った内容である。なお，九州弁護士会連合会の各弁護士会へのアンケート調査では，各弁護士会は概ねモデル案に沿って，対応要領・対応指針の制定に向けて検討を進めているとのことであった。

*59　定義の文言は裁判所の対応要領を引用したが，検察庁，日弁連の定義も同内容である。ただし日弁連の対応要領等での表記は「障害」ではなく「障がい」であるため，日弁連の対応要領等を引用するときは原文の表記に従う。

*60　日弁連の対応要領およびモデル案ではこれらに加えて，過去の障がいおよび将来の障がいも「障がい」に含まれるとして，精神病歴がある者，ハンセン病元患者，まだ発症していないＨＩＶ感染者への差別を例として挙げる。

*61　不当な差別的取扱いの概念のほか，「正当な理由」についての考え方（「客観的に見て正当な目的の下に行われたものであり，その目的に照らしてやむを得ないといえる場合」であり，具体的検討なしに拡張解釈すべきではなく，また正当な理由があると判断するときはその理由を障害者に説明して理解を得るよう努めること等）。

*62　正当な理由なく，窓口対応・資料等送付・説明会等への出席・付添人の同行・身体障害者補助犬の同伴の各拒否，また逆に付添者の同行を条件とすること等。さらに日弁連の対応要領およびモデル案はこれらに加えて，知的障がいがあるために申立書の内容が分かりにくいことを理由に人権救済申立ての受付を拒むこと，混乱してパニックになっている発達障がいのある人を必要なくいきなり押さえつけること，の2例を挙げている。

(ウ) **合理的配慮の提供**

障害者から社会的障壁の除去を必要としている旨の意思の表明があった場合に，その実施に伴う負担が過重でないときは，障害者の性別，年齢および障害の状態に応じて，社会的障壁の除去に必要かつ合理的な配慮（合理的配慮）の提供をしなければならない旨をうたい（法7条2項，同8条2項参照），基本的な考え方[64]，過重な負担についての考え方[65]，合理的配慮の具体例を定める[66]。

(エ) **その他**

監督者の責務（職員への指導，障害者からの申出への対応等），相談体制の整備（障害者からの相談への相談窓口の設置等），職員への研修・啓発（通常の研修のほか，新たに職員となった者・新たに監督者となった者それぞれに対応した研修，マニュアル等の活用）を定める。さらに裁判所，検察庁では不当な差別的取扱いおよび過重負担がない場合の合理的配慮の不提供が懲戒処分の

---

* 63 日弁連の対応要領およびモデル案は，「意思の表明」には「黙示の表明及び本人が社会的障壁の除去を必要としていることが客観的に認識し得る場合を含む」と注記している。
* 64 合理的配慮は障害者でない者との比較で同等の機会の提供を受けるためのものであること，多様かつ個別性の高いものであること等。日弁連の対応要領およびモデル案ではこれらに加えて，家族や支援者が同行する場合でも障がい者本人の意思の尊重に十分に注意すべきとする。また，裁判所と検察庁の各対応要領は，合理的配慮の提供につき，「必要とされる範囲で本来の業務に付随するものに限られる」，「事務の目的・内容・機能の本質的な変更には及ばない」と限定する各文言を入れている。日弁連はこのような文言に関して，前者の文言について不必要な限定を招きかねない，後者の文言については過重な負担の例外事由で判断すべきところ適正手続が求められる司法分野では過重な負担は原則として考慮すべきではない，との意見を述べている（日弁連「『検察庁における障害を理由とする差別の解消の推進に関する対応要領（案）』に対する意見」3頁，5頁）。日弁連の対応要領では，このような限定をせず単に「業務に必要とされる範囲で提供されるべきもの」としている。
* 65 個別の事案ごとに総合的・客観的に判断することが必要であり，また過重な負担にあたると判断した場合は障害者にその理由を説明して理解を得るように努めること。
* 66 駐車場・段差・座席・部屋・器具などの物理的環境の配慮，筆談・点字・読み上げソフト対応・説明方法などの意思疎通の配慮，順番の入れ替え・座席の位置・駐車場区画の変更・援助者の同席などルール慣行の柔軟な変更等。裁判所の対応要領ではこれらに加えて，裁判の進行にあたっての配慮（ゆっくりとした丁寧な進行），障害の特性により頻繁な離席の必要がある場合に法廷・弁論準備手続室・調停室での席の配慮，裁判手続での援助者の同席（ただし情報管理の担保を前提とする）を挙げる。一方，検察庁の対応要領に関して，合理的配慮の具体例は一般の行政機関で想定されているものと同様のものに限られており，日弁連は逮捕時・取調べ時の各種配慮を盛り込むよう要請していたが（日弁連「『検察庁における障害を理由とする差別の解消の推進に関する対応要領（案）』に対する意見」6頁），採用されなかった。

対象になりうることを定める。

(2) 対応指針（弁護士等向けの対応指針のモデル案）

上述のとおり，各弁護士会は日弁連のモデル案をベースに，会員である弁護士等（弁護士および弁護士法人）向けの対応指針の制定を検討中である。

対応指針モデル案においては，不当な差別的取扱いの禁止，合理的配慮の提供に関して日弁連の対応要領と同様の考え方が示されたほか，弁護士等において障がい者からの要望等に対応するための対応窓口の設置が望ましいこと，障がい者に適切に対応するための自らの研鑽や事務所での研修等が重要であること等が説かれている。また，不当な差別的取扱いや合理的配慮の提供例が示されている。[*67]

3 九州の裁判所・検察庁・弁護士会に対するアンケート
(1) アンケートの実施

大分県弁護士会では，2017（平成29）年4月から同年5月にかけて，福岡高等裁判所管内の裁判所，福岡高等検察庁管内の検察庁，九州弁護士会連合会内の各弁護士会に対して，合理的配慮の提供その他の法の要請への対応状況について，アンケート調査をして回答をいただいた（なお，大分県弁護士会は，各地の裁判所・検察庁宛てにアンケート依頼書を送付したが，これに対して，福岡高等裁判所，福岡高等検察庁からは管内各庁の状況を取りまとめたものとして，それぞれ一括での回答を受けた）。回答期間をあまり長期に設定できなかったなかで，状況を取りまとめてご回答いただいた裁判所，検察庁，各弁護

＊67　例えば「法務省所管事業（公証人・司法書士・土地家屋調査士）分野における障害を理由とする差別の解消に関する対応指針」と対照すると，日弁連モデル案は，不当な差別的取扱いの例に「障がい者からの法律相談は，支援者の申込みや同席がなければ一律に受け付けないとすること」を挙げ，合理的配慮の提供の例も意思疎通についてのものが多い（内容が理解されたことを確認しながら対応，書類記入方法等を本人の前で示すこと）一方，多人数の来場を前提とした例がない（法務省所管事業者向けの対応指針には，障害者が立って順番待ちをしている場合の椅子の用意，多人数の中にいることによる緊張等で発作等があるときの別室準備といった例が挙げられている）など，法律事務所の特性に即して内容が検討されたことがうかがえる。

士会にこの場で感謝を申し上げる。

(2) アンケート結果

以下で，アンケート結果の概要を紹介し，若干の意見を述べる（便宜上，複数の質問項目に対する回答をまとめた形で紹介する）。

(ア) **裁判所，検察庁**

(a) 対応要領の職員への周知，障害者への対応の指導・研修の状況

裁判所，検察庁とも，対応要領を全職員に周知しているとしているが，その具体的な状況については，それぞれ以下のとおりの回答であった。

【裁判所】
- 対応要領制定直後，その内容について，各部課室において裁判官および職員に口頭・文書で説明し，転入した職員にも着任後に同様に説明している。非常勤職員にも研修等の際に説明している。
- 監督者は，各種協議会で障害者配慮に関する協議が行われる都度，その内容を各職場のミーティングで共有するなどして注意喚起している。少なくとも1年間で複数回（5，6回）はミーティング等で取り上げている。
- 高裁でも管内の職員を集めて行う各種研修を実施し，障害者への配慮をメインテーマとした講義を2016（平成28）年度は5回行った。管内各庁でも障害者配慮に関する講義等を行った。職員には，帰庁後，ミーティングや勉強会を通じて各職場で研修の内容を情報共有するよう指導している。
- マニュアルとしては，対応要領別紙（留意事項）を活用している。

【検察庁】
- 対応要領制定時に全職員にメール等で周知し，その後は年1回以上各庁で適宜対応要領の周知や研修を実施するなどしている。
- 新規採用者には採用時の研修で，障害者差別解消法に関する1時間程度の講義をしている。
- マニュアルとしては，「公共サービス窓口における配慮マニュアル」など上級庁から配布されたものを活用している。

(b) 障害者向けの相談窓口の設置状況，その対外的な周知状況，相談状況

【裁判所】
- 相談窓口は各庁総務課に設置し，総務課長等の管理職が相談担当者である。
- 対応要領を裁判所ウェブサイトで公表している。[*68]
- 相談窓口への相談件数は各庁数件程度である。内容としては，申立ての疎明資料の準備期間に体調不良を理由とする配慮，期日指定への配慮，資料送付，長時間の期日の身体への負担から時間の配慮，期日中の部屋の移動への配慮，公判廷での磁気ループの使用，手続案内の際の筆談，車いすの貸与や職員による介助，期日中の着席への了承をそれぞれ求められたもの。[*69]

【検察庁】
- 相談窓口は各庁に設置し，人事事務担当者を中心として数名程度の配置をしている。
- 相談窓口は，各庁のウェブページで詳細を公表している。[*70]
- 相談窓口への相談は，該当なし。

(c) 提供した合理的配慮の例

【裁判所】
- 相談窓口への要請に対する配慮等の提供（期日指定，時間，移動等への配慮等）。
- 「障害者の歩行速度に合わせた速度で歩く」，「ゆっくり丁寧に繰り返し説明する」など，障害者に限らず当事者・来庁者に丁寧に対応するよう指導している。

【検察庁】

---

*68　裁判所の相談窓口については，裁判所全体（全国）のウェブページに各裁判所の総務課に相談窓口を設置している旨の記載はある（「裁判所における障害者配慮」）。しかし，福岡高等裁判所やその管内の裁判所のウェブページに具体的な相談窓口やその電話番号は記載されていない（2017〔平成29〕年6月現在）。なお，仙台高等裁判所やその管内の裁判所のウェブページには各裁判所の具体的な相談窓口とその電話番号が記載されている。

*69　福岡高等裁判所および大分地方裁判所の各総務課の説明によれば，障害者等から相談窓口にではなく各部署に配慮要請等が寄せられ，それが各部署から相談窓口（総務課）に持ち込まれて対応を協議するものが多いとのことであり，ここで挙げられる相談件数や相談例もそのルートによるものが多いのではないかと推測される。

*70　福岡高等検察庁および管内の地方検察庁のウェブページには，「障害を理由とする差別に関する相談窓口」として，その電話番号・ファクシミリ番号・メールアドレスが記載されている。

- 職員の付添・移動介助，補聴器および筆談による対応，車いすを1階に配置，拡大鏡・老眼鏡の勧め，執務室の障害物の移動など。
- 施設・設備面で，障害者用トイレの表示，オストメイト設置，駐車場の配慮，車いすの低い位置から押すことができる障害用インターフォンの設置など。

(d) 不当な差別的取扱い，合理的配慮の提供拒絶とされる苦情の有無

裁判所，検察庁とも「なし」との回答であった。また，各弁護士会へのアンケートでも，裁判所，検察庁における不当な事例の有無を質問したが，各会とも「(把握の限りでは) なし」との回答であった。

(e) まとめ

裁判所，検察庁とも，職員に対して対応要領の内容を周知し，定期的に職員向け研修を行い，障害者等向けの相談窓口を設置・公表しているなどの回答であり，回答を前提とすると概ね対応要領に沿った対応を実施していることになるように思われる。

相談窓口の公表状況に関して，検察庁は，相談窓口とその連絡先が各庁のウェブページ（しかもトップページからある程度容易にアクセスできるページ）で公表され，かつファクシミリ番号やメールアドレスも記載されており，評価すべきである[*71]。ただし相談件数・事例につき「該当なし」との回答であることからも，相談窓口が実際には一般に知られていないことがうかがえる。一方，裁判所（少なくとも福岡高等裁判所およびその管内の裁判所）の相談窓口については，一般への公表に積極的ではないとの印象をぬぐえない。

なお，留意点として，上述のとおり大分県弁護士会が各地の裁判所・検察庁に個別にアンケート依頼をしたにもかかわらず，これに対する回答は福岡高等裁判所および福岡高等検察庁からの一括でなされたものであり，いずれの裁判所・検察庁の状況・事例であるかが分からない内容であった。そのため，個別の庁によっては，実態が今回の回答どおりではない（例えば合理的配慮の提供状況についてなど）可能性も考えられる。

---

*71 対応要領では，相談窓口において，対面，電話，ファクシミリ，電子メールのほか，障害者等がコミュニケーションを図る際に必要な多様な連絡手段の確保に努めるとされている。

(イ) 弁護士会
(a) 対応要領・対応指針の制定状況

大分県弁護士会を含めてどの弁護士会でも制定未了であり，ほとんどの弁護士会で「検討中」との回答であった（2017〔平成29〕年5月現在）。対応要領で設置が予定される相談窓口の設置も同様に未了である。

制定を検討中の弁護士会では，基本的に日弁連のモデル案をベースに検討しているようである。検討が進んでいる弁護士会では，モデル案への具体的な付加修正を進めているとのことである。[*72]

(b) 弁護士会職員・会員（弁護士等）への周知・研修等

弁護士会において，弁護士会職員や弁護士等に対して法の内容（特に不当な差別的取扱いの禁止および合理的配慮の提供）を周知しているか，研修等の取組みをしているかを質問した。8弁護士会のうち，弁護士会職員への研修を実施済みであるのは1会のみであり，弁護士等への研修を実施済みであるのは4会であった（「予定あり」，「検討中」との回答の会は除く。なお，研修以外の方法で周知したとの会はなかった）。このほか，「差別解消法ホットライン」を実施した例が報告されている。

(c) 裁判所，検察庁との協議

弁護士会において，裁判所または検察庁に対して各庁における合理的配慮の提供等について協議したことの有無を質問した。8弁護士会のうち，1会が裁判所との協議会で高齢者・障害者が出廷しやすい設備・態勢面の整備状況を議題として取り上げ，[*73] 1会が障害者等の要保護性の一般的見地から取調べの録音録画を要請したとのことであったが，他の6会は「なし」との回答であった。

---

*72 ある弁護士会では，現時点（回答時現在）の案として，①対応要領・対応指針の共通で，正当な理由や過重負担をイメージのみで判断しないよう注意喚起，シンポジウム等の開催の際の合理的配慮提供例を付加，障がい特性の項目を付加し，また，②対応要領について，発達障がいを精神障がいの括弧内からはずす，懲戒処分の規定を設けることが，それぞれ検討されているとのことであった。

*73 当該協議会では，裁判所からは1階の部屋の整備と利用，2階の部屋を使う場合の職員による介添え等の配慮の実施が説明され，弁護士会からはさらにエレベーター・トイレの整備，廊下の長椅子の増設を要請したとのことである。

(d) 弁護士会職員，弁護士等に関する苦情

弁護士会職員，弁護士等（あるいはその事務所職員）による不当な差別的取扱いや合理的配慮の提供拒絶に関する苦情の有無を質問したが，いずれも「なし」との回答であった。

(e) まとめ

対応要領・対応指針について日弁連から制定の依頼があったのが2017（平成29）年1月になってからであることも考慮する必要があるが，現在，法の施行（2016〔平成28〕年4月1日）から1年以上経過していることを踏まえると，大分県弁護士会も含めた弁護士会，あるいは弁護士らの自らの取組みは，全体としては低調との評価を免れないように思われる（アンケートにご協力いただいたうえでこのような指摘をすることは誠に申しわけないが，弁護士会が人権擁護を旨とする団体であることを考えると，自戒も込めつつ，このようにいわざるをえない）。

弁護士会の職員，弁護士等の対応（不当な差別的取扱い，合理的配慮の提供拒絶について）への苦情は，いずれの弁護士会でも「なし」との回答であった。弁護士会職員や弁護士等において，法の具体的内容は周知されていなくとも，来館・来所者等に対して日ごろから丁寧な対応を心がけていることの表れと考えたいが，そもそも来館・来所者等自身も法の内容を知らないので合理的配慮の提供を求めたり苦情を申し出たりすることがあまりないとの可能性も考えられる。

4　小括

裁判所，検察庁とも，対応要領を整備し，少なくとも主に施設利用面において一定の合理的配慮の提供が進められており，また裁判所においては裁判・調停手続内での身体的負担，意思疎通の困難さへの配慮も一定程度はなされるよ

うになっている。しかし，検察庁における逮捕・取調べ時などの配慮[*74]といった司法分野のより核心的な部分には，対応要領も踏み込んでいない。

　また，対応要領や対応指針は，本来は裁判所，検察庁，弁護士会が自ら現場の事例・問題点を収集し「作り込む」作業プロセスのなかで組織・構成員の意識づけをしていくことが理想的ではあったが，実際には他の行政機関等でも制定された対応要領・対応指針と同様の内容・条文に，司法分野の実情に即した若干の付加修正がされたものを制定するにとどまった。

　さらに，弁護士会や弁護士等の取組みは，裁判所，検察庁と比較しても残念ながら遅れているといわざるをえず，その社会的責務にかんがみて，より一層の取組みを進めるべきである。

第4節　本章のまとめ

1　わが国の障害者法制における合理的配慮論の現状

(1)　以上に概観したところから明らかなとおり，わが国において，合理的配慮論を最初に成文化したのは障害者法制の分野であり，障害者基本法の改正に始まり，障害者差別解消法の制定，さらには，障害者雇用促進法の改正によって，障害者法制として一応の体系化をみるに至っている。

　これらの障害者法制の柱となるのは障害者差別解消法であり，同法に基づいて，国，地方公共団体等の行政機関は，ガイドラインやマニュアルを定めており，努力義務を負うことになった民間企業においても，序々にマニュアルの整備が進んでいる状況にある。こうしたガイドライン等の制定は，合理的配慮が求められる具体的な事例，具体的な場面を想定してなされており，合理的配慮

＊74　日弁連は，①逮捕時の配慮として，視覚障がいがある人へは点訳した逮捕状を示すこと，聴覚障がいがある人へは手話通訳者を同行すること，知的障がいがある人には告知内容を平易な言葉へ言い換えることを要請し，②取調べ時の配慮として，聴覚障がいがある人には手話通訳や要約筆記などその人に適した通訳を付けること，視覚障がいがある人に図面を示すときは触って分かる凸凹を付けること，知的障がいのある人には問われている内容が分かるよう支援する者の立ち会いを付けることを要請していた（日弁連「『検察庁における障害を理由とする差別の解消の推進に関する対応要領（案）』に対する意見」6頁）。

論が定着していくうえで極めて重要な役割を果たすに至っている。

(2)　合理的配慮論の定着という視点で注目すべきことは，地方公共団体において，障害者差別解消法の制定以前から，障害者差別禁止条例の制定が進められているということである。

　これらの条例は，いくつか類型がみられるが，共通しているのは，合理的配慮の不提供が差別であるという「障害者基本法」の理念を前提として，その解消のための仕組み（解決機関）の設置を定めていることである。こうした仕組みの存在こそが，合理的配慮論の定着化に果たす意義は極めて大きいということができる。また，これらの条例のなかには，別府市条例のように合理的配慮論を地域づくりの基本理念として位置づけているものもあり，新たな試みとして注目される。

(3)　一方で，障害者差別解消法において合理的配慮の義務づけ対象から除外された司法分野においても，裁判所，検察庁においては，最高裁判所，最高検察庁がガイドラインを制定して，各裁判所，各検察庁に周知徹底が図られているが，弁護士会に関しては，日本弁護士連合会においてガイドラインが作成されているものの，一部を除いて単位弁護士会における取組みは，決定的に立ち遅れている。

2　わが国の障害者法制における合理的配慮論の課題
(1)　合理的配慮論の当事者および住民意識への定着化に向けての課題

　(ｱ)　障害者法制自体としては，障害者差別解消法の施行とこれを受けての各種ガイドラインの制定によって，合理的配慮論の実定法化は一応の完結をみたといいうるものの，合理的配慮論が障害のある当事者やその家族にどの程度普及しているのかについては，まったく手つかずに近い状態にあるように思われる。

　こうした考え方の定着にあたっては，配慮の提供を受ける側の当事者が，配

慮を求めることの権利性[*75]を認識して，これを日常的に行使することが必要不可欠であるだけに，この課題をいかにして実現していくかということが最も重要と思料される。

そのうえで，合理的配慮論の定着にあたっては，行政や事業者だけではなく，国民一人一人，とりわけ周辺住民の側に，このような配慮の提供の必要性が，広く認識されることが必要であるところ，この点についても，今後の課題として残されたままである。

(イ) こうした課題を達成していくうえで重要な役割を果たすと思われるのは，各地方公共団体における条例づくりである。

その際に最も重要なことは，次の3点にある。

第1は，条例案を作成する過程に障害のある当事者や家族が参加し，その生の声を反映した形で条例が作られていくということである。行政側が主導する形での条例づくりは，障害当事者が合理的配慮論を身に付けていくことに少しも役立たないということを肝に銘じておくべきである。

第2は，千葉県条例，熊本県条例，大分県条例にみられるように，条例案の作成に先立って，障害のある当事者や家族から，広く「生の声」を集約するということである。こうした過程が省略されると，各分野ごとに求められる「合理的配慮」の内容は，抽象的，定型的なものになってしまう。

第3は，条例づくりを障害当事者や家族を守る地域づくりという視点で進めることの重要性である。その意味では，千葉県条例や京都府条例にみられる地域相談員の意義は極めて大きい。

(2) 分野ごとの合理的配慮論から統合的な合理的配慮論へ

障害者基本法をはじめ，わが国の障害者法制では，医療・介護・療育・職業相談・雇用・住宅の確保・交通・選挙・司法といった形で各分野ごとに合理的

---

* 75　ここでいう「権利」は，配慮を求めるという具体的権利が認められるということを意味するものではないが，障害者が配慮を求めることを契機として，行政機関等や事業者には障害者からの「意見表明」に応じた合理的配慮義務が具体化することになることから，障害者からの配慮の申出は実定法が当然に予定したものであるということを含意している。

配慮が求められることを規定するものである。

　このような規定は，一見したところ，合理的配慮を必要とする場面を網羅しているように思われるが，障害のある当事者やその家族が，その生涯において，合理的配慮を必要とするのは，このような分野ごとで仕切られる局面に限られるわけではない。性の問題や恋愛・結婚・出産・子育ての問題，さらには，いわゆる「親亡き後」の問題等がその実例である。分野ごとに定められる合理的配慮は，行政の担当窓口や事業者ごとの対応を具体化することにはなるが，こうした「親亡き後」の問題等の解決は，横断的・総合的な支援を必要とするものであり，今後は，こうした総合的な合理的配慮論の展開が必要になるのではないかと思われる。

(3) 精神障害，知的障害にシフトした合理的配慮論の必要性

　合理的配慮論を導いた基本的理念である「障害の社会モデル」は，精神障害，知的障害に関しての有効性に限界があると指摘されてきた。

　わが国の障害者法制における合理的配慮の諸規定は，身体障害に関しては，解決すべき「社会的障壁」が比較的明確であるために実効性があるものとして評価しうるが，精神障害，知的障害に関しては，その障壁自体があまりに巨大であったり抽象的であって，行為規範としての具体化が非常に困難である。このことは重度の知的障害の場合を考えると容易に理解が可能である。

　こうした障害に関して，提供されるべき合理的配慮とは一体何であるのか，その前提として，こうした障害にとって除去されるべき社会的障壁とはどのようなものであるのかについて，今後議論が深められこれに適合した規定が設けられる必要がある。昨（2016）年，発生した，いわゆる「相模原事件」は，このことの切実な必要性を私たちに問いかけている。

(4) 合理的配慮における過重な負担条項の解釈をめぐって

　わが国の障害者法制における合理的配慮条項には，例外なく「負担が過重でないときは」との除外規定が設けられている。この規定の解釈いかんによっては，合理的配慮条項そのものが骨抜きになってしまうおそれがある。

どのような場合が過重負担になるのかについては，今後の判例の蓄積を待つしかないが，大切なことは，合理的配慮の提供を求める側がこうした規定を気にすることなく行動することであり，行政・事業者との間で協議を重ねて解決策を見出していくという過程を積み重ねることである。

　その意味で，各条例に規定されている広域相談員や障害者差別解決調整委員会等の解決の仕組みの活用が重要である。

(5) **弁護士会における取組みの立ち遅れの克服のために**

　基本的人権擁護を使命とする弁護士にとって，合理的配慮論の登場は，権利擁護の具体的内容，特に差別概念についての認識の転換を迫るものである。障害を理由とする不利益取扱いが差別であるとの認識をさらに広げて，合理的配慮の不提供は差別であるとの認識を身につけることが求められるからである。

　その意味で，弁護士が，合理的配慮論に関して，十分な関心をもたず，その具体化，定着化に向けての取組みが立ち遅れていることは由々しき問題であって，会内研修の実施をはじめとする取組みが早急になされるべきである。

第 2 部

合理的配慮論の内実

第2章

合理的配慮論の歴史と展開

第1節　本章の検討課題

1　はじめに

　第1章では，障害者差別解消法および障害者雇用促進法で定められた「合理的配慮」について，具体的にどのような取組みがなされているかについての現状を調査し，その課題等を検討した。これは現行の法制度における合理的配慮論の解釈論やその問題点等を把握するためにも有用な作業である。

　また，本書の主たる問題関心は，障害者差別解消法および障害者雇用促進法で定められるに至った合理的配慮論について，これを他の法分野に適用ないし展開できないかを検討することにあるが，その前提として，現行の法制度における合理的配慮論の内容がいかなるものであるかの確認を行う必要がある。その作業は，次章で行う予定としている。本章の検討課題は，このような問題関心を踏まえて，合理的配慮論を他の法分野に適用ないし展開することが可能か否かについての理論的考察を行おうというものである。

2　考察の方法

　障害者差別解消法および改正障害者雇用促進法で定められた合理的配慮は，障害者権利条約の批准に対応するために規定されたものであるが，障害者権利条約で定められた合理的配慮概念は，もともとはアメリカの障害差別禁止法制のもとで認められてきた概念であり，これが障害者権利条約に取り入れられたものである。

　そのため，合理的配慮論の他の法分野への適用ないし展開可能性を検討する

にあたっては，第 1 に，こうした合理的配慮論が誕生した歴史と，アメリカにおいてその概念が発展してきた内容を検討する必要がある。また，それと同時に，アメリカ以外の諸外国において，合理的配慮論がどのように扱われているのかを検討することも有益である。このような観点から，諸外国の法制度としては，アメリカにとどまらず，イギリス，フランス，ドイツ，カナダを取り上げる。さらに，このような諸外国において採用されている合理的配慮論に関して，その位置づけや法的性質についてどのような議論がなされているかを検討する。合理的配慮論の射程等がどのように解されているかを検討することは，現在認められている合理的配慮概念が当該法制度に独自のものか否かを判断するうえで有益であると考えられるからである。

　第 2 に，わが国の障害者差別解消法および障害者雇用促進法上の合理的配慮義務（合理的配慮提供義務）の内容等について，諸外国の合理的配慮論との比較検討を行う。諸外国の合理的配慮論との相違を確認することによって，わが国の法制度上における合理的配慮論の他の法分野への適用ないし展開可能性の考察の視点となりえないかを検討するためである。

　第 3 に，このような検討を行ったうえで，わが国において，合理的配慮論を障害差別以外の法分野に適用ないし展開することが可能かについて，理論的な点も踏まえた考察を試みる。

第 2 節　合理的配慮論の起源と発展

1　合理的配慮論の誕生とその後の発展[*1]

(1)　「合理的配慮」は，アメリカにおいて1970年代に誕生した概念であり，最初に問題となったのは宗教差別における文脈だったとされている。その後，1973年に成立したリハビリテーション法によって障害分野に「合理的配慮」論が導入され，さらに，1990年には，障害を理由とする差別を包括的に禁止した法律として，ADA（障害をもつアメリカ人法）が成立し，ここでも「合

＊1　菊池馨実ほか編『障害法』（成文堂，2015）121 頁以下〔長谷川聡，長谷川珠子〕。

理的配慮」論が採用された。

　このようにアメリカで誕生した障害差別禁止法制の流れは，その後，世界中に広がり，イギリスでは，1995年にDDA（障害者差別禁止法）が制定され，合理的調整義務が使用者に課された。また，EUでは，2000年の「雇用および職業における平等取扱いの一般的枠組みを設定するEC指令」が制定され，そこでは，宗教・信条，障害，年齢，性的指向を理由とする差別を雇用の全局面で禁止し，障害者に対して合理的配慮を提供するよう加盟国に義務づけた。そのため，フランスでは，2005年に「障害者の権利と機会の平等，参加および市民権に関する2005年2月11日の法律」が制定され，「適切な措置」の規定が盛り込まれた。ドイツでは，2006年に一般平等法が制定され，障害を理由とする差別が禁止されるとともに，社会法典第9編において，合理的配慮類似の対応を使用者に請求する権利を重度障害者に保障した。

　(2)　一方，国連の障害政策については，2001年12月の国連総会で条約に関する特別委員会が設置され，その後，2006年12月に障害者権利条約が国連総会で採択されたが，諸外国における障害差別禁止法制で「合理的配慮」論が導入されていることも踏まえて，「障害に基づく差別には，あらゆる形態の差別（合理的配慮の否定〔並びに直接差別および間接差別〕を含む。）を含む。」（2条）と定めて合理的配慮の不提供を差別と位置づけた。[*2]

2　対象となる「障害者」の位置づけ
　(1)　このような障害差別禁止法制において対象となる「障害」をどう理解するかについての考え方として，「医学モデル」と「社会モデル」とがある。
　医学モデルは，障害者の置かれている不利な状態の原因を医学的にみた機能障害（インペアメント）の程度で判断する考え方である。社会モデルは，医学モデルに対抗する視点であり，障害者の置かれている不利な状態の原因を，機

＊2　川島聡ほか『合理的配慮』（有斐閣，2016）25頁以下〔川島聡〕，菊池聡ほか・前掲注(1)59頁以下〔川島聡〕。障害者権利条約の差別条項の解説については，松井亮輔ほか編『概説障害者権利条約』（法律文化社，2010）63頁以下参照。

能障害と社会的障壁との相互作用に求めたうえで,特に,社会的障壁の問題性を重視する視点である[*3]。

社会モデルでは,障害者の置かれている不利な状態の原因のうち,外的要因によって発生する不利益に対する責任を,機能障害を有する個人にではなく,そうした社会現象を作りだした社会に負わせるという視点を有する。そのため,合理的配慮の発想に親和的であり,それを義務づけやすい構成であるとされている[*4]。

(2) アメリカのADAやイギリスのDDAは,このような社会モデル的な「障害」観を採用しているとされる。

一方,わが国の障害者差別解消法は,「障害者」の定義を,身体障害等の機能障害を有する者であって,「障害及び社会的障壁により継続的に日常生活又は社会生活に相当な制限を受けている状態にあるもの」と規定しており(2条1号),社会モデルの考え方に親和的である[*5]。これに対し,障害者雇用促進法は,「障害者」の定義を,身体障害等の機能障害によって,「長期にわたり,職業生活に相当の制限を受け,又は職業生活を営むことが著しく困難な者」と定めており(2条1号),医学モデル的な規定ぶりとなっている[*6]。

第3節　アメリカにおける合理的配慮論

前節で論じたとおり,合理的配慮概念が誕生したのはアメリカにおいてである。そこで,まず,アメリカにおいて,合理的配慮概念がどのように取り扱われているかを概観する。

---

* 3　菊池ほか・前掲注(1)4頁〔川島聡,菊池馨実〕。
　　もっとも,社会モデルの中でも,イギリスの社会モデルは,「障害」は,機能障害とは無関係に社会的障壁のみから生じると位置づけているのに対し,アメリカの社会モデルは,機能障害と社会的障壁との相互作用で「障害」が生まれるという構造をとり,社会的障壁の問題性を特に強調するとされている。
* 4　永野仁美ほか編『詳説障害者雇用促進法』(弘文堂,2016)159頁以下〔中川純〕。
* 5　菊池ほか・前掲注(1)128頁〔長谷川聡,長谷川珠子〕。
* 6　永野ほか・前掲注(4)153頁以下〔中川純〕。

1 合理的配慮論の誕生と派生
⑴ 宗教差別と合理的配慮論
　アメリカにおいて、「合理的配慮」概念がはじめて用いられたのは、宗教差別の場面であった。アメリカでは、1964年に、人種、皮膚の色、宗教、性または出身国を理由とする雇用差別を禁止する公民権法第7編（Title Ⅶ of the Civil Rights Act of 1964）が制定された。その後、宗教的信念・戒律を労働者が守ることができるよう使用者が一定の配慮（安息日の労働義務免除など）をすべきかどうかが問題となり、裁判所や雇用機会均等委員会（EEOC）の見解との間で争いが生じていた。そのため、1972年に公民権法が改正され、使用者は「過度の負担」とならない範囲において、労働者の宗教的儀礼や慣行に対し、合理的な配慮を提供しなければならないと定められた（701条(j)）。

⑵ 障害差別と合理的配慮論
　この「合理的配慮」概念は、その後、障害差別の分野に導入される。1973年に制定されたリハビリテーション法（Rehabilitation Act of 1973）は、同法504条の施行規則において、連邦政府から補助金を受ける事業は、過度の負担とならない限りにおいて障害者に合理的配慮を講じなければならないと定めた。しかし、リハビリテーション法はごく一部の民間事業者のみが適用対象とされていたことから、1990年に、適用対象を広げて、すべての民間事業者を対象とする「障害をもつアメリカ人法（ADA）」（American with Disabilities Act of 1990）が制定され、過度の負担となるとの証明なしに合理的配慮を提供しないこと、および合理的配慮が必要であることを理由として均等な機会を与えないことは、障害を理由とする差別に該当すると定められた（102条(b)）[*7]。このADAは、その後、連邦最高裁の一連の判決によって当初予定されていた保護の範囲が狭められてきたことから、2008年に、ADAが当初予定していた広範な保護範囲を復活させることを目標として改正された（American with

---

[*7] アメリカにおける「合理的配慮」論の歴史的経緯については、永野ほか・前掲注⑷19頁、208頁〔長谷川珠子〕、長谷川珠子「日本における『合理的配慮』の位置づけ」日本労働研究雑誌646号（2014）19頁を参照した。

Disabilities Act Amendment Act of 2008)。[*8]

(3) 以下では，こうした歴史的経緯を踏まえ，公民権法第7編，リハビリテーション法，ADAの各法における「合理的配慮」の内容を概観する。

2 公民権法第7編[*9]
(1) 差別禁止の内容

公民権法第7編は，採用から解雇までの雇用の全局面に関して，人種，皮膚の色，宗教，性，または出身国に基づく使用者の差別を包括的に禁止した連邦法である。

第7編は，703条(a)で使用者の差別行為を禁止しているが，ここでの適用対象としての「使用者」は，①州際通商に影響を与える産業に従事し，②当年または前年において20週以上の各労働日に15人以上の被用者を使用するものを指す（701条(b)）。

第7編の禁止する差別に関しては，判例によって，「差別的取扱い」と「差別的インパクト」[*10]という二つの類型が認められている。前者は，人種，性別など禁止された要素に基づいて使用者が意図的に差別を行うもので，いわゆる「直接差別」に相当する。後者は，人種や性別などの要素に関して中立的にみえる制度が，結果として不当な差別をもたらす場合であり，いわゆる「間接差別」に相当する。差別的インパクトの場合には，差別的な結果そのものが焦点となり，使用者の差別意思の有無は問われない。

---

*8　長谷川珠子「差別禁止法における『障害』の定義」季刊労働法225号（2009）45頁。
*9　公民権法第7編の内容については，中窪裕也『アメリカ労働法』（弘文堂，第2版，2010）195頁以下，森戸英幸ほか編『差別禁止法の新展開』（日本評論社，2008）48頁以下〔長谷川珠子〕を特に参照した。
*10　差別的インパクトの法理を確立した1971年のGriggs事件連邦最高裁判決は，第7編の目的が，雇用からマイノリティーを差別的に排除する効果を持つ「人為的，恣意的かつ不必要な障壁」の除去も含むことを強調し，この法理をその実現のための不可欠な手段と位置づけていると指摘されている。この点につき，中窪・前掲注(9)211頁参照。

(2) 宗教差別における合理的配慮

　宗教差別に関しては，公民権法第7編を運用する際に，従業員の宗教上の戒律と使用者の勤務スケジュールが衝突する場合に，使用者はどのように対処すべきかが問題となった。EEOCは，1967年のガイドラインにおいて，労働者の宗教上の必要性に合理的な配慮を行わなければならないとの見解を示したが，裁判所では意見が分かれ混乱した状況が続いていた。そのため，1972年に公民権法が改正され，「宗教」には，「使用者の業務運営に対する過度の負担なしには，従業員あるいは将来の従業員の宗教上の戒律・慣行に合理的な配慮を図ることができないことを使用者が証明しない限り，宗教上の戒律・慣行，信仰のすべての側面が含まれる」と定められた（701条(j)）。

　これによって，①宗教上の信仰などを理由とする差別を禁止することに加え，②従業員の宗教上の戒律・慣行に対して合理的配慮を提供しないことも第7編違反の差別となる[11]。

　もっとも，判例によれば，この使用者の義務はそれほど高度のものではないと解されている[12]。最低限度のコストを超えるものは過度の負担になると判断されており[13]，さらに，使用者が何らかの合理的配慮を行っていれば足り，その場合にはそもそも「過度の負担」の有無は問題とならないと解されている[14]。

(3) セクハラと差別禁止

　また，セクハラに関しては，第7編はセクハラについて特に規定はしていないものの，1970年代の後半より，セクハラを性差別と認める裁判例が現われ，

---

*11　森戸ほか・前掲注(9) 61 頁〔長谷川珠子〕。
*12　中窪・前掲注(9) 228 頁，森戸ほか・前掲注(9) 62 頁〔長谷川珠子〕。
*13　Hardison 事件連邦最高裁判決では，年中無休で1日 24 時間操業する航空機整備施設で，被用者が宗教上の理由から土曜日の勤務が不可能となり解雇された事案において，監督者や他部門被用者による代替や，割増賃金を払って非番の被用者を募ることは，無視できる程度をこえる負担を使用者に与えるので「過度の負担」に該当すると判断している。
*14　Philbrooks 事件連邦最高裁判決では，使用者が，労働協約に従って宗教上の理由による欠勤のために年間3日の有給休暇を認め，それを超える分は無給欠勤と扱っていた事案において，使用者のかかる措置は，特に宗教を不利に扱っていない限り，一般に「合理的配慮」にあたるとし，その場合には，被用者の提案する私用目的有給休暇の流用等の措置が「過度の負担」にあたることを証明するまでもなく，差別は不成立となると判断している。

1980年にはEEOCガイドラインが示されて、いわゆる「対価型」と「環境型」についてセクハラが性差別に該当するとされた。

　そのうえで、連邦最高裁は、環境型セクハラの場合には、使用者に対し、①使用者がセクハラの防止および迅速な是正のために合理的な配慮を行っていたこと、②被害者が合理的理由なしに使用者の用意した防止・是正の機会の利用を怠ったこと、を抗弁として証明することを認めている。[15]

　もっとも、ここで論じられている「合理的配慮」は、具体的措置を行うべきことを求めるものではないので、宗教差別における合理的配慮や、後に述べるADAなどが定める「合理的配慮」とは内実は異なる。[16]

(4) 救済手続

　公民権法第7編違反に対する救済としては、まず、EEOCへの救済の申立てという行政手続を経なければならない。申立てを受けたEEOCは「調査」を行い、救済申立てに合理的理由があると認められると疑われるときは、自主的解決に向けた「調整」が行われるが、調整が成立しない場合には、EEOCが原告となって訴訟を提起するか、申立人がEEOCから「訴権付与状」を受けて、自ら原告となって提訴することになる（706条(f)）。その場合に認められる救済措置には、①当該行為の差止め、②原職復帰命令や採用命令を含む適切な積極的是正措置(affirmative action)、③その他の適切なエクイティ上の救済(equitable relief) がある（706条(g)）。[17]この意味において、公民権法第7編には私法的効力が認められることになる。

　また、こうした救済措置以外に、1991年改正によって、「意図的な差別」が認められる場合には、損害賠償の支払を命じることができることとなった（102条）。ただし、差別的インパクトの場合には、損害賠償は認められない。[18]

---

* 15　中窪・前掲注(9) 226頁以下。
* 16　森戸ほか・前掲注(9) 149頁〔長谷川珠子〕は、この点に関して、「reasonable accommodation」は配慮を超えて積極的に行為することを求めるものであり、各種の「配慮義務」とは異なる概念であると指摘する。
* 17　中窪・前掲注(9) 237頁。
* 18　中窪・前掲注(9) 239頁、森戸ほか・前掲注(9) 51頁〔長谷川珠子〕。

3 リハビリテーション法

(1) 合理的配慮の内容

公民権法第7編の差別禁止には障害が含まれていなかったことから、アメリカでは、1970年代に入ってから、障害者の差別撤廃に向けて、①公民権法第7編の保護領域に障害を含めようという方向と、②職業リハビリテーション・プログラム改正法案中に差別撤廃条項を盛り込もうとする方向が議論されるようになった。[19] こうして1973年にリハビリテーション法が制定され、①連邦政府における職員の採用に際しての障害者に対する積極的是正措置(501条)、②連邦政府との間で2500ドル以上の契約を締結する事業体に対しての障害者への積極的是正措置(503条)、③連邦政府から補助金を受給している事業者に対し、雇用、教育、公共施設、公共交通機関、保健福祉サービスにおいて障害を理由とする差別禁止(504条)などが定められた。[20]

その後、504条に関する施行規則において、「連邦政府の補助金受給者は、就業能力のある求職者または被用者の身体的もしくは精神的な制約を認識している場合、受給者が、合理的配慮措置を講ずることがそのプログラムの運営に過度の負担を負わせることを立証しない限り、そのような措置を講じなければならない。」と定められ、事業者に合理的配慮措置を行うことが要請されるようになった。ここで、「過度の負担」となる場合に該当するか否かに関して考慮される要素としては、①受給者の企業規模、②業務の種類(労働力の配置および組織)、③合理的配慮の内容とそれにかかるコストについて、個々の事案ごとに判断するとされている。また、「就業能力のある障害者」については、「雇用に関連して、合理的な配慮措置によって、当該業務の本質的機能を遂行できる障害者」と説明されている。[21]

---

*19　小石原尉郎『障害差別禁止の法理論』(信山社、1994) 3頁。
*20　小石原・前掲注(19)4頁、中川純「障害者に対する雇用上の『便宜的措置義務』とその制約法理—アメリカ・カナダの比較研究(一)」北海学園大学法学研究 39巻2号 (2003) 191頁。
*21　中川純「障害者に対する雇用上の『便宜的措置義務』とその制約法理—アメリカ・カナダの比較研究(四)」北海学園大学法学研究 43巻1号 (2007) 83頁以下。

(2) 救済手続

リハビリテーション法504条違反の救済手続に関しては，公民権法第6編[22]の救済手続が準用されている（505条）。その結果，救済を求める者は，行政機関への申立を経ることなく，裁判所に訴訟を提起して，損害賠償ないし積極的是正措置を求めることができる。ただし，損害賠償が認められるのは「意図的な差別」が証明される場合に限られること等の制約が存在している。

4 障害をもつアメリカ人法（ADA）[23]

(1) ADAの概要

リハビリテーション法は，雇用の分野における障害差別禁止を連邦法としてはじめて規定する画期的なものと考えられたものの，適用対象が限られており，その効果は限定的なものにとどまっていた。その後，障害者のための包括的な差別禁止法の必要性が議論されるようになり，1990年7月にADAが成立した。[24]

ADAは5編から構成され，第1編は「雇用」，第2編は「公共サービス，公共交通機関」，第3編は「公共的施設，民間交通機関等」，第4編は「通信」をそれぞれ対象としており，第5編は雑則となっている。[25]

---

[22] 公民権法第6編は，合衆国において連邦補助金を受ける事業者について，人種，皮膚の色，出身国などの理由による差別行為の禁止を定めている。

[23] ADAに関する文献は多数存在している。代表的なもので，比較的入手が容易なものとしては，八代英太ほか編『ADA（障害をもつアメリカ人法）の衝撃』（学苑社，1991），小石原尉郎『障害差別禁止の法理論』（信山社，1994），植木淳『障害のある人の権利と法』（日本評論社，2011），所浩代『精神疾患と障害差別禁止法』（旬報社，2015）などがある。

[24] ADA制定に至った背景としては，障害者に対する差別が残存するという事情のほかに，差別等の結果，障害者が社会保障等に依存し生産者にもなれず，その結果，本来不必要な何十億ドルものコストが連邦政府によって支払われているとの指摘がなされていた。この点に関し，永野ほか・前掲注(4) 19頁〔長谷川珠子〕，森戸ほか・前掲注(9) 151頁〔長谷川珠子〕。

[25] ここでの編の構成は，2008年改正前のADAのものである。本稿では，2008年改正法を踏まえた内容を説明しているものの，条文番号等については改正前ADAによる条文を表記しており，2008年改正法とは編や条文番号が異なっている。本稿が改正前ADAの条文等を表記したのは，ADAに関する多くの文献が改正前ADAの条文を引用する形となっており，これらの文献の記載との比較の便宜等を考慮したものである。なお，2008年改正法の条文訳は，内閣府のHPの「障害者施策」中の「平成23年度障害者差別禁止法制度に関する国際調査」に掲載されている。

(2) ADA第1編

(ア) 差別禁止の内容

第1編の雇用分野では、「いかなる適用対象事業体も、求人手続、被用者の採用、昇進または解雇、被用者の報酬、職務訓練、雇用に関するその他条件および特権に関して、適格性を有する個人に対して障害に基づく差別を行ってはならない。」と定めており（101条(9)）、そのうえで、禁止される「差別」として7種類の行為を掲げるが、合理的配慮の不提供も禁止される差別行為に含まれる。すなわち、「①本来は適格性を有する障害のある個人でかつ応募者または被用者に対し、その者の既知の身体的または精神的制約に対する合理的配慮を行わないこと。ただし、かかる適用対象事業体が、その事業の運営にとって、かかる配慮が過度の負担となるだろうことを証明できる場合はこの限りではない。②本来は適格性を有する障害のある個人でかつ応募者または被用者に対し、当該の適用対象事業体がその被用者または応募者の身体的または精神的な機能障害に対して合理的配慮を行う必要があることを理由として、雇用機会を拒むこと。」という行為が、障害に基づく差別に該当すると定められている（102条(b)）。したがって、合理的配慮の不提供は「差別」として扱われる。

ADAでは、禁止される差別行為について、「直接差別」、「間接差別」、「合理的配慮の不提供」の三つの類型を分類して明記しているわけではないが、これらの3類型に整理することが可能である。[26]

(イ) 合理的配慮不提供の差別行為性

この条文の規定から明らかなとおり、雇用分野において合理的配慮の不提供が禁止される差別行為と認められるためには、①「適用対象事業体」が、②「適格性を有する個人」に対して、③「障害」に基づく差別を行った場合であることが要件となっている。

ここで「適用対象事業体」には、使用者が含まれるが、この「使用者」とは、当年または前年に20週以上勤務する被用者を15人以上使用している事業主の

---

[26] 畑井清隆「障害を持つアメリカ人法の差別禁止法としての特徴」日本労働研究雑誌578号（2008）56頁。

ことをいう（101条(5)）。

　「適格性を有する個人」とは、「合理的配慮を伴って、または合理的配慮なしに、当該個人が保持ないし希望する雇用上の地位の本質的な機能を果たすことのできる個人」を意味する（101条(8)）。EEOCの定めた施行規則では、「本質的な機能」とは、個人が担当している業務（希望する職務）のなかで核となる必要不可欠な要素を意味し、それを行う際に付随する作業などは含まれないとされている。[27] 何が本質的であるかについては、基本的には使用者の判断が考慮される（101条(8)）。したがって、被用者が、その有する障害によって、雇用上の地位の本質的な機能を果たすことのできないような状態である場合には、そもそも合理的配慮の不提供が差別に該当するかどうかという問題とはなりえない。

　また、これとは別に、使用者が被用者に対して、「職場における他者の健康または安全に対する直接的な脅威を与えないこと」という条件を付けることが認められており、ADA第1編に違反するという主張に対して、使用者は、この「直接的な脅威」を抗弁として主張できる（101条(3)）。したがって、使用者の行為が禁止される差別行為に該当する場合であっても、被用者に「直接的な脅威」が認められ、合理的配慮を行ってもそれが除去できない場合には、被用者の「適格性」は否定されることになる。[28]

　「障害」とは、①個人の一つまたは複数の主要な生活活動を実質的に制約する身体的または精神的な機能障害、②機能障害の記録、③機能障害を持つとみなされることを意味する（3条(1)）。

　このように、ADAで合理的配慮の不提供が差別として禁止されるためには、まず、上記のような要件該当性が存する場合でなければならない。

(ウ)　**合理的配慮の内容**

　そのうえで、合理的配慮の具体的内容としては、「①被用者が利用する既存の設備を、障害のある個々人にも容易にアクセス可能で利用に適したものにすること、②職務の再編成、勤務時間の短縮・作業スケジュールの修正、欠員職

＊27　所浩代『精神疾患と障害差別禁止法』（旬報社、2015）70頁、117頁。
＊28　所・前掲注(27)127頁。

への配置転換，機器や装置の取得・改善，考査，訓練教材や方針の適切な調整・修正，適格性を有する代読者，通訳者の提供，その他障害のある個々人に対する類似の配慮」が含まれる（101条(9)）。

　使用者が提供すべき配慮は「合理的」なものでなければならない。ここでは，就業能力を有する障害者に対してなされるべき変更や改造などが，その障害者の能力を高めるうえで十分か否かが問題とされる[29]。使用者に配慮の提供が求められるのは「職務に関連がある」場合に限られるため，特定の職務遂行についてのサポートとは関係しない個人的利益のための配慮（補聴器，眼鏡，盲導犬，車椅子など）を与える必要はない[30]。

　要求される配慮の「合理性」と「過度の負担」に関して，特に配慮措置に要する費用との関係をどう理解するかについては議論がある。EEOCは，合理的配慮の唯一の限界として「過度の負担」の抗弁が認められていることを根拠として，配慮の合理性の判断は，障害者が同等の雇用機会を享受するために当該配慮が効果的であるかどうかの点のみでなされるのであって，配慮に要する費用は合理性判断にかかわらないとする。これに対し，裁判所は，配慮の効果と比して費用のかかりすぎる配慮は合理性を欠き，配慮措置の必要はないと判断している[31]。したがって，このような裁判所の判断手法によれば，要求される配慮が「合理的」であるか否かを判断する際には，要求される配慮に要する費用と配慮による効果（便益）との均衡が考慮されることになる[32]。

　もっとも，この「合理性」の概念は，使用者が障害を有する被用者の問題解決のために合理的な努力をしたか否かの判断基準になっているとも指摘されて

＊29　中川・前掲注(20) 210頁以下。
＊30　森戸ほか・前掲注(9) 156頁〔長谷川珠子〕。
＊31　長谷川珠子「障害を理由とする差別」法律時報79巻3号（2007）50頁。裁判例として，①生産性の低下は避けられないとして極めて稀な場合を除いて合理的配慮として自宅勤務を認める必要はないとした例（Vande Zande 事件），②長期休暇の後に，職場復帰の時期や可能性が大まかであっても定まらない時は，休暇に要する費用が便益を上回ることになるのであって，休暇の延長を認めることは合理的配慮に含まれないとした例（Walsh 事件）が紹介されている。
＊32　Vande Zande 事件で，第7連邦控訴裁判所は，「被用者は，当該配慮が，有効性および費用に対する均衡性の双方の意味において，合理的であることを示さなければならない。」と判示している。この点について，植木淳『障害のある人の権利と法』（日本評論社，2011）76頁以下参照。

いる。[33]

(エ) **過度の負担を理由とする免責**

使用者は，これらの配慮をすることが，業務の運営にとって「過度の負担」とならない限り，そのような措置を提供しなければならず，そのような合理的配慮を提供しないことは「障害に基づく差別」に該当する。[34]

「過度の負担」とは，使用者に生じる著しい困難や出費を求める行為を意味するが（101条⑽），こうした行為に該当するか否かを判断するための要素として，「①配慮の性質および費用，②合理的配慮の提供を行う施設の総資産，③適用対象事業体の総資産，④適用対象事業体の業種」を考慮するとされている（101条⑼）。

この規定からも明らかなとおり，「過度の負担」となるか否かは，適用対象事業体の財政問題に限定されるわけではない。合理的配慮の内容が，「不当に包括的で，本質的なまたは企業活動の機能を妨げる行為」となる場合や，「企業のプログラムの性質を基本的に変更する行為」となる場合には，過度の負担となるとされている。そして，この点を判断するうえで，事業場の性質，使用者の特徴，使用者の経営方針等が考慮される。[35]

このようなADA第1編の規定によれば，合理的配慮の具体的内容は，被用者の有する障害の性質や程度，その被用者が従事している職務・職責，当該被用者が必要としている措置がその使用者にとって過度の負担となるかどうか，という点から事案ごとに個別的に決定されることになる。したがって，合理的配慮の提供にあたっては，障害のある者と使用者とが，合理的配慮の提供の内容や可能性を具体的に協議することが必要となる。そのため，EEOC規則では，「相互関与プロセス」という協議手続を提案し，被用者から配慮の提供を求め

---

* 33　実際には，障害を有する被用者自身が，使用者に対して，「自身が障害を有していること，合理的配慮が提供されれば就業能力があること」を伝えない限り，使用者は合理的配慮の提供に向けた努力をする必要はないが，被用者からの告知等がなされれば，使用者としては，被用者のニーズを把握し，合理的配慮を講じるための努力をしなければならず，法的問題となった場合には，その努力が客観的に判断されると指摘されている。この点に関し，中川・前掲注⑳ 211 頁。
* 34　所・前掲注 (27) 71 頁。
* 35　中川・前掲注⑳ 211 頁以下。

られた使用者は，この手続を誠実に進めなければならないと定められている。[*36]

(オ) **救済手続**

第1編違反についての救済手続は，公民権法第7編の手続に関する規定が準用されており（107条(a)），公民権法第7編で述べたところと同様に，ADA第1編違反に対して私人が原告となって裁判所に提訴できる場合には，差別行為の差止め，積極的是正措置を命じること等が認められる。したがって，ADA第1編には私法的効力が認められるといえる。

また，こうした救済措置以外に，「意図的な差別」が認められる場合には，公民権法の規定に基づいて損害賠償の支払を求めることができる。ただし，合理的配慮の不提供に対する賠償については特則が規定されており，使用者が合理的配慮の提供に向けて「誠実な努力」を尽くしたと認められる場合には，裁判所は，損害賠償の支払を免じる判決をすることができる。[*37]

(3) **ADA第2編**

(ア) **差別禁止の内容**

第2編では，公共機関が提供する各種サービスにおける差別の禁止が規定されている。具体的には，「適格性を有する障害のある個人は，その障害を理由として，公共機関のサービス，プログラム，活動への参加から排除され，またはその利益を拒否されることがあってはならず，また，かかる機関による差別の対象となってはならない。」と定められている（202条）。

第2編の適用を受ける公共機関は，障害のある適格者が，障害のない者と同じようにサービスやプログラムを利用できるように，その事業の運営方法や手続などを合理的に修正する等の調整（合理的変更）をしなければならない。また，構造的な障壁を除去しなければならない。ただし，ここで求められている調整や措置等は，提供されるサービスやプログラムの本質的な部分を変更しない範囲に限られる。[*38]

＊36　所・前掲注(27)153頁。
＊37　所・前掲注(27)75頁。
＊38　所・前掲注(27)65頁。

(イ) 救済手続

　第2編違反についての救済手続に関しては，リハビリテーション法505条が準用されており，同条によって公民権法第6編の救済手続が準用される。したがって，ADA第2編違反の行為に対して，私人は，行政機関への申立てを経ることなく，裁判所に訴訟を提起して，損害賠償ないし積極的是正措置（差止命令，義務付け命令）による救済を求めることができる。ただし，損害賠償に関して，①合衆国憲法修正11条における州の主権免責が肯定される場合には，私人が連邦裁判所において州を被告として損害賠償を提起することはできないこと[*39]，②損害賠償が認められるのは「意図的な差別」が証明される場合に限られること等の制約が存在している。そのため，潜在的には原告となるべき者の訴訟提起が妨げられ，ADA第1編訴訟の件数に比べると少ない状態になっていると指摘されている[*40]。

(4) ADA第3編

(ア) 差別禁止の内容

　第3編では，民間事業者が運営する公共施設[*41]やサービスにおける差別が禁止されている。具体的には，「いかなる個人も，公共施設のいかなる場所における財，サービス，設備，特権，利益，または施設を完全かつ平等に享受することに関して，公共施設の場所を所有・賃貸・運用する人から，障害に基づく差別を受けない。」と定められている（302条(a)）。公共施設を運営・管理する民間事業者は，障害者が公共施設の利用に際して差別を受けないように，運営方法や手続などの合理的修正（合理的変更），設備などの障壁の撤去等の措置

＊39　合衆国憲法修正11条は，「合衆国の司法権は，合衆国のいずれかの州を被告として，その他の州の市民や，あるいは属領や外国の市民によって提起されたコモンローあるいはエクイティにおける訴訟に及ぶものと解されてはならない。」と規定する。これは，「州の主権」を尊重して，連邦裁判所の管轄権は，私人の提起する州政府を被告とする訴訟には及ばないという趣旨による。この点について，植木・前掲注(32)46頁参照。
＊40　植木・前掲注(32)92頁。
＊41　公共施設には，ホテル，レストラン，映画館，集会施設，商業施設，病院，銀行，駅舎，美術館，図書館，公園，動物園，教育施設，社会福祉施設，運動施設など，一般に利用される多くの施設が含まれる。この点につき，所・前掲注(27)66頁参照。

を行うことが求められる。ただし，そのような措置を行うことが，サービスや施設の提供の性質が根本的に変更される場合や，提供側に「過度の負担」を生じさせる場合にはこの限りではない（302条(b)）。

(イ) **救済手続**

第３編違反についての救済手続に関しては，公民権法第２編の手続が準用されており，司法省に調査の開始を求めることができる。申立てを受けて，司法長官は適切な措置を決定するための調査を行い，紛争を解決するために必要な場合には，和解交渉・調停・仲裁などの措置を講じることができる。また，司法長官はADA第３編に違反する行為に対して訴訟を提起することができる。その場合には，裁判所は，積極的是正措置（差止命令，義務付け命令），損害賠償，制裁金の支払等を命じることができる。

私人がADA第３編違反の行為に対して訴訟を提起する場合には，行政機関の手続を経ることなく訴訟提起が可能であるが，その場合に認められる救済は積極的是正措置などの救済に限定され，金銭賠償請求は認められない。そのため，ADA第１編訴訟，第２編訴訟と比較して重要な裁判例が少ないと指摘されている[42]。

第４節　その他の諸外国における合理的配慮論

1　イギリス

(1)　障害差別禁止法

イギリスでは，1995年に障害差別禁止法（Disability Discrimination Act 1995, DDA）が制定され，「関連差別」[43]と「合理的配慮（合理的調整措置）

＊42　植木・前掲注(32)126頁，129頁。
＊43　使用者は，障害に関連した理由に基づいて，障害者をこの理由がない者よりも不利に扱いかつ使用者がその不利な扱いを正当化できない場合，障害に関連する理由に基づく差別を行ったとされる（3A条1項）。

義務の不履行[*44]」が差別として禁止された。その後，2000年のEC指令[*45]を実行するために，2003年DDA規則で直接差別の禁止が規定された[*46]。

2003年DDA規則が制定された後のDDAにおける合理的配慮義務は，使用者が定めた，または使用者のために設けられた規定・基準，もしくは使用者が占有する建物の物理的特徴が，関係する障害者に非障害者と比較して不利な影響を課した場合に認められる（4A条1項）。ただし，例外的に，使用者が，被用者などが障害者であることを知らない場合や，障害者であることを知ることを期待することが合理的ではなかった場合には，合理的配慮義務の問題とはならない（4A条3項）。

合理的配慮義務は，関係する障害者に合わせて個別化された配慮を合理的な範囲で使用者が講じる義務であり，この義務の発生は関係する障害者が実際に不利を被った場合に限られる。そのうえで，配慮義務の合理性を判断するに際しては，「義務づけられた者の活動の性質と事業規模」が考慮される。このことから，要請された合理的配慮が使用者に重大で相当程度の影響を及ぼす場合には，義務の不履行が正当化されると解されている[*47]。その合理性の判断基準として，①措置を講じることで防げる不利の程度，②措置を講じることが実行可能な程度，③措置の実施が義務づけられた者に与える財政そのほかの負担および義務づけられた者の活動を乱す程度，④義務づけられた者の財源そのほかの財源の規模，⑤措置の実施に関する義務づけられた者の利用できる財源またはほかの援助，⑥義務づけられた者の活動の性質と事業規模，⑦措置が私的な家屋に対して行われる場合は，家屋を損壊する程度，家屋の居住者に迷惑をか

---

* 44 使用者が，障害者へ合理的配慮義務を課されているのにもかかわらず，その義務を怠った場合，合理的配慮の不履行をしたとして差別救済が行われる（3A条2項）。
* 45 EC指令（Europian Communities Directive）は，EU加盟国に国内法の整備を求めるものであり，2000年に，①人種または民族的出身にかかわりなく平等待遇原則を適用するための指令，②就業および職業における平等待遇のための一般的枠組みを定めるための指令，③就業，職業教育および昇進の機会並びに労働条件に関する男女平等待遇原則の実現のための指令，④物品およびサービスの入手および提供の際の男女平等待遇原則のための指令が採択された。
* 46 永野ほか・前掲注(4)199頁〔長谷川聡〕，杉山有沙『障害差別禁止の法理』（成文堂，2016）81頁以下。
* 47 杉山・前掲注(46)104頁以下。

ける程度を考慮すると定められている（18B条1項[*48]）。

(2) 平等法

DDAは，2010年に平等法（Equality Act 2010）が制定されたことに伴って廃止された。平等法は，9つの保護特徴（障害，年齢，性別再指定，婚姻・民事パートナーシップ，妊娠・出産，人種，宗教・信条，性別，性的指向）を理由とした，労働，不動産取引，教育など包括的場面における差別，ハラスメント，報復的取扱いを禁止する法律であるが，障害者に対する差別として，DDAと同様に，合理的配慮義務の不履行が差別として禁止されている（21条2項[*49]）。

「過度の負担」についての規定はないが，配慮措置（調整措置）の合理性判断に際して，措置の実施により使用者にかかる負担の程度を考慮し，個々の事案の総合的な事実関係を踏まえて合理性の有無が判断される。その結果，配慮措置（調整措置）を講じるのに過度の負担が生じる場合には，使用者はそのような措置を講じなかったとしても差別の責めを負わない。[*50]

(3) 救済手続

平等法違反に対する司法的救済としては，平等法に規定される権利の宣言や勧告，補償金の支払といった救済を受けることができる。

2 フランス

(1) フランスでは，1990年に障害を理由とする雇用差別の禁止が労働法典に規定されたものの，ほとんど死文化していたところ，2000年EC指令の国内法化として，2005年に「障害者の権利と機会の平等，参加および市民権に関する2005年2月11日の法律」が制定されて，労働法典中に合理的配慮（適切

---

*48 杉山・前掲注(46)213頁。
*49 杉山・前掲注(46)187頁，190頁。なお，平等法の条文訳の一部が，内閣府のHPの「障害者施策」中の「平成23年度障害者差別禁止法制度に関する国際調査」に掲載されている。
*50 永野ほか・前掲注(4)210頁〔長谷川珠子〕。

第2章　合理的配慮論の歴史と展開　　93

な措置）という概念が導入され，適切な措置の提供を使用者が拒否することは差別に該当すると定められた。「適切な措置」の内容としては，①労働環境の適応と，②労働時間の調整の二つがある。[*51]

適切な措置を実施するに際して「過度の負担」が生じる場合には，措置を講じることを拒否することができる。フランスでは，適切な措置を講じる使用者に対して多種多様な助成がなされており，「過度の負担」が生じるか否かは，こうした助成が考慮される。[*52]

(2) 差別禁止に違反する行為は労働法典に違反するものとして無効である。したがって，違反行為の無効を求めて労働裁判所に提訴することや，民事上，損害賠償を請求することもできる。[*53]

3 ドイツ

(1) ドイツでは，2000年EC指令の国内法化として，2006年に一般平等法が成立し，人種，性別，宗教，障害，年齢，性的アイデンティティ等による不利益を防止または排除することを目的とし，直接的不利益取扱い，間接的不利益取扱い，ハラスメントの禁止を定めており，同法によって障害者に対する差別も禁止される。[*54]

一般平等法は，合理的配慮の不提供について規定していない。そのため，合理的配慮の不提供が差別となるか否かは明瞭ではないが，民法典を根拠とした損害賠償の対象となると解されている。

---

* 51 永野仁美「フランスの障害者雇用政策」季刊労働法 225 号（2009）60 頁。
* 52 永野ほか・前掲注(4) 90 頁〔永野仁美〕，210 頁〔長谷川珠子〕。
* 53 厚生労働省「労働・雇用分野における障害者権利条約への対応の在り方に関する研究会（第 1 回）」資料 4-3。
* 54 永野ほか・前掲注(4) 205 頁〔小西啓文〕。

(2) また，これとは別に，社会法典第9編で，重度障害者については，使用者に対して「合理的配慮」を請求できると定められている。[*55] ただし，「過度の負担」が使用者に課される場合には請求権は認められない。この「過度の負担」とは，使用者にとって期待できるものではなく，あるいは不相当な費用であるとされている。

ここでの合理的配慮の請求に応じなかったことが，障害による差別を構成するかについては十分な議論がなされていないが，一般平等法の場合と同様，合理的配慮の不提供が民法典を根拠とする損害賠償の原因にはなりうると解されている。[*56]

4 カナダ

(1) カナダにおける「合理的配慮義務」は，私人間における差別を禁止する人権法（Human Rights Act）の解釈によって認められた。この合理的配慮義務は，アメリカから輸入された法概念と考えられ，それに大きな影響を受けていると指摘されている。[*57]

最初に明確な形で「合理的配慮」概念が用いられたのは，1977年に，オンタリオ州人権審判所が，宗教差別の事案において判示したとされる。その後，1985年に，最高裁が，やはり宗教差別の事案で，「使用者は被用者の差別効果を軽減するために合理的なステップを踏む義務を負うこと」，「合理的配慮義務は，制定法（人権法）上の明示の規定がなくても，差別禁止法たる人権法の性質や立法意思に基づく当然かつ絶対的な帰結であり，社会に受け入れられなければならないこと」を判示した。[*58]

---

* 55 ドイツ社会法典の内容については，小西啓文「ドイツ障害者雇用政策における合理的配慮論の展開」季刊労働法235号（2011）17頁以下，青柳幸一「障碍をもつ人の憲法上の権利と『合理的配慮』」筑波ロー・ジャーナル4号（2008）87頁以下参照。
* 56 厚生労働省・前掲注(53)資料4-4。
* 57 中川・前掲注⑳195頁。
* 58 改宗による安息日を守るために，繁忙日である金曜日に就業できなくなったところ，フルタイムからパートタイムに変更されたことから，パートタイムへの変更が宗教に基づく差別であるとして，自主退職するまでの9か月分の給与の差額を求めた事案である。この点につき，中川・前掲注⑳196頁以下。

このように，カナダにおける合理的配慮義務は人権法の解釈からの帰結であり，したがって，人権法の差別原因として列挙される「障害」についても合理的配慮義務が適用される。

(2)　合理的配慮義務が認められるのは，間接差別（結果差別）の場合に限られる。ただし，講じるべき配慮措置の内容は，「合理的なステップ」を踏んだうえで，「過度の負担」でない程度に制限される[59]。

(3)　また，人権法の解釈の帰結として，特定の規定が存在しない場合にも，その目的と性質から合理的配慮義務が認められたことから，宗教差別だけでなく，障害差別，性に関する差別にも及んでいる[60]。

5　諸外国の合理的配慮論の枠組み

　諸外国における「合理的配慮」に関する制度を概観してきたが，このような諸外国の「合理的配慮論」の枠組みは，その内容にある程度共通している点がある。大まかに整理すれば，以下のような点を共通点として指摘することができよう[61]。ただし，ドイツでは，重度障害者に対する配慮については，諸外国との共通点は認められるものの，それ以外の一般平等法の規定は別である。

(1)　配慮措置の内容

　求められる配慮措置は，不利な状況に置かれている者に対して，そうした状況を是正するための措置を講じることである。したがって，その他の者に対する取扱いとは異なった取扱いが求められる。また，配慮措置は，個々の対象者ごとに事案に応じて不利な状況を是正するために合理的な措置であるか否かが判断される。

＊59　中川・前掲注(20) 221頁。なお，最高裁は，ここでの「合理性」と「過度の負担」の要件は，同じ概念を違う表現で表したものであると判示している。
＊60　中川・前掲注(20) 200頁。
＊61　永野ほか・前掲注(4) 212頁〔長谷川珠子〕参照。

(2) 過度の負担による免責

合理的配慮を提供することが，提供する者にとって過度の負担となる場合には，その提供義務を免れる。

(3) 合理的配慮と差別との関係

ドイツを除いて，他の諸外国の制度では，合理的配慮を提供しないことが「差別」に該当すると扱われている。

(4) 私法上の効力

ドイツを除いて，他の諸外国の制度では，合理的配慮の不提供が「差別」に該当するとしたうえで，差別禁止違反については私法上の効力を有するものと位置づけられている。その私法上の効力として，どのような請求が可能かについては各国の法制度によって内容が異なる。

第5節　合理的配慮論の独自性と共通性

1　検討の視点

(1)　本書は，アメリカで誕生し，その後，障害者権利条約に定められるに至った「合理的配慮」概念について，障害差別に関する法分野だけでなく，その他の法領域に同様の考え方を適用ないし展開することが可能か否かを考察することを主たる検討課題としている。本章では，最初に，その前提として，アメリカで誕生した合理的配慮概念の内容，その後に他の諸外国でも認められるに至った合理的配慮を含む制度などを概観してきた。

そこで，ここでは，このような諸外国の合理的配慮概念（合理的配慮論）は，現在認められている法制度に限って認められる独自性を有するものなのか，特に，障害差別法制度のもとでしか妥当しえない性質のものなのかを検討する必要がある。合理的配慮論が現在認められている法制度に独自のものであるとすれば，他の法分野の問題に同様ないし類似の考え方を適用することは困難となる可能性が強い。他方，合理的配慮概念は現在認められている制度に独自のも

のではなく，他の法分野で議論されている内容と一定程度共通する点があるとすれば，他の法分野の問題に合理的配慮論と同様ないし類似の考え方を適用しうる可能性もあると考えられるからである。

(2) そのためには，①現在の法制度上認められている合理的配慮概念と他の制度との関係について，どのような議論がなされているか，②諸外国で認められている合理的配慮概念について，わが国の法制度との関係でどのように位置づけることが可能かに関してどのような議論がなされているか，といった点の状況を確認しておくことが有益である。

また，合理的配慮論が障害差別の分野にとどまらず，宗教差別や性差別に適用されている例がアメリカやカナダにみられるが，これとは別に，「合理的配慮」概念が条文などで明記されていないものの，「合理的配慮」と同様ないし類似の考え方が裁判所などで採用されている例が諸外国にあるかという点を確認しておくことも重要である。

(3) 本節では，こうした視点から，①ADAなどにおける合理的配慮の法的性質についての議論内容，②諸外国，特にアメリカの差別禁止や合理的配慮概念について，わが国の法制度との関係を論じた議論内容，③欧州人権条約に関する欧州人権裁判所の判断を概観する。

2 障害差別禁止法理と他の差別類型との関係に関する議論

(1) アメリカでは，合理的配慮の規範的根拠に関して，公民権法第7編の差別禁止法理とADAの差別禁止法理が，同じ性質のものかあるいは区分されるものかについて議論されている。これを区分する見解もあるが，一方で，両者は根本的に異なるというよりもむしろ重なり合うものであり，使用者にコストを課すという意味では類似の機能を担っているとする見解(Christine Jolls)や，ADAの合理的配慮の要請が公民権法第7編の中核的な差別禁止法理の一部で

あり，規範的根拠も同質であるとする見解（Bagenstons）などがある。[*62]

　公民権法第7編とADAの差別禁止法理を類似ないし同質のものであると解することが可能だとすれば，公民権法第7編で宗教差別に関して認められた合理的配慮とADAにおける合理的配慮についても類似ないし同質のものであると解しうることになる。この点を推し進めれば，公民権法第7編で宗教差別に関して合理的配慮が認められるに至った際には，公民権法第7編に「合理的配慮」の明文規定がないにもかかわらず，そうした概念が認められたのであって，合理的配慮の考え方が宗教差別に限定されるものではないと解しうる可能性がある。

⑵　このような合理的配慮の規範的根拠に関する議論とは別に，障害差別における社会モデルに関連して，人種差別や性差別も身体的特徴と社会構造との相互作用によって生じる排除であるととらえ，障害差別に関する社会モデルを性差別に応用し，性差別と障害差別との連続性を指摘する見解（Travis）もある。[*63]

　また，これと類似する考えとして，イギリスにおいて，DDAの合理的配慮義務との関係で社会的排除を位置づける見解（Hugh Collins）がある。具体的には，排除が生じるのは社会構造に原因があり，合理的配慮義務がこうした障壁除去のためのものであって，合理的配慮義務は社会的排除を緩和・解消する一つの手段と位置づける。[*64]

　これらの見解によれば，障害差別に限らず社会モデルで説明可能な差別類型については，その社会的障壁を除去するための合理的配慮の考え方を適用しうる可能性がある。

---

* 62　中川純「障害者差別禁止法におけるコストと合理的配慮の根拠」季刊労働法235号（2011）5頁以下，長谷川珠子「雇用差別禁止法における法的アプローチの変遷と課題」経済産業研究所Discussion Series 2013年5月号（2013）9頁。
* 63　植木淳「障害差別禁止法理と間接差別禁止」朝倉むつ子ほか編『平等権と社会的排除』（成文堂，2017）29頁以下。
* 64　杉山有沙「イギリス障害差別禁止法理における合理的配慮義務と社会的排除の関係」朝倉むつ子ほか編『平等権と社会的排除』（成文堂，2017）123頁以下。

3 わが国の法制度における合理的配慮論の位置づけに関する議論

(1) 諸外国にみられる差別禁止法理や合理的配慮論について、わが国の法制度上における妥当性ないし応用可能性を論じる見解があり、そこでは憲法14条との関係で議論がなされている。

(2) まず、憲法14条は形式的平等を保障したものであり、実質的平等のための要求は保障されていないと解されているが、同条の平等の保障には、「機会の平等の実質化」のために必要な範囲での作為義務が導かれる場合があるとの立場から論じる見解がある。[*65]

論者は、「人種差別・性差別・障害差別はいずれも個人の人格価値とは無関係な特徴に基づく差別として憲法14条1項によって特に禁止されるべきものである」と考えたうえで、障害による差別を「社会的身分」による差別であると位置づける。[*66] また、合理的配慮に関しては、そもそもアメリカにおける合理的配慮は「機会の平等」を実質化するものであると理解されていることを踏まえて、憲法14条1項によって、「特定の人種・性・障害に対して差別的効果のある行為が違憲・違法と評価されるとすれば、その結果として、差別的効果を回避するための措置として合理的配慮が要求される」と指摘する。[*67] そのうえで、私人間における行為の違法性に関しては、「私人による法律行為の有効性を判断する過程、あるいは、事実行為の不法行為法上の合法性を判断する過程においても、憲法14条に由来する障害差別禁止法理が適用されなければならない」と解している。その際、「配慮」の合理性を判断するにあたって、当該事業者の事業規模・事業内容などを勘案して、当該配慮が「過度の負担」あるいは「本質的変更」に該当するか否かが考慮されると指摘する。[*68]

---

* 65 植木淳「日本国憲法と合理的配慮」法律時報87巻1号（2014）74頁以下。
* 66 植木・前掲注(32)170頁。
* 67 植木・前掲注(65)77頁。
* 68 植木・前掲注(32)179頁。

⑶　一方で，合理的配慮義務を憲法14条1項の形式的平等の保障と位置づける見解がある。

　この立場は，「等しい者を等しく，等しくない者を異なって」取り扱うという形式的平等の基本構造は維持しつつも，排除的効果を発生させる社会構造を選択・利用することの問題も形式的平等の射程ととらえる。そのうえで，差別的な社会構造ゆえに正当な能力・条件の評価ができない事態は平等概念の正当性を揺るがすものであるとし，これを是正して平等取扱原則に基づいた取扱いを求めるための積極的措置を，形式的平等の保障であると位置づけている。[69]

⑷　このように合理的配慮を憲法14条1項との関係で理解する見解を前提とすれば，障害を理由とする差別に限らず，憲法14条1項の対象となりうる差別が問題となる場合においても，合理的配慮の考え方を取り入れることができる可能性がある。ただし，合理的配慮論が展開できる可能性としても，憲法14条1項で問題となりうる場面に限定されることになろう。

4　欧州人権裁判所の判断と合理的配慮

⑴　欧州人権条約は，「性，人種，その他の地位等によって差別されないこと」を保障しているが（14条），合理的配慮の概念を明示的に規定してはいない。しかし，欧州人権裁判所が欧州人権条約違反を認定した判決の中には，実質的に合理的配慮の概念を読み取ることができると指摘する見解がある。[70]

⑵　ここでは，まず，類似した状況にない者を同一に扱うことが差別となる場合の裁判例として，2001年のThlimmenos事件が紹介されている。エホバの証人の信者である申立人が，宗教的信念に基づく軍服不着用を理由に重い有罪判決を受けた経歴があったことから，公認会計士職に就けなかったことが問題となった事案である。裁判所は，「著しく異なった状況にある人々を合理的

＊69　杉山有沙「障害者に対する応募・採用時における合理的配慮義務の憲法的意味」ジェンダー法研究第2号（2015）152頁以下。なお，杉山・前掲注(46)240頁以下もほぼ同旨。
＊70　川島聡「欧州人権条約と合理的配慮」法律時報87巻1号（2014）61頁。

かつ客観的な正当化なしに別異に扱わない場合」も差別になる旨を指摘したうえで，申立人が公認会計士職から除外されたのは，ギリシアの関係国内法が，重罪の有罪判決を受けた者を公認会計士職から除外するルールに，申立人のための「適切な例外」を設けていなかったからであると判示した。ここでは，「別異に扱わない」ことは合理的配慮の不提供を含意するといった指摘や，「適切な例外」を設けないことは，申立人の個別事情に応じてルールに適切な変更を施さないことを意味するもので合理的配慮の概念に直結するといった指摘がなされている。[*71][*72]

(3) また，差別を問題とする14条違反の場合だけでなく，一定の利益の保障に違反したことが問題となった事案として以下のような判決が紹介されている。

①ZH事件（2012年）は，逮捕された申立人（ろうあ者）が，手話を使えず，学習障害があり，逮捕理由を理解できなかったことが問題となった事案で，裁判所は，ハンガリー当局が，申立人が自由剥奪の理由を理解できることを確保するための「合理的措置」を怠ったことを問題視して，欧州人権条約5条2項（逮捕理由・被疑事実の告知）の違反を認定した。②DG事件（2013年）は，ポーランド当局が，身体障害のある申立人を，身体障害者にとって不適切な刑務所に18か月拘禁して，「申立人の特別な必要に合理的に配慮するための十分な努力を欠いた」として，欧州人権条約3条（非人道的な身体拘束）の違反を認定した。③Semikhvostov事件（2014年）は，強度の弱視の車いす利用者である申立人が，刑務所で3年間拘禁された際に，トイレ，浴室，図書館，医務室などを車いすで使用できず，他の受刑者の助けに頼るほかなかったという事案で，裁判所は，ロシア当局が，身体障害のある申立人の特別な必要に備えることを含め，適切な拘禁条件を確保する義務を負っているとしたうえで，ロシア当局の「合理的配慮の欠如」は非人道的効果を有していたとして，欧州人権

---

*71　川島ほか・前掲注(2) 24 頁〔川島聡〕。
*72　川島・前掲注 (70) 58 頁。

条約3条の違反を認定した。これらの判決では，申立人の個別の必要に応じた適切な変更を怠ったことを問題としていること，当該変更は過度な困難なく実施可能なものだと判断したと考えられること等から，これらの裁判例は，合理的配慮の概念を実質的に採用しているとの指摘がなされている。[*73]

⑷　この見解を前提とすれば，①欧州人権条約には「合理的配慮」の明文規定がないにもかかわらず，実質的には合理的配慮の考え方を採用していること，②障害を理由とする差別だけでなく宗教的信条を理由とする不利益取扱いにも合理的配慮概念を取り入れていること，③さらには，差別が問題となる事案だけでなく，一定の利益が条約によって保障されている場合にもその違反の判断において合理的配慮概念が採用されていること等の点を特徴として整理することが可能となりうる。

第6節　わが国の「合理的配慮義務」の内容と性質

1　検討の視点

⑴　前節では，ADAにおける「合理的配慮」は公民権法第7編の「合理的配慮」と共通の機能ないし規範的根拠を有しているという見解，社会モデルの観点から障害差別と他の差別を同様に位置づけることが可能であるとする見解，アメリカの差別禁止や合理的配慮の考え方をわが国の憲法14条に位置づけることが可能であるとする見解，欧州人権裁判所は，欧州人権条約に合理的配慮概念は規定されていないものの，合理的配慮に類似した考え方を採用して条約違反の有無を判断していると指摘する見解などを紹介した。このような議論に立てば，「合理的配慮論」を障害差別の分野だけでなく，その他の法分野に適用ないし展開することは根拠のないものとはいえないことになる。

---

* 73　川島・前掲注 (70)60頁。

(2) 本節では，このような前節の検討をもとに，わが国において，障害者差別解消法および改正障害者雇用促進法で定められた「合理的配慮義務」について，これと同様ないし類似した考え方を，その他の法分野に適用ないし展開することが可能か否かを検討するために，その前提として，これらの法律で規定された合理的配慮義務の内容および性質について概観する。同法に定められている合理的配慮義務の具体的な内容や解釈論等については，第3章で別途論じる予定であるので，ここでは，これと重複する部分も存するが，他の法分野への適用・展開可能性を議論するうえで必要ないし有益と考えられる範囲に絞った形で論じることにしたい。

2 障害者差別解消法

(1) 障害者差別解消法では，「直接差別」と「合理的配慮の不提供」という2種類を差別として禁止している[74]。諸外国の障害差別禁止法制では，①直接差別，②間接差別，③合理的配慮の不提供の3種類を差別として類型化している例が多いが[75]，障害者差別解消法では「間接差別」は規定されていない[76]。また，後述の障害者雇用促進法と異なり，「合理的配慮の不提供」が差別として位置づけられている。

「直接差別」については，行政機関等や事業者が，障害を理由として障害者でない者と不当な差別的取扱いをすることにより，障害者の権利利益を侵害することを禁止している（7条1項，8条1項）。

---

*74 もっとも，この法律の基本的枠組みは，民事法的アプローチ（当事者間において訴訟等を通じて権利を実現する方法）ではなく，行政法的アプローチ（行政法規により行政規範を定立し，行政措置によりその実効性を確保する手法）を採用しているとされている。この点に関して，障害者差別解消法解説編集委員会『概説障害者差別解消法』（法律文化社，2014）68頁。
*75 長谷川珠子「障害者雇用促進法における『障害者差別』と『合理的配慮』」季刊労働法243号（2013）28頁。
*76 間接差別については，具体的内容が明確でなく，合理的配慮の提供により対応が可能であることから禁止規定を設けないとされている。この点に関し，労働政策審議会障害者雇用分科会意見書「今後の障害者雇用政策の充実強化について」（2013）2頁。

(2)　「合理的配慮の不提供」については，行政機関等と事業者は，教育，公共交通，役務の提供，行政機関の活動をはじめとする広範な分野で，障害者に対して，合理的配慮を提供する義務を負うものとされた。具体的には，①現に社会的障壁の除去に関するニーズを有する障害者からの「意思の表明」がある場合で，②過重負担が存在しない場合に，③「社会的障壁の除去の実施について必要かつ合理的な配慮」を提供する義務を負うと解されている[*77]。この義務の法的性質については，行政機関は法的義務として規定されているが（7条2項），事業者については努力義務にとどまる（8条2項）。また，雇用分野には適用されず，障害者雇用促進法が適用される（13条）。

(3)　障害者差別解消法が定める差別禁止に私法上の効力はない。したがって，直接差別禁止の定めから，直ちに差別行為の違法性を導いたり，差別的な行為を無効とすることや，合理的配慮提供義務の定めから，合理的配慮請求権を直接導いたりすることはできない[*78]。

とりわけ，事業者については，合理的配慮義務が努力義務にとどまっており，私法的解決にどの程度有用性があるかは今後の課題である。

3　障害者雇用促進法
(1)　合理的配慮（提供）義務の内容

改正障害者雇用促進法も，障害者差別解消法と同様に，「直接差別の禁止」と「合理的配慮義務（合理的配慮提供義務）」の2種類を定めている。

「直接差別」は，労働者の募集・採用における非障害者と均等な機会の付与（34条），労働契約成立後の障害者であることを理由とする不当な差別的取扱いの禁止（35条）という形で定められている。ここでも間接差別は規定されていない。

「合理的配慮の提供」は，「差別としての禁止」という形ではなく，事業主の

[*77]　川島ほか・前掲注(2) 43～45頁。なお，障害を理由とする差別の解消に関する基本方針（平成27年2月24日閣議決定）でも同様の内容が確認されている。
[*78]　菊池ほか・前掲注(1) 138頁〔長谷川聡，長谷川珠子〕。

提供義務として規定された。合理的配慮の不提供を差別として禁止することと合理的配慮の提供を義務づけることとは効果が同一であると考えられることから、端的に事業主の提供義務として規定したものとされている[*79]。具体的には、①募集・採用時において、障害者の申出により「障害の特性に配慮した必要な措置」（合理的配慮）を講じる義務（36条の2）、②労働契約成立後において、障害者の申出を待たずに、「障害の特性に配慮した職務の円滑な遂行に必要な施設の整備、援助を行う者の配置その他の必要な措置」を講じる義務（36条の3）を定めている。ただし、いずれの場合も、こうした措置を講じることが事業主に対して過重な負担となるときは、この限りではない[*80]。これらの義務の法的性質は、障害者差別解消法とは異なり法的義務とされている。

(2) 差別禁止法理と合理的配慮義務

障害者差別解消法や障害者雇用促進法が定める差別的取扱いの禁止は「差別禁止法理」と呼ばれている。「等しい者を等しく、等しくない者を（その相違に応じて）等しくなく取り扱うべし」という法格言がその命題とされる。

この命題のうち、「等しい者への等しい取扱い」の部分（法格言の前半部分）は「均等待遇原則」、「同一取扱法理」と、「等しくない者への（その相違に応じた）等しくない取扱い」の部分（法格言の後半部分）は「均衡待遇」、「均衡取扱法理」などと呼称される[*81]。均衡取扱法理の内容は、いわゆる比例原則に近いものとされている[*82]。

この均衡取扱法理によれば、例えば、労働者が有する属性（事由）が、労働者の就業能力や職場で労働者に必要とされる配慮に影響する場合には、その影響に応じて異なった取扱いをすることが「本来あるべき取扱い」であり、また、その取扱いは、仕事への影響につりあった（均衡した）取扱いであることを要

[*79] 前掲注(76)分科会意見書2頁。
[*80] 永野ほか・前掲注(4)86頁〔長谷川聡〕。
[*81] 富永晃一『比較対象者の視点からみた労働法上の差別禁止法理』（有斐閣、2013）2頁、永野ほか・前掲注(4)182頁以下〔富永晃一〕。
[*82] 富永・前掲注(81)2頁。

するとされる*83。

こうした差別禁止法理の分類から、障害者雇用促進法で定められた合理的配慮提供義務をみてみると、その内容は、事業主（使用者）が、障害者に対し、職場環境上の配慮などの必要に応じた措置を提供する義務を負うというものであり、「等しくない者を（その相違に応じて）等しくなく取り扱うべし」という均衡取扱法理に立脚したものであると位置づけることが可能であり、その点から、広い意味では差別の一類型と考えられる*84。なお、この議論は、障害者差別解消法においても妥当するといえよう。

(3) 合理的配慮義務の私法的効力

障害者雇用促進法が定める差別禁止規定および合理的配慮提供義務についても、障害者差別解消法と同様に、私法上の効力はない。そのため、合理的配慮提供義務に関して、具体的措置の履行請求はできない。したがって、違反行為の効力や損害賠償責任の有無は、公序良俗（民法90条）、不法行為（民法709条）、信義則（民法1条2項）等の規定によって判断される*85。均衡取扱法理は、公序法理（民法90条）と考慮要素が共通していると解されており*86、違反行為の効力の判断の際には、この観点を踏まえる必要がある。

このように合理的配慮提供義務は公法上の義務として規定され、私法上の効力がないと解されることを踏まえて、「合理的配慮の不提供を差別と構成するよりも、合理的配慮の提供義務を使用者の義務の根拠規定の一つとして位置づけた方が、これまでに蓄積されてきた裁判例の判断枠組みを利用する可能性を広げ、現実的な問題に資する」と解する見解がある。そのうえで、この見解は、これまでの裁判例が、①私傷病等により従前の労務提供ができない労働者が解雇された事案において、使用者に業務軽減や配置転換の措置をとるよう求め、

---

* 83　永野ほか・前掲注(4) 185頁〔富永晃一〕。
* 84　富永晃一「改正障害者雇用促進法の障害者差別禁止と合理的配慮提供義務」論究ジュリスト8号（2014）32頁、永野ほか・前掲注(4) 194頁〔富永晃一〕。
* 85　菊池ほか・前掲注(1) 138頁〔長谷川聡、長谷川珠子〕、富永・前掲注 (84) 31頁、34頁。
* 86　富永・前掲注 (84) 31頁。

そうした配慮をなさずになされた解雇を違法無効と判断した例，②安全配慮義務を根拠に，適切な対応をしなかった使用者に責任を認めた例があることを指摘し，こうした判断枠組みが障害者雇用促進法における合理的配慮提供義務違反が争われた際にも適用可能であるとする。[87]

4　わが国の障害差別禁止法制の諸外国との相違

　障害者差別解消法，障害者雇用促進法の差別禁止規定および合理的配慮義務の規定と諸外国の障害差別禁止法制とを比較すると，次のような相違がある。[88]

　第1に，諸外国で定められている「間接差別」が障害者差別として定められていない。

　第2に，多くの諸外国や障害者権利条約は，合理的配慮の不提供を「差別」に該当すると構成しているが，障害者雇用促進法は，合理的配慮の不提供を「差別」とは構成せず，提供義務という形で規定した。

　第3に，諸外国の多くでは障害差別禁止に私法上の効力が認められるが，わが国の制度は公法上の義務という形で規定されており，私法上の効力を有する規定とは位置づけられていない。

第7節　他の法分野への合理的配慮論の適用可能性

　合理的配慮論に関する諸外国の制度および諸外国の合理的配慮論に関する議論と，わが国の障害者差別解消法および障害者雇用促進法上の合理的配慮義務の内容を検討したうえで，本節では，そうした検討を踏まえて，合理的配慮論ないし類似の考え方について，他の法分野への適用ないし展開可能性について考察する。

＊87　長谷川珠子「障害者雇用促進法と合理的配慮」法律時報87巻1号（2014）72頁。
＊88　長谷川・前掲注(75)32頁，永野ほか・前掲注(4)213頁〔長谷川珠子〕。

1 諸外国の法制度上の合理的配慮論の妥当範囲
(1) 障害者差別以外の分野への合理的配慮論の適用

　合理的配慮は、もともとはアメリカにおける宗教差別の局面で認められたものである。したがって、障害差別にのみ妥当する法理というわけではない。

　アメリカでは、公民権法第7編で宗教差別に合理的配慮論が採用されているとともに、セクハラの場面でも「環境型セクハラ」の場合には、合理的配慮の有無が違法判断に影響する。セクハラにおける合理的配慮は、ADAで定める合理的配慮とは内容的に相違するが、わが国において合理的配慮論の他の法分野への適用可能性を検討するにあたっては、そうした相違はそれ程考慮する必要はない。後に詳述するが、わが国における合理的配慮義務違反に対する救済としては、合理的配慮の履行を求めることはできず、違反行為が違法ないし無効であることを理由に損害賠償等を請求するほかないのであり、そのような違法判断ないし無効判断の局面では、ADA上の合理的配慮とセクハラで論じられる合理的配慮とのいずれにおいても判断過程に大きな相違はないとも考えられるからである。

　また、ADA上の合理的配慮と公民権法第7編の合理的配慮の同質性の有無について議論があり、両者は類似ないし同質であるとする見解もある。この見解を前提とすれば、両者は規範的根拠としても類似ないし同質であって、合理的配慮論が障害差別に独自のものではないことになる。

　さらに、アメリカにとどまらず、アメリカの法概念を輸入したカナダでも合理的配慮論は障害差別に限られてはいない。カナダでは人権法の解釈として合理的配慮概念が採用されており、そのため障害差別だけでなく、宗教、性別など人権法が規定する差別原因における差別の場面でも適用されると解されている。

(2) 合理的配慮の明文規定がない場面での合理的配慮概念の採用

　ドイツでは、雇用における差別の禁止、障害者に対する合理的配慮の提供を加盟国に義務づけた2000年EC指令の国内法化として一般平等法が成立したが、同法は合理的配慮について規定しておらず、合理的配慮の不提供に対する解決

は，民法典を根拠とした損害賠償請求等が想定されている。合理的配慮の不提供が差別に該当するという明文の規定がないにもかかわらず，民法典による損害賠償等での局面において，「合理的配慮の不提供」が違法判断に影響するということになれば，一般平等法で定める他の差別原因にも同様の考えが妥当すると解することも可能であると考えられる。

　また，欧州人権条約は，合理的配慮について規定していないが，それにもかかわらず，欧州人権裁判所は，条約違反の有無の判断に際して，合理的配慮の有無を考慮する判断をする場合がある。しかも，そうした合理的配慮の有無を考慮したと考えられる事案は，障害差別の局面に限らず，宗教・信条を理由とする不利益取扱いの場面でも認められている。このことからすると，合理的配慮は明文の規定がなくとも，違法の有無の判断において考慮されるべき判断事由の一つであり，その妥当範囲は障害差別の場面に限るものではないと考えることが可能である。

2　合理的配慮論のわが国における位置づけ

(1)　合理的配慮論と憲法14条との関係

　諸外国における合理的配慮論が，わが国の法制度上にも妥当するかについて検討するものとして，憲法14条にその根拠を求める立場がある。合理的配慮論を憲法上の要請と位置づけることの妥当性をどう解するかについては種々の立場があると思われるが，憲法14条に位置づけることが可能であるとの見解があるということは，わが国の法制度上，合理的配慮についての明文の規定がなければ一切妥当しない法理とまではいえないということはできるであろう。

(2)　安全配慮義務と合理的配慮論との関係

　(ア)　安全配慮義務の視点から，アメリカの合理的配慮論，わが国の障害者雇用促進法上の合理的配慮提供義務を検討する見解もある。

　アメリカでは，使用者による障害者に対する配慮義務について，ADAなどの障害差別禁止法制のなかに位置づけられているが，これに対し，わが国では，

使用者の安全配慮義務がこれと同じ機能を担ってきたとされている。[*89]これは、アメリカには安全配慮義務という概念がないからだとされる。例えば、ADA上の「障害者」に該当しないような軽度の障害者について、わが国では安全配慮義務という概念を介して障害者へのケアが要請されることになるが、アメリカではそうした解決は予定されていないとされている。[*90]

そのうえで、論者は、障害者雇用促進法において合理的配慮提供義務が規定された点を踏まえて、既存の安全配慮義務と障害者への合理的配慮提供義務をどのように整合させるかについて検討し、雇用後の段階では、障害者雇用促進法上の「障害者」に対して行われてきた安全配慮義務上の措置が、そのまま障害者に対する合理的配慮提供義務の履行として該当するとし、他方で、安全配慮義務は、障害者雇用促進法上の「障害者」には該当しない軽度の労働者にも及ぶと指摘する。[*91]

この視点をさらに展開すれば、障害者雇用促進法上の「障害者」には該当しない場合において、安全配慮義務の義務違反の有無を判断するにあたって、合理的配慮提供義務違反と同様ないし類似の判断過程を採用することも考えられうる。そして、そのような配慮義務違反の判断過程は、障害者に対する安全配慮義務違反が問題となる局面に限らず、その他の安全配慮義務違反の判断過程にも妥当すると考えることも可能であるように思われる。

(イ) また、安全配慮義務については、裁判例の傾向として、個々の労働者の属性や状態に応じて、安全配慮義務の内容を吟味するという「安全配慮義務の個別化」の傾向があるとの指摘をする見解がある。[*92]

東芝（うつ病・解雇）事件（最判平26・3・24裁判集民246・89）で、最高裁は、「使用者は、必ずしも労働者からの申出がなくても、その健康に関わる労働環境等に十分な注意を払うべき安全配慮義務を負っているところ、……体調の悪化が看取される場合には、……必要に応じてその業務を軽減するなど

[*89] 所・前掲注(27)279頁以下。
[*90] 所・前掲注(27)198頁。
[*91] 所・前掲注(27)279頁以下。
[*92] 永野ほか・前掲注(4)61頁〔小西啓文〕。

労働者の心身の健康への配慮に努める必要がある」と判示し，業務を軽減する等の措置をとらなかった使用者に安全配慮義務違反の責任を認めた。ここでは，メンタルヘルスに関する情報について，労働者本人からの積極的な申告が期待しがたいことを前提として，それでも必要に応じて業務軽減等の配慮に努める必要があること，本件では本人が体調不良を訴えて欠勤を繰り返し，また，業務の軽減の申出がなされていること等の個別事情を踏まえて安全配慮義務違反の判断がなされているのであり，「安全配慮義務の個別化」の傾向の判例であると位置づけることも可能である。

　一方で，合理的配慮論は，まさしく個別のニーズに応じた配慮の提供を問題とするものであり，安全配慮義務の個別化という現象は，合理的配慮論における違法判断と整合的である。このことをさらに推し進めれば，その他の安全配慮義務の場面でも同様の判断過程が妥当すると考えることも可能であろう。

(3)　障害者に対する信義則上の配慮義務との関係

　障害者雇用促進法が定める合理的配慮提供義務の規定は，2016（平成28）年4月1日から施行されたが，その施行前の段階において，障害者に対する取扱いに関して，使用者に一定の配慮をすべき義務がありうることを指摘する裁判例がある。ここでは，使用者に一定の配慮義務が認められる理論的根拠は合理的配慮提供義務の規定ではありえず，したがって，使用者に信義則上の配慮義務を認めたものと位置づけることができる。

　O公立大学法人（O大学・准教授）事件（京都地判平28・3・29労判1146・65）では，障害者雇用促進法の合理的配慮提供義務に関する規定（36条の3）が施行される前の段階における解雇の有効性が争われた事案において，「理念や趣旨は，同法施行の前後を問わず妥当する」としたうえで，「法の理念や趣旨をも踏まえると，障害者を雇用する事業者においては，障害者の障害の内容や程度に応じて一定の配慮をすべき場合も存することが予定されている」

と判示して，解雇を無効とした。[*93]

　ここでは，合理的配慮提供義務を定めた法の理念や趣旨から，一定の配慮をすべき義務がありうることを指摘しているが，問題となっている解雇は，合理的配慮提供義務の規定が施行される前の行為なのであるから，使用者に一定の配慮をすべき義務が認められる理論的根拠としては，そうした法の理念や趣旨を公序と位置づけるか，あるいは，そうした法の理念や趣旨から信義則上の義務が認められると判断したものであろう。

　三益興業事件（東京地判平28・5・18労判ジャーナル54・55）では，脳梗塞の影響で手書き作業等が非常に遅いなどの制限がある労働者を解雇した事案において，障害者雇用促進法の合理的配慮提供義務の規定には言及していないものの，「パソコン使用を柔軟に認め，これを伝言用ノートに代替させるなどの相応な配慮を払ってしかるべき」であると指摘して解雇を無効であると判示した。[*94]

　裁判所は，合理的配慮提供義務の規定がないにもかかわらず，使用者に一定の配慮をすべき義務を認めており，そうした配慮義務が認められる理論的根拠としては，ここでも公序法理や信義則ということになろう。

　これらの裁判例にみられるように，合理的配慮提供義務の規定の有無にかかわらず，障害者への対応について使用者に一定の配慮義務が認められるとすれば，障害者雇用促進法上の合理的配慮提供義務は，そうした信義則上の配慮義務も踏まえて，一定の場合の配慮義務を特に明文として規定したとも解しうる。そうだとすれば，信義則上，一定の配慮義務が認められうる事案においては，合理的配慮提供義務における判断過程と同様の判断を行うことが可能とも考えられよう。

＊93　大学教員としての適格性を欠くとして解雇されたことに対し，Xの行動や態度が，Xの障害であるアスペルガー症候群に由来するものであるところ，Y法人からは障害についての配慮，援助等は講じられておらず，Xの行動や態度に対して注意，警告等を受けたことがないこと等を指摘して，解雇の有効性を争った事案である。
＊94　この事案も，障害者雇用促進法の合理的配慮提供義務の規定（36条の3）が施行される前の解雇の有効性が争われている。

第2章　合理的配慮論の歴史と展開

3 他の法分野への合理的配慮論の適用・展開可能性の理論的考察

(1) 考察の視点

このように，諸外国にみられる合理的配慮論は，実際上も障害差別の分野に限定されているわけではなく，他の法分野に適用しうる法理である。また，わが国における法制度との関係でも，障害者差別解消法および障害者雇用促進法が適用されない分野においても，合理的配慮論を採用しうる余地があることがうかがえる。

そこで，以下では，合理的配慮論ないしこれに類似する考え方を，他の法分野へ適用ないし展開する場合において，その理論的根拠ないし法律構成が説明可能かどうかを考察する。

(2) 私法上の効力の有無の相違

わが国の法制度上，障害差別の場面だけでなく他の法分野に合理的配慮論ないし類似の考え方が適用ないし展開できないかを検討するにあたっては，障害者差別解消法および障害者雇用促進法上の合理的配慮義務には私法上の効力が認められていないことが大きく影響する。

諸外国における合理的配慮の不提供は，差別に該当するとしたうえで私的上の効力が認められており，アメリカでは積極的是正措置命令(配慮の履行請求)までが認められているが，わが国では私法上の効力が認められないために，合理的配慮義務の違反に対する救済は，公序良俗（民法90条），信義則（民法1条2項）といった民法上の法理を理由として無効ないし権利濫用を主張するか，あるいは債務不履行ないし不法行為を理由とする損害賠償請求によって解決するほかない。したがって，当該事案において合理的配慮をすべきことが公序法理として妥当するのか，あるいは合理的配慮が契約上の注意義務，不法行為法上の行為義務ないし違法判断の事情となりうるのかという点が重要であり，その際に，障害者差別解消法および障害者雇用促進法等に規定された配慮義務の判断過程と同様の判断過程を採用することが可能か否かという点が中心的課題となる。

(3) 差別禁止法理の義務違反化

このような観点からの検討において参考になると考えられるのが,「差別禁止の新たな手法」に関する議論である。

差別禁止の新たな手法として,近時は,典型的な差別禁止法理とは異なった「差別禁止法理の拡張」の傾向を指摘する見解がある[*95]。この立場は,その拡張傾向を,①差別意思(主観面)の相対化,②差別的取扱い(客観面)の相対化という二つの面から考察する。

第1に,差別意思の相対化に関しては,新たに立法された雇用差別禁止規定の多くで,「差別意思」という主観的な要素としてではなく,客観的な義務違反として差別を把握する傾向が顕著であるとする。

この点に関し,従前から,裁判所は,特に性差別に関して,労働基準法・男女雇用機会均等法[*96]上の差別禁止規定の直接の射程を超える差別について,公序違反を介して柔軟に差別的取扱いの違法・無効を認定し(男女平等取扱いの公序法理),不法行為責任等として損害賠償等の救済を認めていたと指摘する。そのうえで,新たな手法である間接差別,セクハラ,障害者への合理的配慮の不提供等は,主観的な差別意思ではなく,客観的な義務違反として差別を規定していると指摘する[*97]。このうち,セクハラについては,労働者の性と不利益取扱いとの結びつきという意味で性差別の一種であるとし,「環境型セクハラ」を一種の間接差別として意図的・主観的要素なくして成立しうると指摘する。

第2に,差別的取扱いの相対化に関しては,「異別取扱い禁止」から「不合理な不均衡取扱い禁止」への相対化があり,この流れの一環として,新たに立法された雇用差別禁止規定の多くでは,合理的な異別取扱い,片面的な優遇取扱いを許容するとする。

この点に関し,裁判所は,例えば,労働基準法3条,4条などの差別禁止規定の直接適用の射程の狭さから,具体的問題の判断にあたっては,男女平等取

---

* 95 富永晃一「雇用社会の変化と新たな平等法理」荒木尚志編『現代法の動態3・社会変化と法』(岩波書店,2014) 66頁以下。
* 96 「雇用の分野における男女の均等な機会及び待遇の確保に関する法律」
* 97 富永・前掲注(95)66頁。

扱い法理・公序法理に強く依拠しており，著しく不合理な差別取扱いの場合に効力が否定されるとするものが多いと指摘している。そのうえで，新たな差別禁止規定は，こうした判例法理と同様に，合理性のある異別取扱いを比較的柔軟に許容していると指摘する。[*98]

合理的配慮論について，このような差別禁止法理の義務違反化として位置づけることが可能であるとすれば，合理的配慮論を障害差別の場面に特有の法理であるととらえる必然性もなくなると考えることができるのではないだろうか。

(4) 合理的配慮論の理論的根拠・法律構成

(ア) 以上の検討を前提として，わが国において，合理的配慮論ないしそれに類似する考え方を他の法分野に適用ないし展開することが可能とする場合の理論的根拠ないし法律構成について考察してみたい。

障害者差別解消法上の合理的配慮義務は，「差別」に該当すると位置づけられているものの，事業者に対しては努力義務を課するにとどまっており，他の法分野への適用ないし展開可能性を検討するにあたっては，合理的配慮の不提供が違法であるとして損害賠償請求で争うこと等が考えられることから，ここでは合理的配慮義務を法律上の義務と規定する障害者雇用促進法との関係をもとに検討を進める。

(イ) 障害者雇用促進法上の合理的配慮義務（合理的配慮提供義務）は，合理的配慮の不提供を「差別」とはせずに義務違反という形で規定した。これは差別禁止法理の義務違反化の方向性に適合的である。

また，同法の合理的配慮提供義務は，「等しくない者を（その相違に応じて）等しくなく取り扱うべし」という均衡取扱法理に立脚しており，「不合理な不均衡取扱い」を禁止し，「合理的な異別取扱い」を許容するというものである。これは禁止法理の義務違反化で論じられている「差別取扱いの相対化」の方向性と整合している。

このような点からすれば，合理的配慮論（合理的配慮義務）は差別禁止法理

---

*98　富永・前掲注(95)68頁以下。

としての配慮義務の一つと位置づけることも可能であり，障害者雇用促進法の規定は特にこれを条文で明記したと考えることもできるように思われる。

　この点に関して，障害者雇用促進法などで定められた合理的配慮義務を新しい差別概念として位置づけたうえで，この新しい差別概念としての合理的配慮を障害者差別以外の他の事由に拡張できないかという視点を示唆する指摘がある[99]。しかし，他の法分野への適用可能性を検討するとすれば，従来の法概念とはまったく異なる新しい概念と構成するよりも，従来の法概念の発展形と構成する方が，より理論的に整合性を有しうると考えられる。

　(ウ)　しかも，合理的配慮の不提供に対する法的評価は，公序良俗・信義則などの民法上の法理に基づく有効性判断や，債務不履行ないし不法行為における義務違反の有無についての判断の形で行われるものであるが，いかなる義務が契約上の義務（付随的義務も含む）あるいは不法行為法上の行為義務として認められるかについては，問題となる契約内容ないし事案によって異なってくることが考えられる。特に不法行為については，一般不法行為における行為義務として事案ごとに個別に判断をせざるをえない。

　この点を踏まえれば，公序良俗や信義則における考慮事情として合理的配慮の有無を考慮することや，注意義務違反ないし行為義務違反の判断として合理的配慮の有無を考慮することも可能ではないかと考えられる。

　(エ)　このように，合理的配慮論を差別禁止法理としての配慮義務として位置づけたうえで，合理的配慮の有無を公序良俗および信義則における考慮事情や，注意義務違反ないし行為義務違反の判断としての考慮事情とすることが可能であると考えると，このことは，契約に基づく法律関係にとどまらず事実関係にも同様に妥当すると考えてよい。また，行政行為の裁量判断においても，合理的配慮の有無を考慮することも可能となるであろう[100]。

　(オ)　もっとも，このような視点で他の法分野に合理的配慮論ないし類似の考え方を適用ないし展開することが可能であるとしても，その場合の合理的配慮

＊99　朝倉むつ子『雇用差別禁止法制の展望』（有斐閣，2016）17頁。
＊100　事実行為の違法性および行政裁量の場面で，合理的配慮の有無が違法性判断の考慮要素として検討されることについて，植木・前掲注(32)177頁以下参照。

の有無の判断は，障害者雇用促進法上の合理的配慮提供義務や，諸外国における合理的配慮論で指摘されている内容と同じというものではない。特に，「過度の負担（過重な負担）」という事情を免責事由と位置づけることは困難であろう。

これは，わが国では，合理的配慮論をもとに積極的是正措置を求めることは困難であり，合理的配慮義務に私法上の効力が認められていないことから，この概念を取り入れるとしても，公序良俗などの民法上の法理を理由として無効ないし権利濫用を主張するか，あるいは債務不履行ないし不法行為を理由とする損害賠償という形での適用を考えざるをえないという点とも関係している。このような形で合理的配慮概念を取り入れるとすれば，事業主の費用は配慮の効用との関係で合理性判断の事情の一つと位置づけることが妥当と考えられるからである。

例えば，諸外国では合理的配慮としての積極的是正措置を求める訴えに対して，そのように求められた措置が「過度の負担（過重な負担）」となるか否かということが問題となりうる。これに対し，わが国では，損害賠償が求められた事案においては，事業者が一定の配慮措置を行っていることについて，そのような配慮措置が違法性の判断として合理性を有するか否かが判断され，また，一定の配慮措置を講ずるべきであったか否か，そうした配慮措置を講ずるべきであったにもかかわらずそのような措置を行っていないことが違法性判断に影響するかといった観点から判断されるものと思われる。したがって，「過度の負担（過重な負担）」か否かという視点は，事業者が行った配慮措置が合理的か否かの判断の際の事情として考慮されると考えられるし，また，一定の配慮措置を講じるべきか否かという場面では，事業主の負担を考慮した上で想定される配慮措置が定まることになろう。

さらには，ここでは，障害者雇用促進法上の合理的配慮提供義務と安全配慮義務との相互関係に関して，安全配慮義務法理では，使用者に過重な負担となる場合であっても使用者の配慮義務が肯定される場合があるという指摘があ[101]

＊101　所・前掲注(27)279頁。

ることを踏まえる必要がある。このことは，障害者雇用促進法上の合理的配慮提供義務に違反すれば，使用者の行為（不作為を含む）が違法ないし無効と評価されうるが，他方で，合理的配慮提供義務に違反していなければ，使用者には安全配慮義務違反等を理由とする責任が生じないというわけではないということも含意している。従前であれば安全配慮義務法理のもとで使用者に法的責任が認められたであろう事案において，障害者雇用促進法に「合理的配慮提供義務」が規定されて合理的配慮提供義務には違反していないとされたために，かえって使用者の責任が否定されるということになれば，法改正の趣旨にも反しかねない。

このことから考えると，安全配慮義務と障害者雇用促進法上の合理的配慮提供義務の相互関係は，①合理的配慮提供義務に違反すれば安全配慮義務にも違反する場合，②合理的配慮提供義務には違反していないが，安全配慮義務には違反する場合，③安全配慮義務に違反しているとはいえないが，合理的配慮提供義務には違反する場合の三つの場合が存するといえる。この関係を図示すると次のようになる。

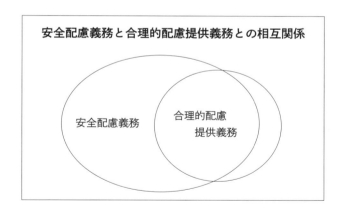

そうだとすれば，障害者雇用促進法の適用対象となる障害者が使用者の行為を違法・無効であるとして争う場合においても，使用者の責任の有無，当該行為の違法性等の判断は，合理的配慮提供義務が規定する要件を厳密に適用して

判断されるわけではないことになる。

　したがって，合理的配慮論ないし類似の考え方を他の法分野に適用ないし展開する場合にも，結局は，合理的配慮の有無を考慮することになるのは，民法の一般法理や不法行為の成立要件の判断過程の段階とならざるをえないのであり，上記で述べたところと同様に，合理的配慮義務の要件を厳密に適用することは妥当ではないと考えられる。

　(カ)　問題となるのは，このように他の法分野に適用ないし展開可能性があるとして，具体的にどのような法分野への適用ないし展開可能性が考えられうるかという点である。

　この点は，各法分野の裁判例の状況等を検討しなければ判断が難しいところであるが，合理的配慮論が差別禁止法理に由来するものであること，障害差別における合理的配慮論は「障害者」をどう理解するかに関して社会モデルを採用しており，当該個人の属性というよりも社会関係ないし第三者との関係を重視した形で議論されていることといった点を考慮すると，さしあたり，差別や格差による不利益取扱いが問題となる法分野について具体的な適用ないし展開可能性を検討することが妥当なのではないかと考えられる。

　また，障害者雇用促進法上の合理的配慮義務が均衡取扱法理に立脚していると解されることからすれば，均衡取扱法理ないし比例原則の妥当する法領域について，その適用ないし展開可能性を検討することも有益であろう。さらに，合理的配慮義務（合理的配慮提供義務）違反の救済として，公序良俗や信義則を通じて無効あるいは違法と判断されうるという点からすれば，公序法理に関係する法領域についても，適用ないし展開可能性を検討することができるといえよう。

第8節　本章のまとめ

1　合理的配慮論は，諸外国の歴史的経緯や実情からみても，障害差別に特有の法理というわけではなく，他の法分野へも同様の考え方を適用できる可能性がある。

わが国では，障害者差別解消法および障害者雇用促進法において合理的配慮義務が規定されたが，そのような規定がなされる以前から，合理的配慮に類似した判断枠組みが採用されてきた例もある。したがって，わが国においても，合理的配慮論は障害差別の分野以外の他の法分野に適用ないし展開することは可能であると考えられる。

その理論的根拠ないし法律構成を検討する視点としては，①障害者差別解消法および障害者雇用促進法上の合理的配慮義務も私法上の効力が認められておらず，結局は，民事的解決を図らざるをえないという性質を有していること，②差別禁止の義務違反化という新たな理解に適合的であること等を指摘することができる。

また，具体的に適用しうる法分野としては，差別・格差が問題となる分野，均衡法理ないし比例原則の考え方が妥当する分野などを中心に適用可能性を検討することが考えられる。

2 このような理解をもとに，各法分野について，これまでの議論や裁判例の検討を通じて，合理的配慮論ないしこれと類似する考え方を適用することが可能であるのか，また可能であるとしてそうした考え方を取り入れることが有益であるのかという点を検討してゆくことにするが，その作業は第3部（第4章，第5章）で行う。

しかし，その前提として，まず，障害者差別解消法および障害者雇用促進法に規定された合理的配慮義務の意味内容を確認することが必要である。そこで，次章では，こうした作業のために，わが国における合理的配慮義務に関する規定が施行される以前の障害分野での裁判例を検討したうえで，制定法に規定された合理的配慮義務の意味内容を，その解釈上の問題点も含めて検討する。

第3章

障害分野における合理的配慮論

第1節 本章の検討課題

1 第1章では，わが国の障害者法制の概要について概説し，そのなかで障害者差別解消法などの個別の法律で定められた「合理的配慮」の内容について概略の説明を行った。また，第2章では，諸外国の合理的配慮論を紹介し，そこでの合理的配慮の考え方や判断方法について論じており，こうした諸外国における合理的配慮での議論は，わが国の法律上の合理的配慮義務の解釈にあたっても参考となりうる。

本章は，このような第1章および第2章での議論を踏まえて，障害者差別解消法および障害者雇用促進法に規定された「合理的配慮義務」の内実を考察しようとするものである。[*1]

2 障害者差別解消法および障害者雇用促進法で定められた「合理的配慮義務」は，公法上の義務として規律されたものであるが，そうした行為規範としての規定の有無とは別に，法規定が整備され施行される以前の段階において，障害者に対する不利益取扱いの違法性判断などが争われた裁判例で，合理的配慮の不提供を問題として指摘したり，あるいはそれに類似した考え方を採用し

[*1] 「合理的配慮」の規定は，障害者差別解消法および障害者雇用促進法だけでなく，障害者基本法にも規定されているが，同法は障害者施策に関する基本的理念や方向性を示したもので，裁判規範としての具体的権利を定めるものではないことから，本章では，主として，障害者差別解消法および障害者雇用促進法における「合理的配慮義務」について検討を加える。なお，障害者基本法の上記のような性質については，菊池馨実『障害法』（成文堂，2015）126頁〔長谷川聡，長谷川珠子〕，川島聡ほか『合理的配慮』（有斐閣，2016）〔川島聡〕参照。

て当該不利益取扱いの違法性の有無を判断したものはないだろうか。仮に，そのような裁判例がみられるのであれば，法律によって定められた合理的配慮義務についての解釈や義務違反の判断に資することになる。

このような観点から，まず，障害分野において，合理的配慮義務の規定が施行される前の段階の裁判例を検討する。その裁判例の検討にあたっては，最初に，教育の分野における障害者の普通学校や普通学級への就学就園拒否の裁判例を検討する（第2節）。この分野では，障害者差別解消法に定める合理的配慮義務を先取りしたような形で，当該行為の有効性判断等がなされていることが確認できる。次いで，第2節では取り上げなかったその他の分野における裁判例を検討する（第3節）。具体的には，まず，障害者差別解消法に関連する分野として，移動の権利に関する裁判例を取り上げて検討する。次に，雇用分野についての裁判例を取り上げて障害者雇用促進法に定められている合理的配慮義務への解釈論の一助としたい。

そのうえで，このような裁判例の考察や諸外国の議論などを踏まえて，障害者差別解消法および障害者雇用促進法に規定されている合理的配慮義務の解釈上の問題点について検討を加える（第4節）。そうした合理的配慮義務の解釈論を検討することは，障害分野以外の法分野への合理的配慮論の適用ないし展開可能性を論じるうえでも有益なものであると考えられる。したがって，本章の作業は，合理的配慮論の展開可能性を具体的に検討するための前提作業としての意味合いも有するものと位置づけることができよう。

第2節　裁判例の検討1（就学就園拒否に関する裁判例）

障害を有する人が社会とのかかわりを深めるにつれ，社会的障壁が顕在化していくとすれば，その人生の過程で社会的障壁が大きく顕在化する最初の場面は学校生活といえる。そこで，本節では，障害を有する児童・生徒の普通学校・学級への就学就園拒否に関する裁判例を検討し，障害者差別解消法制定前における裁判所の判断を示したうえで，法制定による司法判断および行政の適正化に対する影響を考察する。

1　障害を有する児童・生徒の教育と裁判例の経緯

就学就園拒否に関する裁判例を検討する前提として，障害を有する児童・生徒に対する教育制度と，それをめぐって提起されることとなった各裁判例を概観する。

(1)　教育制度の沿革

近代以降，公教育制度の整備・拡充の一方で，障害のある子どもの多くは，就学免除・猶予制度により，「公教育から締め出される状況」にあった。日本国憲法制定後も，学校教育法が就学免除・猶予制度を受け継ぎつつ，「特殊教育」としての盲学校，聾学校，養護学校の設置義務および就学義務を規定したものの，当該規定の施行期日は政令で別に定めるとされ，1979（昭和54）年の養護学校の義務制施行までは，障害のある児童・生徒の相当数が「学校教育から放置」された状態であった。

この養護学校等が義務化された後の1980年代，「特殊教育」は「障害児の経験の幅をせばめる」等として「統合教育」を主張する立場と，今のままでの「統合教育」では障害のある児童・生徒に応じた教育ができない等と主張する立場との対立が生じるに至った。これに対して，2000年代以降，従来の「特殊教育」を発展させるものとして，原則として統合された環境で教育を行うべきだとしながら，個々の児童・生徒の心身の制約と特別な教育ニーズに応じた支援が必要だとする「特別支援教育」という理念が現れるようになった。[*2]

こうして，現在の教育界における主要な関心は，「特別支援教育」理念実現のための教育課程・指導方法などに移行しつつある一方で，なお「統合」を重視する立場と，「特殊性」に対する配慮を重視する立場との潜在的な対立が存在している。[*3]

[*2]　特別支援教育の理念を反映した規定として，2004（平成16）年改正の障害者基本法14条(現16条)，2006（平成18）年改正の教育基本法4条2項，2007（平成19）年改正の学校教育法第8章，2004（平成16）年制定の発達障害者支援法がある。

[*3]　植木淳『障害のある人の権利と法』（日本評論社，2011）229頁以下。

⑵ 普通学校・学級選択訴訟

　こうした教育制度の沿革のなかで，障害のある児童・生徒が「特殊教育」ではなく普通学校・普通学級への就学就園を求めることとなり，これに関する訴訟が提起されてきた。[*4]

　統合教育を求める主な訴訟ではこれを認めない裁判例が大半であり，そのなかで，統合教育が尊重された市立尼崎高校訴訟判決（神戸地判平4・3・13判時1414・26）は画期的であったとされる。[*5] 同訴訟は，進行性筋ジストロフィー症による障害を持つ原告が入学不許可処分を受けたため，同処分の取消訴訟および国家賠償請求訴訟を提起した事件で，裁判所は同処分を違法と判断した。

　しかし，その後も，留萌特殊学級入級処分取消訴訟判決（旭川地判平5・10・26判時1490・49，札幌高判平6・5・24判時1519・67）は，脊髄損傷による肢体不自由のある原告に対して，被告校長が特殊学級に入級させる処分を行ったため，同処分の取消訴訟および国家賠償請求訴訟を提起した事件で，一審は同処分を違法でないと判断し，控訴審も一審を支持して控訴を棄却した。

　また，教育環境整備義務訴訟判決（大阪地判平12・2・17判時1741・101，大阪高判平14・3・14判タ1146・230）は，市立小学校の養護学級に在籍していた知的障害のある児童らが不登校となったため，小学校長が普通学級で十分な教育を受けさせる義務（教育環境整備義務）を怠ったとして，その両親が損害賠償請求をした事件で，一審は本件処分が相当であったと判断し，控訴審も一審を大筋で支持して控訴を棄却した。

　このように従来の裁判例では，市立尼崎高校訴訟判決の後も，普通学校・学級への就学等を認めない判断がなされていたが，その後，下記で取り上げる裁判例では，いずれも就学就園拒否処分を違法と判断した。これらは，2000年代以降，「特別支援教育」の理念が現れるとともに，「ノーマライゼーション」，「インクルーシブ教育」の理念が一般化したことが，裁判所の判断に大きく影響す

[*4] 初期の事例として，大西赤人君浦高入学不当拒否事件（浦和地判昭49），東京高判昭57・1・28 判タ474・242 など。

[*5] 定藤邦子「障害者の教育を受ける権利－高校入学の教育権訴訟を事例として－」Core Ethics Vol.12（2016）317頁。

ることとなったものといえる。[*6]

(3) 小括

以上のとおり，「特殊教育」と「統合教育」の対立のなかで，裁判所は普通学校・学級での就学就園に否定的な傾向にあったところ，障害者権利条約の「インクルーシブ教育」理念の影響を受けて，就学就園拒否を違法と判断する複数の裁判例が登場するに至った。

そこで，以下ではこれらの裁判例を検討し，その後の法制定による影響を考察する。

2 裁判例の検討

【1】徳島県藍住町立幼稚園就園拒否事件（徳島地決平17・6・7判例自治270・48）

(1) 事案の概要

本件は，二分脊椎等の障害のある幼児Aについて町立幼稚園への就園（就園）を不許可とした町教育委員会の決定は違法であるとして，Aの母が，町に対し，主位的に幼稚園長において，予備的に町教育委員会において，就園を仮に許可するよう求めた事件である。

Aには歩行障害等があるが，知的障害はなく，将来的には自力歩行が可能になると予想されていた。また，幼稚園への通園時間中，特定の医療行為を2回行う必要があるものの，医師により，幼稚園での集団生活，行事等において特に制限事項はないと診断されている。

(2) 裁判所の判断

裁判所は，以下のように述べて，主位的請求を認めた。

[*6] 植木・前掲注(3) 240〜248頁。

(ア) 幼稚園の就園拒否の裁量権

　幼稚園教育は，幼児を保育し，適当な環境を与えて，その心身の発達を助成することを目的とするものであるが（学校教育法77条），幼稚園の就園に関する事項について学校教育法等に規定がないこと等からすれば，幼稚園長または教育委員会は，公立幼稚園への就園の許否について裁量権を有する。

(イ) 裁量権の範囲（規範）

　子どもに教育を受ける権利（憲法26条等）が保障されており，幼稚園教育は，義務教育や普通教育ではないものの，幼児の心身の成長・発達のために重要な教育であることから，就園を拒否する合理的な理由がない限り就園を許可すべきであり，合理的理由なく不許可とした場合は，裁量権を逸脱または濫用したものとして，当該不許可処分は違法になる。「合理的理由」の有無の判断にあたっては，障害を有する幼児に対する一定の人的・物的な配慮をすることは社会全体の責務であること，幼少期から障害の有無にかかわりなく他者とともに社会生活を送ることが障害を有する幼児の成長および発達等にとって重要であること等から，心身の障害により就園困難な事情があるということにより直ちに就園を不許可とすることは許されず，当該幼児の心身の状況，その就園を困難とする事情の程度等の個別の事情を考慮して，その困難を克服する手段がないかどうかについて十分に検討を加えたうえで，当該幼児の就園を許可するのが真に困難であるか否か慎重に検討し柔軟に判断する必要がある。

(ウ) 裁量権の逸脱または濫用の有無（あてはめ）

　町は，①町立幼稚園はバリアフリーに配慮した施設ではなく改修が必要であるが，財政上改修は不可能である，②Aの移動等の介助，安全の確保等のために教職員の加配措置が必要不可欠であるが，教職員の加配措置は財政上および採用手続上困難であり，さらに，Aは通園時間中に特定の医療行為を受ける必要があるが，医療資格を有する教職員の加配は不可能である，③Aの就園を許可すると，Aの安全確保のために教職員の負担が増大するうえ，AのためにAが所属するクラスのカリキュラムを変更する必要が生じ，他の園児に対する適切な保育の実施が困難になる，④Aは現在別の町立幼稚園に体験就園しており，Aに対する教育的配慮が十分にされている，等と述べて本件就園不許可決定に

裁量の逸脱濫用はない旨主張する。

　しかしながら，①について，エレベーターの設置等の改修は町の財政上困難であるが，何らかの工夫をして段差を解消する対応をとることは可能である。

　②について，Aの移動等の介助，安全の確保等のために教職員の加配措置をとることは，町の財政上および採用手続上可能である。また，通園時間中の医療行為については，医療資格を有する教職員の加配措置は現実的に不可能であるとしても，Aの母が幼稚園に待機して医療行為をすることで対応可能である。Aの母の付添いを認めることで幼稚園教育上ある程度の制約が生じるとしても，これにより幼稚園教育が達成することができないほどの弊害が生じるとは考えがたく，そのような制約は障害を有しない幼児や幼稚園において受忍すべきものである。

　③について，Aの安全確保は教職員の加配措置およびAの母の付添いによって対応可能である。また，Aのために教育のカリキュラムを変更しなければならないとしても，Aに対する幼稚園教育の達成のためには，すべてのカリキュラムにAを参加させる必要はなく，Aを担当するクラスにおいて，できる限りAに配慮したカリキュラムを組むことで足りるから，他の園児に対する適切な保育の実施が困難になるなどの弊害が生じるとは認められない。よって，カリキュラムの変更は障害を有しない幼児や幼稚園において受忍すべきものである。

　④について，体験就園は，正式就園とは異なり就園の継続が必ずしも保障されているわけではないうえ，正式就園より登園日数や保育時間が少なく給食も支給されない等の違いがある。したがって，正式就園を希望するAに対し体験就園しか認めないことは，必要以上にAに差別感を抱かせるものであって，正式就園に代わりうるような措置がとられているということはできない。

　以上のとおり，Aの心身の状況やその就園を困難とする事情の程度等，その困難を克服するための手段について慎重かつ柔軟に判断するならば，本件不許可決定について合理的な理由があるということはできない。よって，本件不許可決定は，町教育委員会がその裁量権を逸脱または濫用した違法なものとして取り消されるべきであり，かつ，本件申請を許可する決定をしないことは幼稚園長または町教育委員会の裁量権を逸脱または濫用したものである。

【2】東大和市立保育園就園拒否事件（東京地決平18・1・25判時1931・10，東京地判平18・10・25判時1956・62）

(1) 事案の概要

本件は，カニューレ（のどに開けた穴に常時装着して気管への空気の通り道を確保する器具）を装着している幼児Bについて，Bの父が，市に対し，処分行政庁（市福祉事務所長）が行った保育園就園不承諾処分は違法であるとして，同不承諾処分の取消しおよび市立保育園への就園承諾の（仮の）義務付けを求めるとともに，就園申込み等をめぐる公務員の対応等について国家賠償を求めた事件である。

Bは，多ければ1時間に1回程度，場合によっては2，3時間に1回程度，吸引器を用いて唾液やたんの吸引を行う必要があり，また，誤えんを避けるために水分にとろみをつけることも必要であった。もっとも，Bは，不承諾処分の約半年後には自分自身でチューブの挿入および吸引を行うことができるようになっていた。また，Bは，成長に伴い既に鼻と口からの呼吸も一部可能となっており，今後，完全な自己呼吸が可能となり，カニューレの装着が不要となる可能性もあった。

本件処分当時，Bは肢体不自由児通園施設に通園していた。Bが就園申請した市立保育園には看護師が1名配属されており，園全体の看護にあたっていた。

(2) 抗告訴訟

裁判所は，以下のように述べて，就園不承諾処分の取消しおよび就園承諾の（仮の）義務付けを認めた。

(ア) 裁量権の範囲（規範）

児童福祉法1条1項は，「すべて国民は，児童が心身ともに健やかに生まれ，且つ，育成されるよう努めなければならない」と規定し，また，同法2条は，「国及び地方公共団体は，児童の保護者とともに，児童を心身ともに健やかに育成

する責任を負う」と規定して、[*7]児童の健やかな育成の重要性を強調している。そうすると、市町村は、児童の保護者から児童福祉法24条1項に基づく保育園就園の申込みがあった時は、[*8]当該児童を保育所において保育する際に、当該児童が心身ともに健やかに育成するうえで真にふさわしい保育を行う責務を負っている。そして、真にふさわしい保育を行ううえでは、障害者であるからといって一律に保育所における保育を認めないことは許されず、障害の程度を考慮し、当該児童が、保育所に通う障害のない児童と身体的、精神的状態および発達の点で同視することができ、保育所での保育が可能な場合には、保育所での保育を実施すべきである。

したがって、障害のある児童であっても、その障害の程度および内容に照らし、保育所に通う障害のない児童と身体的、精神的状態および発育の点で同視することができ、保育所での保育が可能な場合であるにもかかわらず、処分行政庁が、児童福祉法24条1項ただし書にいう「やむを得ない事由」があるという理由で行った就園不承諾処分は、考慮すべき事項を適切に考慮しなかったという点において、処分行政庁の裁量の範囲を超え、または裁量権を濫用したものというべきであって違法である。

(イ) **裁量権の逸脱または濫用の有無（あてはめ）**

Bは、本件各処分当時、呼吸の点を除いては、知的および精神的機能、運動機能等に特段の障害はなく、近い将来、カニューレの不要な児童として生活する可能性もあり、多くの医師から、障害のない児童との集団保育が望ましいと診断されている。たん等の吸引については、医師の適切な指導を受けた看護師等が行えば、吸引に伴う危険は回避することができ、カニューレの脱落等についても十分防止することができた。したがって、本件各処分当時、Bは、たん

---

*7　改正前のものである。
*8　これも改正前のものである。旧児童福祉法24条は、「市町村は、保護者の労働または疾病その他の政令で定める基準に従い条例で定める事由により、その監護すべき乳児、幼児または第39条第2項に規定する児童の保育に欠けるところがある場合において、保護者から申込みがあつたときは、それらの児童を保育所において保育しなければならない。ただし、付近に保育所がない等やむを得ない事由があるときは、その他の適切な保護をしなければならない。」と規定していた。

等の吸引と誤えんへの注意の点について格別の配慮を要するものではあったが，保育所に通う障害のない児童と，身体的，精神的状態および発達の点で同視することができるものであって，保育所での保育が可能であったと認められる。

これに対し，市は，①現在，各保育園に勤務する看護師は，零歳児保育特別対策事業を実施するために配置されたものであり，たん等の吸引などの医療行為を必要とする特定の児童のために配置されたものではない，②約100名から180名の園児を抱える保育園において，1名しかいない看護師が，一人の園児につきっきりで看護することはできないため，肢体不自由児通園施設の方が適切な対応をすることができる，③たん等の吸引の遅れによる事故や，他の園児との接触等によるカニューレ脱落事故等が起こる可能性がある旨主張する。

しかしながら，①について，保育所に配置された看護師が，たん等の吸引等の医療行為を必要とする特定の児童のために働くことを妨げるような根拠規定はない。②について，本件処分当時Bにとって必要であった特別な世話のうち，たん等の吸引以外（誤えんに対する注意等）については，保育士によって対応可能である。また，たん等の吸引等の医療行為についても，Bの年齢や，精神面，運動面の発達状況，さらには，Bが自分自身で吸引行為を行うことができるようにまでなっていることも考え合わせると，本件各処分当時においても，看護師がBの世話につきっきりになる必要があったとはいえず，看護師にとって過大な手間となるということまではできない。③について，Bのカニューレは，ひもやバンド等により容易に脱落しないよう固定されており，その固定法で十分に抜去事故を防止することが可能なうえ，万が一事故が起こった場合でも，適切な処置がなされれば大事に至ることはないと考えられる。

以上によると，本件各処分は，処分行政庁の裁量権の逸脱・濫用によるもので違法であり，また，処分行政庁が保育園への就園を承諾しないことは，処分行政庁の裁量権の範囲を超え，またはその濫用となると認められる。

(3) 国家賠償請求訴訟

裁判所は，不承諾処分が児童福祉法上違法であるとしても，本件各処分処分当時，Bは定期的にたん等の吸引が必要な状況にあったこと，たん等の吸引は

医療行為とされていたこと，健康管理の面では保育所より肢体不自由児通園施設の方が手厚い措置が可能であると考えられたこと等からすれば，市の担当者の上記各行為が直ちに職務上の法的義務に違背するとはいえず，国家賠償法上違法であるとはいえないとした。

【3】奈良県下市町立中学校就学拒否事件（奈良地決平21・6・26判例自治328・21）

(1) 事案の概要

本件は，四肢機能に障害のある児童Cについて，町教育委員会が，Cの就学すべき中学校として普通中学校を指定しないことは違法であるとして，Cの就学すべき中学校として普通中学校を仮に指定するよう求めた事件である。

なお，本件は，学校教育法施行令が2013（平成25）年に改正されるより前の事件である。改正前の学校教育法施行令5条1項によれば，普通小学校または普通中学校に就学できるのは，就労予定者のうち視覚障害者等以外の者と，視覚障害者等のうち認定就学者と認められた者のみであり，視覚障害者等は認定就学者と認められない限り特別支援学校に就学すべきことになる（旧学校教育基本法5条1項2号）。

Cは脳性まひによる四肢機能の障害を有し，身体障害者手帳において，脳原性運動機能障害移動機能障害1級および脳原性運動機能障害両上肢機能障害1級により，身体障害者等級表による級別1級と認定されている。Cは車いすを利用して生活し，医科大学附属病院に定期的に通院しているほか，自宅で毎日約2時間のリハビリを行っており，就学時の健康診断では，「日常生活動作は患児のペースで順調に進んでいる。細かい介助を含め個別の援助が必要と思われる」と診断されている。

Cは，小学校は普通小学校に6年間通い，特別支援学級の担任教員の補助を受けながら，教室移動が必要な科目も含めてすべての授業を普通学級の児童らとともに受けた（体育についても，車いすの移動訓練やできる範囲での運動を行った）。

(2) **裁判所の判断**

裁判所は，以下のように述べて，Cの就学すべき中学校として普通中学校を指定すべきであると判断した。

(ア) **行政の裁量権**

Cは，その障害の程度等から，「肢体不自由の状態が補装具の使用によっても歩行，筆記等日常生活における基本的な動作が不可能または困難な程度」（学校教育法75条，同法施行令22条の3）の「肢体不自由者」（同法72条，同施行令5条1項1号）にあたる。そのため，肢体不自由者であるCは，学校教育法および同法施行令上，認定就学者に該当すると認められない限り特別支援学校に就学すべきことになる。

認定就学者該当性の有無の判断にあたっては，普通中学校への就学が，障害のある生徒等一人一人の教育上のニーズに応じた適切な教育を実施するという観点から相当といえるか否かを慎重に検討する必要があり，教育委員会に一定限度の裁量の余地が認められている。

(イ) **行政の裁量権の範囲（規範）**

認定就学者に該当するか否かの判断については当該市町村の教育委員会に一定限度の裁量の余地が認められるものの，当該生徒および保護者の意向，当該市町村の設置する中学校の施設や設備の整備状況，指導面で専門性の高い教員が配置されているか否か，当該生徒の障害の内容・程度等に応じた安全上の配慮や適切な指導の必要性の有無・程度などを総合考慮したうえ，当該生徒を当該市町村の設置する中学校に就学させることが，障害のある生徒等一人一人の教育上のニーズに応じた適切な教育を実施するという観点から相当といえるか否かを慎重に検討しなければならず，その判断が，事実に対する評価が合理性を欠くなど著しく妥当性を欠き，特別支援教育の理念を没却するような場合には，その裁量権を逸脱または濫用したものとして違法である。

(ウ) **裁量権の逸脱または濫用の有無（あてはめ）**

Cおよび保護者らは普通中学校への就学を強く希望している。これに対し，相手方である町は，①普通中学校の施設・設備等はCの教育にとって極めて不適切である，②普通中学校における移動（特に階段の昇降）の際の介助に伴う

危険は，普通小学校の場合とは比較にならないほど大きい，③普通中学校には肢体不自由者を適切に指導するための専門性の高い教員が配置されていない，④Cが適切な教育を受けるためには，施設・設備面や教員の配置等に照らし，養護学校こそがふさわしい旨主張する。

　しかしながら，①について，普通中学校には階段や段差が多く，市の財政上，直ちにエレベーターを設置すること等は困難であるが，早急に介助員を雇用してCの移動を介助させることは可能であり，また，使いやすい階の設備を使用する等によっても対応可能である。②について，移動の際は階段や段差を避けるような経路を使用し，Cが所属する学年の教室を1階に変更すること等で対応可能である。普通中学校の生徒数はそれほど多くなく，教室の変更は不可能または著しく困難であるとまでは認めがたい。よって，現状の設備を前提としてもCの就学は可能である。③について，特別支援学級の設置，それに伴う教員の加配，特別支援教育支援員（その配置のための市町村費の手当は普通中学校にもなされるはずである）等による対応が考えられるうえ，知的障害や精神疾患等のないCについて，教員による補助が必要なのは，もっぱら四肢機能を補うことに尽きるのであって，現在在勤の教員らによっても対応可能である。④について，Cおよび保護者らは，普通小学校での経験を踏まえ，中学校においても，普通学級で共に学ぶことでさらに障害を克服し，心身ともに成長し，身体機能や学力を向上させたいと希望しているのであり，養護学校の規模やカリキュラム等に照らすと，同校に就学することがCの教育上のニーズに応じた適切な教育を実施するという観点から相当であるとは断じがたい。

　以上を総合すれば，Cの教育上のニーズに応じた適切な教育を実施するために最もふさわしいのは普通中学校における就学であるということができ，同校の施設等や教員の配置に関する上記の事情にかんがみれば，Cを認定就学者と認めることができる。町教育委員会は，普通中学校の現状の施設，設備および教員の配置に固執したまま，現状においてとりうる手段や改善の余地等を検討しておらず，Cが認定就学者に該当するか否かにつき，慎重に判断したとは認めがたく，著しく妥当性を欠くものである。よって，町教育委員会がCを認定就学者と認めず，その結果，Cの就学すべき中学校として普通中学校を指定し

なかったことは，特別支援教育の理念を没却するものであり，その裁量権を逸脱または濫用したものとして違法であるというべきである。

3　考察

障害者差別解消法制定以前の上記各裁判例にも，以下に詳述するとおり合理的配慮論の考え方が表れているということができる。今後，同法の制定によって，より一層，司法判断の精緻化および行政の適正化が図られることが期待できる。

(1)　司法判断の精緻化
(ア)　行政裁量を制限する法的根拠

障害者差別解消法制定前の上記各裁判例では，行政裁量を制限する根拠として，子どもの教育を受ける権利（憲法26条等）や，直接の根拠ではないが旧児童福祉法1条1項および2条を挙げ，あるいは法的根拠を明示することなく，行政の裁量権の制限を導いている。

いずれにしろ，障害者差別解消法の制定により，端的に，同法の差別禁止法理を根拠とすることができると考えられる。

(イ)　行政裁量制限規範における合理的配慮

行政の裁量権を制限する具体的な規範として，【1】では，就園困難な事情を克服するための手段について検討しなければならないとされており，当該手段を合理的配慮と置き換えて考えることができる。

また，【2】では，障害を有する児童が，保育所に通う障害のない児童と身体的，精神的状態および発達の点で同視することができ，保育所での保育が可能であるといえるかどうかという規範が挙げられているが，あてはめ段階で具体的に検討されているとおり，当該規範の判断にあたって一定の配慮を行うことが前提とされており，この一定の配慮も，合理的配慮と置き換えて考えることができる。

さらに，【3】においても，普通中学校への就学が，障害のある生徒等一人一人の教育上のニーズに応じた適切な教育を実施するという観点から相当とい

えるか否かという規範が定められており，その考慮要素として，「当該生徒の障害の内容，程度等に応じた安全上の配慮や適切な指導の必要性の有無・程度など」が挙げられている。ここでいう安全上の配慮等も，同様に，合理的配慮として構成することが可能であろう。

(ウ) 非過重負担

裁判所が，町や市にとって過重負担であると判断した措置は，【1】と【3】のエレベーター等の設置のみである。

裁判所が検討している合理的配慮の内容としては，エレベーター等の設置のほか，段差解消のための何らかの工夫，教職員の加配措置，Aの母の付添い，カリキュラムの変更（【1】），たん等の吸引等の医療行為，誤えんに対する注意（【2】），移動介助のための介助員の雇用，他の生徒とは異なる設備・経路の使用，教室の変更，特別支援学級の設置，それに伴う教員の加配，特別支援教育支援員等による対応（【3】）等がある。これらはいずれも，明示的あるいは黙示的に，過重負担にはあたらないと判断されている。

ここで，エレベーター等のバリアフリー設備の設置は，不特定多数の障害者を対象として行われる事前的改善措置（障害者差別解消法5条の「環境の整備」）を検討するものともいえるが[*9]，裁判所が，それにとどまらず障害の内容や程度に応じた段差解消等の工夫や別経路・設備の使用等を検討している点は，障害者一般のニーズではなく個々のニーズへの対応を求める合理的配慮の考え[*10]に馴染むものである。

(エ) 非本質変更

裁判所は，【1】では，Aの母の付添いおよびカリキュラムの変更について，これらの手段をとることによって，AやA以外の園児の幼稚園教育に弊害が生じないかどうか，仮に弊害が生じるとしてA以外の園児や幼稚園において受忍すべきものをいえるかどうかを検討している。これは合理的配慮論における非本質変更の要素について検討するものといえる。

＊9　川島ほか・前掲注(1) 54頁〔川島聡〕。
＊10　川島ほか・前掲注(1) 44頁〔川島聡〕。

【2】では，Bのための合理的配慮の措置が幼稚園教育への弊害となるか否か等について明示的には検討されていないが，保育園に配置されている看護師がBに対してたん等の吸引等の医療行為を行うことについて，保育所に配置された看護師が特定の児童のために働くことを妨げる根拠はないと判断している点は，実質的には，非本質変更の要素を検討したものと考えることもできる。

さらに，【3】において，校舎から500m離れたグラウンドに和式トイレしか設置されていないため，Cは，体育の授業中，必要が生じれば，車いすで，場合によっては車を使用して校舎に戻ることが考えられるが，そのために体育の授業が中断されることはやむをえないと判断されている点は，同様に，非本質変更について検討するものと考えられる。

(オ) **代替措置**

合理的配慮は「過重な負担の基本的な考え方に掲げた要素を考慮し，代替措置の選択も含め，双方の建設的対話による相互理解を通じて，必要かつ合理的な範囲で，柔軟に対応がなされる」べきであり[*11]，したがって，行政は，就園就学を可能とする手段が過重負担や本質変更にあたる場合は，続いて，代替措置について検討する必要が生じる。

【1】では体験就園が，【3】では養護学校への就学が，それぞれ代替措置となりうるかが検討されている。しかしながら，いずれの事件においても，正式就園と体験就園，普通中学校と養護学校の違いについて検討するだけでなく，当事者が正式就園ないし普通中学校への就学を希望していることを理由として，それぞれ代替措置になりえないと判断されている。このように裁判所が当事者の希望を考慮している点は，個々のニーズへの対応を求める合理的配慮論と同じ考えに立つものといえる。

(カ) **小括**

以上のとおり，障害者差別解消法が制定される以前の上記各裁判例も，実質的に合理的配慮論の各考慮要素を検討しているといえる。もっとも，いずれの

---

*11 「文部科学省所管事業分野における障害を理由とする差別の解消の推進に関する対応指針」第2の2，(1)，イ。

裁判例においても，意識的に合理的配慮論に沿った整理がなされているわけではないため，明確な法的根拠や統一的な判断過程を示せているとはいいがたいところがある。障害者差別解消法の制定により，今後は，同法を根拠として，合理的配慮論に基づいたより精緻な司法判断が可能になると思われる。

(2) 行政ないし事業者の判断の適正化

障害者差別解消法の制定により，同法に基づく基本指針や対応要領，対応指針が作成され，今後，行政や事業者の判断の適正化が見込まれる。これに加えて，同法制定前の上記各裁判例でさえ合理的配慮論の各考慮要素が検討されているのであり，同法制定後，就学就園義務付け訴訟等における司法の判断過程が精緻化され，法的根拠に基づく考慮要素および相互の関係が明らかとなることで，行政や事業者の担当職員が判断する際にも，それが行為規範として働き，行政判断が適正化されることが期待できる。

さらに，障害者差別解消法の制定後，同法の合理的配慮を踏まえた判断過程が定着することで，就学就園許可処分の違法性判断を誤った，あるいは，就学就園を不許可と判断するうえで本来果たすべき手続的義務を怠った公務員の職務行為自体が，国家賠償法上違法と評価されることもありうる。これにより，間接的に行政判断における適正が図られることが考えられる。

第3節　裁判例の検討2（移動の権利，雇用分野に関する裁判例）

1　検討対象裁判例

障害者差別解消法および改正障害者雇用促進法が施行される以前の裁判例の状況として，第2節では，教育分野における就学就園拒否の裁判例を検討した。ここでは合理的配慮義務の規定が施行される前から合理的配慮義務の考え方と極めて類似した判断過程が採用されていることから，特に，これを取り上げた。

本節では，前節で取り上げた裁判例に関する分野以外の分野についての裁判例を検討する。具体的には，第1に，障害者差別解消法と関連する分野としては，障害者の移動の権利に関する裁判例を取り上げる。この問題は，いわゆる

バリアフリー訴訟として，障害者差別解消法が制定される以前から障害者差別であるとして争われていたことから，そうした裁判例の判断を考察する意味があると思われる。

　第2に，障害者雇用促進法と関連するものとして，雇用分野における裁判例を取り上げる。雇用分野において障害者に対する不利益取扱いが問題となった裁判例は，雇用分野のなかで様々なテーマ分野（争点や問題点）の箇所に存在していることから，ここではテーマごとに分類して裁判例を取り上げる。

2　移動の権利に関する裁判例
(1)　裁判例の概要等
【1】大阪地裁堺支部庁舎事件（大阪高判平17・6・14判時1935・65）

　視覚障害者が裁判所に設置された三段の階段で足をすべらせて転倒し，右橈骨頚部骨折の傷害を負ったことから，階段の設置管理に瑕疵があるとして国家賠償法2条1項に基づく損害賠償を請求した事案である。

　一審（大阪地裁堺支部判平16・12・22判時1935・69）は，本件庁舎が，健常者または障害者を問わず，広く一般人の利用を目的として，現に利用される極めて公共性の高い施設であって視覚障害者が単独で利用することも少なからずありうるとし，事故前に施行されていた条例[*12]や法律[*13]に階段・廊下等には段差の存在の警告を行うための点状ブロック等を敷設すべきとする規定があったことを指摘したうえで，本件事故の起こった当時，少なくとも本件庁舎の所在する地域においても，公共性の高い建物については，階段の起点，終点における点状ブロックおよび段鼻の設置は広く普及していたものと推認されるため，<u>法的にも要請されていた</u>と判示した。また，本件事故後に国が当該階段に点状ブロックを設置したことを指摘したうえで，事故の時点までに階段に点状ブロックや滑り止めシートを設置することは<u>可能であり，かつ，それほど困難なことではなかった</u>と判示して国の損害賠償責任を認めた。

＊12　「大阪府福祉のまちづくり条例」
＊13　「高齢者，身体障害者等が円滑に利用できる特定建築物の建築の促進に関する法律」（ハートビル法）

第3章　障害分野における合理的配慮論　　139

この一審判決に加え，控訴審は，上記の法律や条例が努力義務を定めるものにすぎないとする国の主張に対して，公の営造物が通常有すべき安全性を欠くかどうかを判断するにあたって，行政上の努力義務とされる整備基準の内容等をも考慮にいれることはむしろ当然のことと指摘し，具体的な整備基準は身体障害者への安全設備の標準化や普及・設置の必要性などを判断するうえでの重要な判断基準を提供するものであると判示して，一審の判断を維持した。

【2】天王寺駅事件（大阪地判平13・10・15判時1794・88）

　視覚障害者が，ホーム上で発車直後の地下鉄車両と接触して線路脇に転落して傷害を負ったことにより，大阪市に対して国家賠償法2条1項に基づく損害賠償を請求した事案である。

　裁判所は，「駅のホームにおいて，転落防止柵，警告ブロック，立入禁止柵等の安全設置により囲まれていない空間は，視覚障害者にとり，線路に転落する危険のある空間というべきものであり，これを放置することなく，できる限り解消することが望まれる」としつつも，瑕疵の有無の判断は，「当該営造物の構造，用法，場所的環境及び利用状況等諸般の事情を総合考慮」して，具体的個別的に判断するとの一般論を述べた。そのうえで，特に，ホーム終端部において転落防止柵が設置されていなかった点について，地下鉄列車運行においては停止位置からの過走が発生することが避けられず，その場合に，ホーム終端部分に転落防止柵を設置すれば，常に列車を後退させてから旅客の乗降を行うことが必要となり，後発列車の発着の遅れをもたらすことになって，地下鉄列車運行に対する<u>重大な支障が生じる</u>だけでなく，旅客がホーム上にあふれて転落等の<u>危険性が高まる</u>ことを指摘するなどして，本件ホームの設置または管理に瑕疵があったということはできないと判示した。

　判決の結論は請求棄却となったが，判決の判断過程は障害差別禁止法理[*14]に親和的な面もある。すなわち，上記判断の下線部は原告の要求する配慮が合理

＊14　本節で「障害差別禁止法理」とは，植木・前掲注(3)3頁の定義に基づいて用いている。具体的には，①「障害」を理由とする別異取扱いは原則として「差別」となること，②障害のある人の社会参加のために必要な範囲での「合理的配慮」をしないことは「差別」となりうること等の法理を意味する。

的配慮であるか否かの判断に関して，大阪市にとって不当な負担になるか，他者への生命安全に対する直接の危険に該当するものかを判断する要素になるものといえる。[*15]

【3】JR東日本車いす対応トイレ設置訴訟（東京地判平13・7・23判タ1131・142）

　身体障害者で車いすを利用しているXは，JR東日本（Y）に対して，鉄道に車いす対応トイレが設置されていない状況を改善するため，車いす対応トイレの設置を求めて国やYと交渉していたが，利用する路線の車両に車いす対応トイレが設置されていないため，当該路線の利用を断念せざるをえなかったとして，Yに対し，車両への車いす対応トイレの設置および不法行為に基づく損害賠償を請求した。

　裁判所は，①公益的な事業を営むとはいえ，Yはどの線区に車いす対応トイレ設置車両を投入するかについて，<u>利用客数や予算上の制約を考慮に入れて判断する自由を有していること</u>，②鉄道事業者が，運行するすべての線区に車いす対応トイレ設置車両を運行する義務を負うとすれば，車いす対応トイレ用のスペースを確保したり，車両改造費を支出したりすることを強いられ，鉄道事業者に対して過大な義務を課すことになること，③Yが車いす利用者を故意に排除するとの意図を有しているとは認められないこと等を指摘して，Xの請求を棄却した。

　この判決に対しては，障害差別禁止法理を適用した場合には，判決のように抽象的に「利用客数や予算上の制約」があることを指摘するだけでは十分ではなく，交通機関の全体的な整備計画の合理性を検討するというアプローチをとることが必要になるとの批評がなされている。[*16]

【4】シンガポール航空搭乗拒否訴訟（大阪高判平20・5・29判時2024・20）

　脳性まひにより言語障害と上下肢に障害のあるXが，Yの運行する航空機に搭乗しようとした際，Xに介助者がいないことを理由に単独での搭乗を拒否さ

＊15　植木・前掲注(3) 210頁。
＊16　植木・前掲注(3) 219頁。

れたため，単独搭乗を拒否したことは債務不履行であり，かつ，合理的な理由のない差別であって不法行為に該当すると主張し，Yに対して慰謝料等を請求した事案である。

　一審（神戸地裁尼崎支部判平19・8・9判時2024・24）は，Xには身体を抱えて移動させる等の客室乗務員にとって対応困難な援助が必要であるから搭乗を拒否できる場合に該当するとし，[*17]また，YがXの身体状況を知ったのは出発の約2時間前であるから，Yにおいて，Xの身体の状態を考慮した人的，物的な対応を期待するのも無理な状況であったとし，Xの単独搭乗を拒否したことは正当であるとしてXの請求を棄却した。

　控訴審は，Xは約款に定める「特別の援助」を必要とする搭乗者とはいえず，YがXの単独搭乗を拒否したことには根拠はないとしつつも，YがXの障害を知ったのは出発の2時間前であって，介助者の要否について慎重な判断を要すると指摘したうえで，「Xに対する介助や緊急時におけるXに対する援助態勢について不安を持ち，介助者の同行を求めるという極めて慎重な態度をとったことについては，限られた情報と時間的余裕のない中では不合理に過ぎる判断であったとまでは言い難い」と判示して控訴を棄却した。

　本件判決では，Xが事前に連絡すれば単独搭乗の拒否に根拠はないとも判断しており，この点の判断に意義があると指摘されている。[*18]すなわち，Yが一定の配慮を講じるためには，障害のある人が，事前に自己の障害情報について，配慮を講じる側に告知することを求めているととらえることも可能であり，配慮を求められた側が障害を有する者の状況すべてを把握できない状況では，合理的配慮の提供もそれに伴った限定的なものにならざるをえないことを示すと思われる。[*19]

＊17　約款には，身体的障害のある乗客で，「特別な援助」を必要とする場合には，乗客の運送を拒否することができると規定されている。

＊18　判例時報2024号21頁の冒頭コメント。

＊19　なお，日本航空HP「JALプライオリティ・ゲストサポート」には，障害の種別ごとに搭乗にあたっての注意点や条件等が記載されており，基本的には乗客の搭乗を実現するために，乗客からの申出により，特別な介助を事前に計画し，人員を配置するなど柔軟に対応がなされているようである。乗客に自己の障害情報について事前に航空会社に申告することを求めることは，むしろ乗客の安全確保，航行遅延の防止に資すると考えられ適切と思われる。
https://www.jal.co.jp/jalpri/。

(2) 裁判例の考察

　上記の裁判例のようなバリアフリー訴訟では，障害者の移動の権利（憲法13条，14条，22条等が根拠として考えられる）に関して，公共の場所でこの権利行使を拒絶することが権利侵害に該当することを前提に，そうした拒絶を正当化する法理として，公共施設側の事業者等の配慮（合理的配慮）がなされているかどうかを検討すべきである。この点，上記の裁判例は，事業者（施設側）にとって求められた配慮を実施することが困難であり，不当な負担を与えるものであるのかどうかを検討している。その意味で，合理的配慮の提供を含んだ障害差別禁止法理の考え方に基づく判断であると位置づけることも可能である。

3　雇用分野における裁判例
(1)　募集採用

【5】日本曹達事件（東京地判平18・4・25労判924・112）

　一般の採用枠とは別個に障害者枠を設け，最初の6か月間を嘱託契約社員として契約を締結し，その後に正社員に移行させる制度で採用されたものの，一身上の理由により退職した障害者（X）が，Yの採用する障害者枠制度は，合理的な理由もなく，障害者であることのみを理由に障害者を<u>差別的に取り扱う制度であって不法行為を構成する</u>などとして損害賠償請求をした事案である。

　裁判所は，以下のとおり判示してXの請求を棄却した。

　まず，【Yが障害者枠制度を設けることの合理性】については，①「障害者枠制度は，障害者が業務への適性や業務遂行能力を有するか否かを見極めるために必要な期間を設けることによって，Yおよび障害者の双方が雇用契約を締結しやすくなるような状況を作り，Yにおける障害者雇用の維持・拡大を図ることを目的とした制度で……，厚生労働省が推進するトライアル雇用制度と類似するもので……，6か月間の嘱託契約期間中にその適正を見極めた結果，障害者の抱える障害が業務を遂行する上で決定的な支障になると判断されない限り，そのまま正社員に移行することが制度的に予定され，実際にもそのように運用されているのであるから，かかる制度はYにおける障害者雇用の維持・拡

大に資するものということができる」と指摘し，さらに，②「障害者である限り，その内容や程度を問わず，一般の採用枠で採用されることが認められていないわけではなく，障害者が一般の採用枠で採用された場合にまで，いうまでもなく上記のような嘱託契約期間は存せず，採用の当初から正社員となる……。障害者枠制度は，……障害者雇用の維持・拡大を図ることを目的とし，現にかかる機能を有するものと認められるのであるから，この制度が障害者を差別的に取り扱うものであるということはできない」と指摘して，障害者枠制度を設けることには合理性があると判示した。また，【障害者が嘱託契約社員であることによって生じることの不利益の有無】については，「障害者枠制度で採用された障害者と一般の採用枠で採用された正社員との間で，支給される給与額について上記のような差異が生じたとしても，これは雇用形態の違いに基づいて生じる差異にすぎず，障害者であることのみを理由に障害者を差別的に取り扱うものではない」と判示した。

　本件は障害者雇用をめぐる裁判例で障害者差別が争点となった事案である[20]。この裁判例については，障害者枠制度を(若年，障害者などを含む)トライアル雇用制度一般の合理性の観点を踏まえて判断し，障害者枠制度に合法的な判断を与えた点で，障害者雇用促進法の改正の際において積極的差別是正措置の合法性を是認しうる理論的基礎を与えたものと位置づけられると評されている[21]。なお，障害者雇用促進法36条の3の規定との関係でいえば，障害の特性を判断するための時間が必要であることは理解できるものの，そもそも適性の把握に時間がかかることは障害者でない労働者でも同様であることから，この判決の合理性判断について緩やかな印象もあると評する見解がある[22]。

【6】藍澤證券事件（東京高判平22・5・27労判1011・20）
　精神障害（うつ病罹患による障害等級3級）を有するXが，正社員の募集に応募したところ，1年間の有期雇用契約として採用された後，更新されることなく雇止めがなされたことに対し，雇止めは無効であると主張した事案である。

---

* 20　山田省三「障害者雇用の法理〜その基礎理論的課題〜」季刊労働法225号（2009）26頁。
* 21　小西啓文「日本における障害者雇用に係る裁判例の検討」季刊労働法225号（2009）72頁。
* 22　永野仁美ほか編『詳説障害者雇用促進法』（弘文堂，2016）31頁〔小西啓文〕。

Xは，障害者雇用促進法5条の趣旨を根拠として，従事する作業が記銘力に障害を有するXにとっては非常に困難な作業であったから，Yにはマニュアルを作成してXに交付するなどして適切な業務支援をすべき義務があったのに，これを行わずに雇止めをしたことには合理的理由がないと主張した。

　裁判所は，障害者雇用促進法の趣旨について，「事業者の協力と障害を有する労働者の就労上の努力が相俟って，障害者雇用に関し社会連帯の理念が実現されることを期待しているのであるから，事業者が労働者の自立した業務遂行ができるよう相応の支援および指導を行った場合は，当該労働者も業務遂行能力の向上に努力する義務を負う」としたうえで，Yが，Xの病状に配慮して比較的簡易な事務に従事させていたこと，業務遂行にあたっての指導担当者を付け，また，Xの希望に沿って定時に帰宅させるといった配慮をしていたこと等を指摘して，「Yは，Xの障害に配慮して，Xの従事する業務を選定し，その業務遂行についてはAを指導担当者として具体的な指導に当たらせ，同人の指導のあり方に問題があれば，Bが注意するなどしていたのであるから，Xをその能力に見合った業務に従事させた上，適正な雇用管理を行っていた」と判示した。他方で，Xには作業上において多くのミスがあり，ミスの隠蔽もみられると指摘し，これらを受けてやむなく行われた雇止めには合理的理由があると判示し，Xの請求を棄却した一審判決（東京地判平21・9・29労判1011・27）を維持して控訴を棄却した。

(2) 安全配慮義務

【7】小西縫製工業事件（大阪高判昭58・10・14労判419・28）

　住み込みで働いていた知的障害者（A）が，年末の休暇中に発生した会社の寮の火災で死亡し，会社の安全配慮義務違反の有無が争われた事案であり，一審（京都地判昭58・1・31労判419・32）は安全配慮義務違反によるYの責任を認めた。

　裁判所は，「本件の如く，精神薄弱者が会社敷地内の寮に住込みで稼働する場合には，精神薄弱者は正常者に比較して判断力，注意力，行動力が劣るものであるから，会社施設の火災など不測の事態が発生したような場合，それが仮

令休暇中当該寮から発生したものであっても，精神薄弱者の生命，身体を危険から保護するため，その精神薄弱の程度に応じた適切な方法手段によって安全な場所に避難させ，危険を回避することができるようにする安全配慮義務がある」としつつも，Aが軽度の精神薄弱者で介護を要しない避難能力があり，予期しない行動に出るおそれは予想できないこと等を指摘したうえで，Yには，安全な場所に誘導したり，Aの安全確認のために工場内を再度調査する等の措置をとる義務まではなく避難の指示のみで足りるとし，Yの安全配慮義務違反，不法行為責任ともに否定した。

安全配慮義務の内容として，Aの「精神薄弱の程度に応じた適切な方法手段」を指摘した本判決に対して，一審判決は，予期しない行動に出るおそれのあることが予想されるなどと指摘して，安全な場所に誘導し危難を回避することができるようにすることをも安全配慮義務の内容に包摂していることから，結論に相違が生まれたと考えられる。[23]

【8】Aサプライ（知的障害者死亡事故）事件（東京地裁八王子支部判平15・12・10労判870・50)

クリーニング工場を事業場とする会社（Y）の従業員であった知的障害（障害等級2級程度）を有するAが，事業所内に設置された業務用の連続型大型自動洗濯・乾燥機内での事故によって死亡したことについて，Aの両親（X）が，安全配慮義務違反を理由として損害賠償を請求した事案である。

裁判所は，Aに対する安全配慮義務の一般論として，「AがI事業所・工場で作業に従事するにつき，その生命・身体に危害が及ぶことがないように，機械設備その他の物的設備を整備し，管理者をして工場内を巡視させる等工場内の機械設備や労働者の行っている作業方法等に危険がないかを確認し，危険を見いだした場合にはこれを防止するために直ちに必要な措置をとるなど安全管理体制を整備し，また，担当する機械の取扱方法，作業手順，機械の仕組み，洗濯物が詰まるなどのトラブル時の対処方法，作業上及び安全上の注意事項等について安全教育を行い，緊急時に適切な指導・監督を受けられるような人員配

---

*23 保原喜志夫「判批」ジュリスト849号（1985）113頁。

置や人的なサポート態勢の整備等を図るべきであった」としたうえで，「所長や副工場長らは，Aが，……（機械操作に）慣れていないことや予期せぬトラブルに臨機に応じて対処することが能力的に困難であると認識していたのであるから，Aを作業に従事させるについて，Aがトラブル時に適切な指導，監督を受けられる態勢を整える必要があった」にもかかわらず，副工場長や機械操作に精通した者を作業現場に常駐できるように作業分担や人員配置を工夫することをしていなかった等と指摘して，Yは安全確保のための配慮を欠いていたと判示した。

　Yの安全配慮義務の内容として，「緊急時」の配慮義務を指摘し，従前の労働者に対する安全配慮義務の内容から一歩踏み込んだ判示をしており，知的障害のある労働者に対して，個別に安全配慮義務の内容を検討したものとみることも可能であるとの指摘がなされている[24]。本判決は，事業主に課される安全配慮義務が，個々の雇用関係や労働環境，労働者の個性に応じて変容しうるものととらえ，Aの障害の個性に応じて柔軟かつ慎重に判断したものといえる。すなわち，障害について一律の線引きをするのではなく，障害を有する労働者の個性に応じて，個別的に検討するというICF（国際生活機能分類）においてとられている合理的配慮の提供のあり方と通底するものと考えられる。

(3)　職務遂行上の配慮

【9】横浜市学校保健会（歯科衛生士解雇）事件（東京高判平17・1・19労判890・58）

　小学校の歯科巡回指導を行う歯科衛生士としてYに雇用されたXが，頚椎症性脊髄症による長期間の休職の後，「心身の故障のため，職務の遂行に支障があり，又は，これに堪えない場合」という任免事由に該当するとしてYから解雇されたことから，解雇が無効であると主張した事案である。

　裁判所は，Xについて，歯科衛生士が行う歯科巡回指導の中心的かつ不可欠の要素として最低限必要な，①検査対象児童の口腔内をのぞき込むことができ

---

[24]　永野ほか・前掲注(22)43頁〔小西啓文〕。

る適切な視線の位置（高さ）を確保すること，②歯を覆っている唇あるいは口付近の肉を検査の邪魔にならないよう押し広げるなどして歯をむき出しにすること，のいずれについても職務の遂行に支障があると指摘して，Xの請求を棄却した一審判決（横浜地判平16・2・13労判890・63）を維持して控訴を棄却した。

　また，Xは，解雇の可否の判断にあたり，身体の状況の確認，通勤の可能性，就労環境の整備および負担軽減の方策（職場の改善，補助器具の利用等）について検討すべきであったと主張したが，これに対しては，「Xの主張する就労環境の整備や負担軽減の方策は，障害者の社会参加の要請という観点を考慮しても，また，将来的検討課題として取り上げるのが望ましいことではあっても，本件では，<u>社会通念上使用者の障害者への配慮義務を超えた人的負担ないし経済的負担を求めるものと評せざるを得ない</u>」と判示した。

【10】阪神バス（勤務配慮）事件（神戸地裁尼崎支部決平24・4・9労判1054・38）

　Z電鉄にバス運転手として入社したXは，会社分割によりYがZから自動車運送事業を承継したことから，Yに転籍した。Xは手術の後遺症として排尿および排便障害を有しており，Zに勤務していた当時は，Zとの間では協議によってXの勤務シフト等において必要な配慮（勤務配慮）がなされていた。一方，バス事業を会社分割でYが承継することに伴い，Z，Z労組，Y，バス労組が協議のうえ，「勤務配慮は原則として認めない」旨の合意（4者合意）が締結された。XはYに転籍した後，約1年9か月は勤務配慮を受けたが，その後はYによる勤務配慮は行われなくなった。そこで，Xは，従前受けていた配慮がなされた内容以外で勤務する義務のない地位にあることの確認を求めて仮処分を申し立てた。

　裁判所は，配慮を原則として行わない旨の4者合意の規範的効力がXに及ぶか否かについては断定することはできないとしたうえで，「<u>身体障害者に対し適切な配慮を行うことは，厚生労働省の障害者雇用対策基本方針においても求</u>

められており，障害者に対し，必要な勤務配慮を合理的理由なく行わないことは，法の下の平等（憲法14条）の趣旨に反するものとして公序良俗（民法90条）ないし信義則（同法1条2項）に反する場合があり得る」として，4者合意がXに対して規範的効力を有するとしても，Xに対する勤務配慮を廃止することが公序良俗または信義則に反する可能性がありうることを指摘した。また，公序良俗または信義則に反するか否かについては，<u>①勤務配慮を行う必要性および相当性と，②配慮を行うことによるYに対する負担の程度を総合的に考慮して判断する</u>との判断枠組みを示した。

そのうえで，【配慮の必要性・相当性】については，「Xには，緊急の場合に休憩をとることが比較的容易な路線を担当し，かつ毎日の勤務時間帯に比較的変動が少ないような勤務形態とする必要性が一応認められる。……排便のコントロールが困難であるというXの症状と，その職務がバスの運転であり，乗客はもとより他の車両に乗車した者や歩行者等も含めた生命・身体等の安全の確保が強く求められるものであることに鑑みれば，上記配慮をすべき必要性は強い」とし，また，相当性も一応認められると判示した。【負担の程度】については，①Yの事業規模，②Xが所属する営業所に在籍する運転士数，③実際に，Xが当日になって欠勤した場合に運行に支障の生じないような乗務分担の変更ができたこと等を指摘して，「Xに対する配慮が，Yにとって過度の負担になっていないことも一応認められる」と指摘し，「Xに対する勤務配慮は，その必要性及び相当性が認められ，とりわけ必要性については相当強い程度で認められる反面，配慮を行うことによるYへの負担は過度のものとまでは認められないことから，これらの事情を総合的に考慮すれば，Xに対する配慮を行わないことが公序良俗ないし信義則に反する」と判示した。

なお，本決定に対する異議審（神戸地裁尼崎支部決平24・7・13労判1078・16）は4者合意の規範的効力がXに及ぶことの疎明が不十分であること等を指摘して本決定を認可し，その抗告審（大阪高決平25・5・23労判

＊25　障害者雇用対策基本方針（平成21年厚生労働省告示第55号）では，身体障害者のうちの，いわゆる内部障害者に対しては，職務内容，勤務条件等が身体的に過重なものとならないよう配慮することなどを求めていた。

1078・5）は，4者合意のうち勤務配慮に関する条項は，労働契約承継法の趣旨を潜脱するもので公序に反して無効であるとし，XとZとの勤務配慮についての契約内容がYに承継されていると認めたうえで，「会社分割を理由として労働条件を一方的に不利益に変更することが許されないこと」等を指摘して，抗告を棄却した。

　本件については，合理的配慮の議論を先取りするものとの評価がなされている[*26]。職務上の配慮をめぐっては【9】があるが，本件とは異なり従前実施されていた勤務配慮措置の廃止を問題とするのではなく，事業主に対して新たな配慮を求めていた事案であった。これに対して，本件は，従前に行われていた職務上の配慮の廃止を問題とするものであり，従前行われていた職務上の配慮があれば労働者が継続的に労働可能であること自体は，実質的な争点ではなかったことが特徴として挙げられる。また，本件が身体障害者に対する職務上の配慮を求めるものであり，事業主においていかなる配慮をすれば従業員が勤務できるのかについて具体的な方策が想定しやすく，裁判所においても，事業主にいかなる負担を課すことになるか予測可能性があったため，勤務配慮を課すことに積極的な判断をした可能性がある。

⑷　人事上の配慮措置・差別禁止

【11】O公立大学法人（O大学・准教授）事件（京都地判平28・3・29労判1146・65）

　公立大学法人YはXとの間で労働契約を締結し，XはYの運営する大学に准教授として勤務していたが，Yは，Xの種々の行為や態度に照らして，大学教員としての適格性を欠くとして解雇した。これに対し，XがYに対し，①Xの行為や態度はXの障害であるアスペルガー症候群に由来するものであること，②Yから障害についての配慮，援助等は講じられておらず，Xの行為や態度に対する注意，警告等を受けたことがないこと，③准教授としての本来的業務に支障は生じていないこと等を理由に，Xについて大学教員の適格性を欠くとはい

＊26　永野ほか・前掲注(22)46頁〔小西啓文〕。

えず，YのXに対する解雇は無効であると主張して，労働契約上の権利を有することの確認および損害賠償を請求した事案である。

　裁判所は，「障害者基本法19条2項においては，事業主は，障害者の雇用に関し，その有する能力を正当に評価し，適切な雇用の機会を確保するとともに，個々の障害者の特性に応じた適正な雇用管理を行うことによりその雇用の安定を図るよう努めなければならないとされており（なお，本件解雇当時は未施行であるが，障害者の雇用の促進等に関する法律36条の3においては，事業主は，障害者である労働者について，障害者でない労働者との均等な待遇の確保又は障害者である労働者の有する能力の有効な発揮の支障となっている事情を改善するため，事業主に対して過重な負担を及ぼすものとなるものでない限り，その雇用する障害者である労働者の障害の特性に配慮した職務の円滑な遂行に必要な施設の整備，援助を行う者の配置その他の必要な措置を講じなければならないとされており，<u>少なくともその理念や趣旨は，同法施行の前後を問わず妥当するもの</u>と解される。），このような法の理念や趣旨をも踏まえると，障害者を雇用する事業者においては，障害者の障害の内容や程度に応じて一定の配慮をすべき場合も存することが予定されている」としたうえで，Y大学がXに対して具体的な配慮をしたかについて検討し，「解雇以外に雇用を継続するための努力，例えば，アスペルガー症候群の労働者に適すると一般的に指摘されているジョブコーチ等の支援を含め，障害者に関連する法令の理念に沿うような具体的方策を検討した形跡すらなく，そのような状況をもって，Xに対して行ってきた配慮がYの限界を超えていたと評価することは困難」と指摘して，解雇は客観的に合理的な理由を欠くものであり無効と判示した。

　なお，本判決は，Xがアスペルガー症候群を申告せずにYに就職していることについては，「一考の余地がある」としつつも，「Yは，Xの優れた経歴や能力を評価し，……大学にふさわしい教員であると認めて採用し，それ以降，使用者として，そのような教員を擁しているという利益を享受していた」としたうえで，「その後Xの障害が判明し，一定の配慮が必要になっても，Yとしては甘受すべきものである」とも判示している。この判示部分は，労働者が自己の有する障害を申告せずに就労した場合の考え方としても参考になると思われる。

【12】日本電気事件（東京地判平27・7・29労判1124・5）

　Yから総合職として雇用されていたXは，職場内の徘徊・独語や周囲とのトラブル等により統合失調症の疑いがあり就労不能と診断されて休職し，休職中にアスペルガー症候群と診断された。Yは，Xの休職期間満了時においてXの休職事由が消滅していないとしてXを退職扱いとしたため，Xが休職期間満了時において就労が可能であると主張して，労働契約上の権利を有する地位の確認および休職期間満了後の賃金等を請求した事案である。

　裁判所は，休職事由が消滅しているか否かの判断にあたっては，Xがアスペルガー症候群と診断されていたことから，障害者基本法，発達障害者支援法および合理的配慮義務を定める改正障害者雇用促進法の趣旨も考慮すべきであるとしつつも，「平成28年4月1日から施行される改正障害者雇用促進法の合理的配慮の提供義務についても，当事者を規律する労働契約の内容を逸脱する過度な負担を伴う配慮の提供義務を事業主に課するものではない」とし，また，アスペルガー症候群の特質である対人的相互反応の障害および限定的・反復的・常同的な行動様式に対する合理的配慮が必要であるとのXの主張に対しては，「X指摘の法の趣旨を踏まえた配慮がなされなければならないことは，当然である。ただし，……<u>雇用安定義務や合理的配慮の提供義務は，使用者に対し，障害のある労働者のあるがままの状態を，それがどのような状態であろうとも，労務の提供として常に受け入れることまでを要求するものとはいえない</u>」と判示した。そのうえで，Xの従前の業務である予算管理の業務は，対人交渉の比較的少ない部署であるが，Xの状態は同部署において就労可能とは認めがたいと指摘して，Xについて休職事由が消滅したとはいえず，退職扱いは有効であると判示した。

　本件では，Xが総合職として業務に携わる場合には対人交渉が不可欠であること，Xがアスペルガー症候群の病識を欠き上司の指導を容易に受け入れない精神状態にあること等の事情が休職事由の消滅の有無の判断に影響している。したがって，仮に，Xが総合職ではなく職種限定の契約で対人交渉が不要であった場合や，労働者本人・事業主がアスペルガー症候群の労働者であることを認識し雇用していた場合には，本件判決とは異なる判断がなされていた可能性

がある。

【13】岡山地判平29・3・28判例集未登載

　学校法人Yが設置する短期大学の准教授として学科科目を担当していたXは，遺伝子性疾患である網膜色素変性症が進行して文字判読が不可能となったことから私費で補佐員による視覚補助を得て授業活動等を行っていたところ，Xの授業について学生から苦情の申出がなされたことを契機として，Yが，Xに対して翌年度から事業を担当させず学科事務のみを担当させる旨を伝えたことから（本件職務変更命令），Xが本件職務変更命令は違法であって本件職務変更命令に従う義務のないことの確認等を求めた事案である。[27]

　裁判所は，「業務上の必要性が存しない場合，不当な動機・目的をもってされた場合等客観的に合理的と認められる理由を欠くときには，本件職務変更命令は権利を濫用するものとして無効になる」との判断枠組みを述べたうえで，「Yが本件職務変更命令の必要性として指摘する点は，あったとしてもYが実施している授業内容改善のための各種取組等による授業内容の改善や，補佐員による視覚補助により解決可能なものと考えられ，本件職務変更命令の必要性としては十分とはいえず，……客観的に合理的と認められる理由を欠く」として本件職務変更命令は権利濫用であり無効と判示した。

　本件職務変更命令の必要性の有無に関して，Xは，障害者差別解消法8条および障害者雇用促進法36条の3を引用したうえで，YからXに対して合理的配慮の提供がなく，本件職務変更命令は視覚障害を理由とする差別にほかならないと主張した。

　このXの主張に対応する形かどうかは不明であるものの，裁判所は，Yが，Xの授業中における学生の問題行動に対する指導が不十分であったことを本件職務変更命令の必要性として指摘する点に関して，「学生の問題行動につき，全体としてどのように改善すれば，学生の問題行動を防止することができるかといった点について正面から議論，検討された形跡は見当たらず，むしろ，望

＊27　職務変更命令は2016（平成28）年3月24日に発せられており，改正障害者雇用促進法が施行される直前の事案である。

ましい視覚補助の在り方を本件学科全体で検討，模索することこそが障害者に対する合理的配慮の観点からは望ましい」と指摘している[*28]。

(5) 裁判例の考察
(ア) 合理的配慮の提供の位置づけ

改正障害者雇用促進法が施行される以前の裁判例では，公序良俗，信義則，権利濫用などの一般条項を根拠として，配慮の不提供や障害に配慮した異別取扱いの廃止が違法か否かを判断するものがあり（【9】，【10】），また，障害によって従前の職務ができないことを理由とする解雇(あるいは自然退職)の合理性が争われる事例が相当数認められる。

とはいえ，合理的配慮の提供自体を事業主に義務づけたり，合理的配慮の不提供を違法と判断することに対するハードルは依然として高いものと考えられる[*29]。

合理的配慮として事業主が講じるべき措置の内容については，具体的にどのような配慮をすれば労働者の職務に支障がないのかが明確でない場合がある。そのため，事業主と労働者との間で継続的に協議をして，いわばオーダーメイドで配慮の内容が確定されるべきものである。特に身体障害者に比べ措置の内容を確定しがたい精神障害者に対する具体的な配慮については，今後，事業主と労働者双方が配慮の内容を模索していくことが必要になるし，そのような模索をしたこと自体が，事業主の対応の合理性を判断するにあたってポイントとなろう[*30]。

(イ) 「過重な負担」の考慮の有無

改正障害者雇用促進法が規定する合理的配慮提供義務における「過重な負担」の考え方についても，従来の裁判例において，既にそれと同様の検討がなされてきたと考えられる。

＊28　ただし，この判示部分がなくとも結論は同じになるとも考えられることから，この判示部分は補足的なものいえる。
＊29　【10】は，従前なされていた勤務配慮の「廃止」であったことから認めやすかったという側面がある。
＊30　【11】，【12】はまさにそのような取り組みが充分だったかどうかを審理した裁判例である。

なお,「過重な負担」か否かの判断については,厚生労働省の合理的配慮指針が考慮要素を定めているが[*31],改正障害者雇用促進法の施行後は,この考慮要素が抗弁として機能すると分析する見解もある[*32]。この点に関して,第一興商事件(東京地判平24・12・25労判1068・5)は,障害によって休職した労働者の「休職事由の消滅」についての主張立証責任に関し,「企業における労働者の配置,異動の実状等といった内部の事情についてまで,労働者が立証し尽くすのは困難であることが多いことからすれば,当該労働者において配慮される可能性がある業務について労務の提供をすることができることの立証がなされれば,休職事由が消滅したことについて事実上の推定が働く」と判示しており,この裁判例の判断を踏まえると,合理的配慮提供義務における「過重な負担」の判断にあたっても,人事制度やポストの空き状況等については,事業主(使用者)側に情報があることを考慮し,考慮要素を抗弁と位置づけて事業主(使用者)に立証上の負担を課すという方向性自体は妥当なように思われる。

ただし,過重な負担の立証が事業主に課されるとしても,【12】が「障害のある労働者のあるがままの状態を,それがどのような状態であろうとも,労務の提供として常に受け入れることまでを要求するものとはいえない」と判示していることからも,労働者の求める合理的配慮の必要性および相当性(=労働者側の業務遂行可能性の立証)について詳細に審理される必要があり,この点の立証方法や立証上の工夫について今後さらなる研究が必要と思われる。過重な負担は,労働者側の業務遂行可能性や求める配慮の内容の立証と関連性があるからである(求められている配慮により負担も変わる)。他方,コスト負担の過重を理由に,安易に配慮義務が否定されるものであってはならないのは当然

---

*31 「雇用の分野における障害者と障害者でない者との均等な機会若しくは待遇の確保又は障害者である労働者の有する能力の有効な発揮の支障となっている事情を改善するために事業主が講ずべき措置に関する指針」(平成27年厚生労働省告示第117号)第5,1で規定しており,具体的には,①事業活動への影響の程度,②実現困難度,③費用・負担の程度,④企業の規模,⑤企業の財務状況,⑥公的支援の有無が考慮要素とされている。

*32 永野ほか・前掲注(22)234頁〔向川純平〕。論者は訴訟における合理的配慮と要件事実について整理・検討しており,実務上の参考になると思われる。

である。[*33]

第4節　制定法下における合理的配慮論の解釈上の問題

1　検討の課題

　本節では，障害者差別解消法および障害者雇用促進法に規定された「合理的配慮義務（合理的配慮提供義務）」の内容に関して，解釈上の問題として考えられる点を取り上げる。また，これに加えて，合理的配慮義務以外の差別禁止規定の内容と，合理的配慮義務および差別禁止規定についての法違反に対する行政的な是正措置等についても概観する。これは合理的配慮論の解釈上の問題を検討するうえで前提として必要と考えられるからである。

　合理的配慮義務の内容に関しては，法規定が施行されてからそれ程期間が経過していないこともあってか，解釈上の問題が活発に議論されているという状況はうかがえない。そのため，本節では，障害者差別解消法および障害者雇用促進法に関する指針や，これまで公表されてきた見解，過去の裁判例等を考慮してはいるものの，合理的配慮論の解釈上の問題としては，一定の見解を示すというよりも，問題提起のような形にとどまっているかもしれない。しかし，そうした作業は，合理的配慮論の内容理解に有用なものといえるし，また，今後の議論の発展の一助になりうるのではないかと考えている。

2　合理的配慮論に関連する制定法の概要

　まず，障害者差別解消法および障害者雇用促進法に規定された合理的配慮義務の規定内容を確認するが，合理的配慮義務の内容を十分に検討するためには，合理的配慮義務に関する規定だけでなく，それと関連する規定も確認しておく必要がある。制度概要については，既に第1章第2節で論じており，ここでは後の議論のために必要な範囲で触れるにとどめる。

＊33　山田・前掲注(20) 9頁。

(1) 障害者差別解消法

(ア) 行政機関等と事業者とに分けて[*34]、それぞれ、「不当な差別的取扱い禁止」と「合理的配慮義務」を規定している（7条，8条）。各条文の表題は「差別の禁止」とされており，「不当な差別取扱い」と「合理的配慮の不提供」は，いずれも差別と位置づけられている。

「不当な差別的取扱いの禁止」（7条1項，8条1項），「合理的配慮義務」（7条2項，8条2項）のいずれの条文にも，「障害者の権利利益の侵害」をしないようにする旨が定められている。

「不当な差別的取扱い禁止」は，行政機関等と事業者のいずれについても法的義務として規定されている（7条1項，8条1項）。これに対し，「合理的配慮義務」は，行政機関等については法的義務であるが（7条2項），事業者については努力義務にとどめられている（8条2項）。

(イ) 合理的配慮義務に関する規定については，義務の性質が法的義務か努力義務かという点を除いては，行政機関等と事業者のいずれの義務も同じ規定ぶりとなっている。

実施する配慮は，「社会的障壁の除去」とされ，障害者から社会的障壁の除去を必要としている旨の「意思の表明」があった場合に義務が生じる。ただし，配慮義務が生じるのは，実施に伴う「負担が過重でないとき」に限られる。また，実施する配慮は，「必要かつ合理的」なものであることとされている。

(ウ) 事業者における差別禁止（8条）の施行に関して，特に必要があると認めるときは行政措置による実効性の確保等（主務大臣による報告徴収，助言，指導，勧告）が想定されている（12条）。一方，行政機関等における差別禁止（7条）の施行に関しては，こうした規定はない。

(2) 障害者雇用促進法

(ア) 障害者に対する差別禁止として，①募集・採用についての均等な機会の付与（34条），②賃金の決定，教育訓練の実施，福利厚生施設の利用その他の

＊34 「行政機関等」，「事業者」の定義は，障害者差別解消法2条で規定されている。

待遇についての「不当な差別的取扱いの禁止」（35条）が規定されている。

　(ｲ)　このような差別禁止とは別に，合理的配慮義務（合理的配慮提供義務）が，募集・採用の場合（36条の2）と，採用後の場合（36条の3）とに分けて規定されている。

　募集・採用については，「障害者と障害者でない者との均等な機会の確保の支障となっている事情を改善」することが目的とされ，障害者からの申出が要件とされている。講じるべき措置は，「障害の特性に配慮した必要な措置」であり，事業主に対して「過重な負担」を及ぼさないものとされている。採用後については，障害者からの申出は要件とされていない。配慮措置の目的は，「均等な機会の確保の支障となっている事情の改善」のほかに，「能力の有効な発揮の支障となっている事情の改善」が加わっている。講じるべき措置は，「障害の特性に配慮した職務の円滑な遂行に必要な施設の整備，援助を行う者の配置その他の必要な措置」とされている。事業主に対して「過重な負担」を及ぼさないものであることは，募集・採用の場合と同様である。

　この合理的配慮提供義務に基づいて事業主が提供する措置については，障害者の意向を十分に尊重しなければならないとされ，そのための体制整備等の必要な措置を講じるべきことが規定されている（36条の4）。

　(ｳ)　障害者差別禁止法が合理的配慮の不提供を差別と位置づけているのに対し，障害者雇用促進法では，合理的配慮の不提供を差別とは位置づけずに，合理的配慮を提供する義務として規定している。また，障害者差別禁止法における事業者の合理的配慮義務は努力義務であったが，障害者雇用促進法上の事業主の合理的配慮提供義務は法的義務という形で規定されている。

　(ｴ)　こうした差別禁止（34条，35条）および合理的配慮提供義務等（36条の2〜36条の4）の規定の施行に関して，必要があると認めるときは行政措置による実効性確保等（厚生労働大臣による助言，指導，勧告）が想定されている（36条の6）。

3 不当な差別的取扱いの禁止

(1) 基本的構造

　禁止されるのは直接差別であり，間接差別は含まれていない。[*35] 直接差別といえるためには，「差別意思」が必要とされる。障害者差別禁止法は「障害を理由として」と規定し，障害者雇用促進法は「障害者であることを理由として」と規定しており，差別といえるためには差別意思が要件となっている。[*36]

　差別的取扱いの禁止は，本来は，均等待遇を求めるもので異別取扱い自体を禁止するが，障害者差別解消法および障害者雇用促進法では，障害者に対する不当な差別的取扱いを禁止するものであることから，異別取扱いのうち不当なものを禁止するという片面的な規制とされている。[*37]

(2) 差別的取扱いの正当性・合理性

　(ｱ)　禁止されるのは差別的取扱いのうち「不当」な取扱いである。

　障害者雇用促進法では，取扱いに合理的な理由が認められれば，禁止される取扱いには該当しないと解されている。どのような理由があれば合理性が認められるかについては，事案ごとに判断されるが，ある障害に基づいて取扱いを区別することが当該職務の遂行において必要であるか，制限の程度が必要最低限であるかなどを判断要素として総合的に検討されるとの指摘がある。[*38]

　ところで，当該取扱いが禁止される取扱いか否かは，「本来あるべき取扱い」との比較で判断される。しかし，障害者の場合には，障害の多様性から障害者にどの程度の職務遂行能力の低下があるかの判断が困難な場合も少なくない。

---

* 35　川島ほか・前掲注(1)56頁〔川島聡〕，富永晃一「改正障害者雇用促進法の障害者差別禁止と合理的配慮提供義務」論究ジュリスト8号（2014）29頁。

* 36　これに対して，間接差別の場合には，差別意思は必要とされない。直接差別と間接差別との相違については，永野ほか・前掲注(22)174頁以下〔富永晃一〕参照。

* 37　永野ほか・前掲注(22)183頁〔富永晃一〕，富永・前掲注(35)30頁。なお，「障害を理由とする差別の解消の推進に関する基本方針（基本方針）」（平成27年2月24日閣議決定）でもこのことが確認されており（第2，2，(1)，ア），また，「障害者に対する差別の禁止に関する規定に定める事項に関し，事業主が適切に対処するための指針（差別禁止指針）」（平成27年厚生労働省告示第116号）でも積極的差別是正措置等については法違反にならないと定めている（第3，14，イ）。

* 38　永野ほか・前掲注(22)84頁〔長谷川聡〕。

そのため,「不当な差別取扱い」か否かは,障害が職務に影響を及ぼすと認められたうえで均衡取扱法理によって判断する場合が多いと指摘されている[39]。

(イ) 障害者差別解消法では,基本方針において,「正当な理由なく」差別的取扱いをしたことを意味するとされ,当該取扱いについて,「客観的に見て正当な目的の下に行われたものであり,その目的に照らしてやむを得ない場合」と定められている[40]。

(3) **直接差別,間接差別,合理的配慮の不提供の関係**

不当な差別的取扱いの禁止では直接差別を禁止しているが,間接差別とみえるものであっても差別意思が推定可能なものは直接差別と位置づけることが可能である[41]。また,合理的配慮の不提供についても差別意思が認められるものは直接差別に該当する場合もありうる[42]。

(4) **権利利益の侵害と差別との関係**

障害者差別解消法では,不当な差別的取扱いをすることにより,「障害者の権利利益を侵害してはならない」と規定されており,基本方針では「障害者の権利利益を侵害することを禁止」していると定められている[43]。

ここで権利利益の侵害をどう位置づけるかに関しては,差別は権利利益侵害に含まれるとの指摘[44]や,不当な差別的取扱いがあれば権利利益の侵害があると解釈する方向性を示す指摘[45]がなされている。もっとも,後述する法違反に対するサンクションとの関係では一定の意義を認める余地もあるのではないかと考えられる。

---

* 39 永野ほか・前掲注(22)183頁,203頁〔富永晃一〕。
* 40 基本方針第2,2,(2)。
* 41 富永・前掲注(35)29頁。
* 42 永野ほか・前掲注(22)196頁〔富永晃一〕では,合理的配慮の不提供が差別(直接差別)になる場合も,ならない場合もあると指摘している。
* 43 基本方針第2,2,(1),ア。
* 44 川島ほか・前掲注(1)58頁〔川島聡〕。
* 45 岩村正彦ほか「座談会・障害者権利条約の批准と国内法の新たな展開」論究ジュリスト8号(2014)15頁〔岩村正彦発言〕。

4 合理的配慮義務（合理的配慮提供義務）

(1) 法的性質の位置づけ

(ア) 障害者差別解消法では「合理的配慮の不提供」を差別として位置づけているが，障害者雇用促進法では差別禁止からは独立して事業主の提供義務という形で規定されている。合理的配慮の不提供を差別として禁止することと合理的配慮の提供を義務づけることとは効果が同一であると考えられることから，端的に事業主の提供義務として規定されたと説明されている[*46]。合理的配慮の不提供は，差別事由（障害）と不利益取扱い（合理的配慮の不提供）との「結びつき」なので，広い意味では差別の一類型と解される。また，合理的配慮の不提供と差別とは，特別法と一般法のような関係にあると位置づけることも可能である[*47]。

なお，この点に関して，障害者雇用促進法において，合理的配慮の不提供を差別と構成するよりも，使用者の義務の根拠規定の一つとして位置づけた方が，これまでに蓄積されてきた裁判例の判断枠組みを利用する可能性を広げ，現実的な問題解決に資するとして積極的に評価する指摘もある[*48]。

(イ) 障害者差別解消法では，「障害者の権利利益を侵害することとならないよう……配慮しなければならない」と規定している。したがって，「不当な差別的取扱いの禁止」の場合と同様，ここでも合理的配慮の不提供と権利利益の侵害との関係が問題となりうる。

(2) 契機（意思の表明，申出）

(ア) 障害者差別解消法では，行政機関等および事業者のいずれについても，障害者からの，社会的障壁の除去を必要としている旨の「意思の表明」があった場合に合理的配慮義務が認められると規定する。一方，障害者雇用促進法では，募集・採用の場合は「障害者からの申出」が要件とされているが，採用後

---

* 46 労働政策審議会障害者雇用分科会意見書「今後の障害者雇用政策の充実強化について」（2013）2頁。
* 47 富永・前掲注(2)32頁。
* 48 長谷川珠子「障害者雇用促進法と合理的配慮」法律時報87巻1号（2014）72頁。

の場合には申出は要件とされていない。

　この点に関し，基本方針では，障害者本人の意思表明が困難な場合には，障害者の家族，介助者等，コミュニケーションを支援する者が補佐して行う意思の表明も含むとされている[*49]。合理的配慮指針では，障害者が希望する措置の内容を具体的に申出ることが困難な場合は，支障となっている事情を明らかにすることで足りるとされている[*50]。

　(イ)　この「意思の表明」，「障害者からの申出」に関しては，必要な合理的配慮を明確に伝えることが困難な障害者もいることから，合理的配慮義務発生のための厳格な要件としてとらえることに対して批判も出ているとの指摘がある[*51]。

　実務家からは，障害者の意思表示や意思の表示をすることが困難な場合でも相手方が障害の存在を認識しうる場合には合理的配慮義務が認められるとする見解や[*52]，障害のある人にとって社会的障壁の除去が必要であることを知りうる場合には，意思の表明がなくても合理的配慮義務を免れることはできないとする見解[*53]が述べられており，これらは上記のような実質的な視点からの議論といえる。

　この点に関しては，障害者差別解消法および障害者雇用促進法が公法上の規律としての行為規範として規定されている以上，その要件は明確であることが望ましい。したがって，「意思の表明」や「障害者からの申出」がない場合に合理的配慮義務が認められると解することには無理があるように思われる。

　むしろ，事案の実質に応じて，「意思の表明」や「障害者からの申出」があると推認できるといえるか否かという視点から検討するのが妥当と解される。基本方針では，「意思の表明がない場合であっても当該障害者が社会的障壁の除去を必要としていることが明白な場合には，法の趣旨に鑑みれば，当該障害

---

*49　基本方針第2，3，(1)，ウ。
*50　合理的配慮指針（前掲注 (31) 参照）第3，1，(1)。
*51　岩村ほか・前掲注 (45) 22頁〔長谷川珠子発言〕。
*52　東俊裕「障害者差別解消法と合理的配慮」法律時報 87巻1号（2014）67頁。
*53　野村茂樹ほか『Q&A障害者差別解消法』（生活書院，2016）26頁〔池原毅和〕。

者に対して適切と思われる配慮を提案するために建設的対話を働きかけるなど，自主的な取組に努めることが望ましい」と定めている[*54]。これは，法の規定する合理的配慮義務は認められないものの，法の趣旨に即した自主的な対応を求めており，意思の表明の有無によって，合理的配慮義務が認められるか否かが判断されることを前提としているものといえる。また，障害者専用求人の場合には，事業主は当該応募者が障害者であることを把握していると考えられることから，募集・採用段階において障害者側からの申出がなくとも，事業主から合理的配慮の必要性を問い合わせるべきとの見解もある[*55]。この見解は，事業主からの問い合わせに対して，障害者が合理的配慮の必要がある旨回答すれば，「障害者からの申出」がなされたと扱う立場であろう。

(ウ) もっとも，このような公法上の規律としてではなく，合理的配慮の不提供を理由として，一定の行為の有効性を争ったり，あるいは不法行為等に基づいて損害賠償を請求するといった場面では，「意思の表明」や「障害者からの申出」を厳格に解する必要はないように思われる。障害者に一定の配慮が必要であることを知りうるような場合には，信義則上，そうした配慮を行うべき義務があると構成することも可能と考えられるからである。

(エ) 裁判例では，事業者が当時認識していた情報をもとに飛行機の搭乗を拒否したことが不合理とはいえないと判示したものがあり，障害者からの申出とも関連する判断といえる[*56]。また，大学の進級試験において，聴覚障害を理由に何らかの配慮を求めていた等の事情は認められないとして，救済措置を講じて仮進級させることなく留年とした決定について違法とはいえないと判示したものがある[*57]。裁判例では，障害者からの申出の有無や事業者が有する情報をもとにして，事業者が配慮すべき義務があるか否かを判断しているようである。

＊54　基本指針第2，3，(1)，ウ。
＊55　長谷川・前掲注(48)72頁。
＊56　シンガポール航空搭乗拒否訴訟（大阪高判平20・5・29判時2024・20）。
＊57　東京地判平28・12・19WLJ（文献番号・2016WLJPCA12198001）。

(3) 講ずべき措置（合理的配慮）

(ア) 目的

障害者差別解消法では，社会的障壁の除去の実施についての配慮と規定されており，「社会的障壁の除去の実施」が目的である。障害者雇用促進法では，「均等な機会の確保の支障となっている事情の改善」，「労働者の有する能力の有効な発揮の支障となっている事情の改善」のための配慮措置とされている。

障害者雇用促進法で定める「事情の改善」も社会的障壁の一種であるとの指摘もあるが[58]，障害者雇用促進法の対象は，雇用関係や職務に関連するものであるので，障害者差別解消法にいう社会的障壁であっても，障害者雇用促進法において改善すべき事情に該当しない場合もありうる。例えば，日常生活や職務と関係のない社会生活上の支障については，障害者雇用促進法上の合理的配慮の対象とはならない。

(イ) 必要な配慮（必要性）

合理的配慮義務が認められるのは，障害者差別解消法では事業を行うにあたっての必要な配慮であり，障害者雇用促進法では事情を改善するための必要な配慮である。このことから，合理的配慮義務が認められるためには，「本来業務付随」，「本質変更不可」という要素が伴うとされている[59]。具体的には，障害者差別解消法では，事業の目的・内容・機能に照らして必要とされる範囲で本来の業務に付随するものに限られ，事務・業務の目的・内容・機能の本質的な変更には及ばないと解されている[60]。障害者雇用促進法でも同様であり，改善に必要な措置以上の措置は義務づけられず，職務の本質的な要件や要求水準の変更を要求することも必要性を欠くとの指摘がある[61]。

障害者雇用促進法における合理的配慮は，職務の円滑な遂行に必要な措置と位置づけられていることから，障害者である労働者が日常生活のために必要な

---

* 58　川島ほか・前掲注(1) 48 頁〔川島聡〕。
* 59　川島ほか・前掲注(1) 51 頁〔川島聡〕。
* 60　基本方針第 2，3，(1)，ア。
* 61　富永・前掲注 (35) 33 頁。

措置を提供することは含まれない[*62]。職務の円滑な遂行という目的からはずれた個人的利益のための配慮や能力の有効な発揮につながらない配慮についての提供義務は認められない。

また，合理的配慮を提供されても，なお労働能力上に差異がある場合には，不利益に取扱われたとしても，その差異に相応した限度であれば差別にも該当しないとされる[*63]。さらに，合理的配慮に基づく措置について障害者の意向は尊重されるべきであるが，過重な負担の観点から，事業主は必要性を満たす複数の措置のうち実施しやすいものを実施できるとされている[*64]。

裁判例では，措置の合理性判断に際して，事業者の予算上の制約を指摘しているもの[*65]，労働者の意向に触れずに事業主側の取扱いの合理性を指摘しているものがある[*66]。また，相応の配慮措置があれば，それ以上の措置を講じることまで求められない旨の判断をしているものがある[*67]。

(ウ) 配慮内容の確定の困難性

わが国の雇用システムでは，職務能力を測ろうとしても「職務」自体が不明で必要な能力の判定が難しく，かつ，どの職務について合理的配慮を行えば義務づけられた配慮の実施といえるのかが明らかでないことが多いとも指摘されている[*68]。合理的配慮提供義務が規定されたことによって，職種や業務内容の特定がある場合であっても，使用者は労働者の就業が可能な別の業務への配置転換を打診する信義則上の義務があると解する見解があるが[*69]，このような見解も，上記の問題点を前提とした解釈と位置づけることができよう。

このようなことから，提供すべき合理的配慮を確定するためには，障害者との協議を行って，その意向を十分に尊重したうえで提供しやすい措置を講じる

---

* 62 合理的配慮指針第4，1，(2)。
* 63 永野ほか・前掲注(22)222頁以下〔長谷川珠子〕。
* 64 富永・前掲注(35)33頁。
* 65 JR東日本車いす対応トイレ設置訴訟（東京地判平13・7・23判タ1131・142）。
* 66 日本曹達事件（東京地判平16・4・25労判924・112）。
* 67 藍澤證券事件（東京高判平22・5・27労判1011・20）。
* 68 永野ほか・前掲注(22)224頁〔長谷川珠子〕，長谷川珠子「日本における『合理的配慮』の位置づけ」日本労働研究雑誌646号（2014）22頁。
* 69 長谷川・前掲注(48)73頁。

ことが必要である。[*70]障害者との間で十分な意思疎通が行われたことは，講じられた配慮措置の合理性を補強する意味を有するとの指摘がある。[*71]

(4) 過重な負担
(ア) 過重な負担の内容・種類

過重な負担には，①均衡を失した負担と，②過度の負担とがある。「均衡を失した負担」としては，合理的配慮に基づく措置のコストが，当該障害者の能力発揮や均等な機会・待遇確保というベネフィットより大きい場合，当該措置のほかにコストが同じで効果の高い措置または効果が同じでコストの低い措置が明らかに存在する場合等が挙げられている。これに対して，「過度の負担」の場合としては，個々の措置として均衡性は存するが，当該企業の規模や財政状況等の全体的な事情に照らして，過重な負担と判断される場合とされている。[*72]

(イ) 過重な負担の判断・考慮要素

過重な負担か否かの判断は，個別の事案ごとに考慮要素を総合的に勘案して判断するものとされている。具体的な考慮要素は，障害者差別解消法と障害者雇用促進法とでほとんど相違がない。①事業への影響の程度，②実現可能性の程度，③費用・負担の程度，④事務・事業または企業の規模，⑤財政・財務状況の5点については共通であり，障害者雇用促進法では，これに⑥公的支援の有無が加わる。[*73]

この考慮要素に関して，「事業への影響の程度」について，「事業等の目的が達成できなくなる場合，事業等の内容の実施が不可能になる場合，事業等の機能が停止してしまう場合のような重大な事態を招くことが具体的に実証的な根拠をもって示される場合でなければならない」とし，「費用・負担の程度」，「事業等の規模」，「財政・財務状況」などについて，「合理的配慮に要する費用と

---

* 70 合理的配慮指針第3, 1, (3)参照。
* 71 永野ほか・前掲注(22)88頁〔長谷川聡〕。
* 72 富永・前掲注(35)33頁以下。
* 73 基本方針第2, 3, (2)。合理的配慮指針第5, 1。

著しく均衡を欠いて，当該事業・財政等が成り立たなくなるような重大な事態を招く場合」と解する見解がある[*74]。この見解は，「過重な負担」であることを容易に認めてしまっては，合理的配慮義務の規定の実効性が希薄化するとの実質的観点から政策的に述べられたものと考えられる。合理的配慮義務の実効性を高めるという政策的意義は認められるが，こうした解釈が実定法の規定や基本方針，合理的配慮指針のもとで可能か否か，また，このような解釈が他の諸外国で採用されているか否かといった観点からの検証が必要であると思われる。

上記の考慮要素は，いずれも事業を実施する側の事情のみが挙げられており，障害者側の事情を取り上げていない点について問題があるとの指摘もある[*75]。この点に関連すると思われるが，「過重な負担」といえるのは，「合理的配慮の提供によって保障される障害者の人権や平等な機会又は待遇を受けることの重要性，さらにはこれらが奪われることによって生じる被害の性格や程度を考慮してもなお，それを超える著しい不利益が相手方に生じる場合」に限られるとする実務家の見解があるが[*76]，この見解は，過重な負担か否かの考慮要素として，障害者側の事情を取り上げて，それを重視するという視点からの立場と解しうる。

ここでも，障害者差別解消法および障害者雇用促進法における合理的配慮義務が公法上の規律としての行為規範として規定されていることを考慮する必要があろう。過重な負担の有無を限定的に解釈して事業主等の事業を実施する側に厳しい配慮義務を認めることが公法上の規律として妥当か否かという検討が必要と解される。このような点を踏まえれば，基本方針および合理的配慮指針に挙げられた考慮要素を中心として個別具体的な判断のなかで過重な負担か否かを吟味せざるをえないのではないだろうか。

(ウ) **配慮の合理性と過重な負担との関係**

講ずべき措置の合理性と過重な負担との関係については，アメリカでは，配

---

* 74　野村ほか・前掲注 (53)27 頁〔池原毅和〕。
* 75　長谷川珠子「障害者雇用促進法における『障害者差別』と『合理的配慮』」季刊労働法 243 号（2013）37 頁。
* 76　東・前掲注 (52)66 頁。

慮に要するコストは措置の合理性判断にかかわらないとする立場と，配慮の効果と比してコストのかかりすぎる配慮は合理性を欠くとする立場とがある。[*77]

　この点に関して，わが国においては，合理的配慮指針は，過重な負担か否かを考慮に入れていないとされ，基本方針では，過重な負担がない措置のみを合理的配慮と位置づけているとの指摘がある。[*78] もっとも，「過重な負担」には「均衡を失した負担」も含まれ，また，配慮義務は「必要な措置」を講じるものとされていることを考慮すれば，障害者差別解消法および障害者雇用促進法のいずれについても，配慮措置の効果と過重な負担か否かを考慮して，配慮措置の合理性が判断されると解することも可能であろう。

(エ) **裁判例**

　裁判例では，事業への影響の程度など業務の遂行への支障具合を配慮の相当性の理由として指摘しているもの，[*79] 配慮を行う必要性・相当性と負担の程度とを総合的に考慮して判断すると指摘するものなどがある。[*80] したがって，過重な負担か否かに類する判断については，主として，事業者側の事情を考慮しているといってよい。

(5) **法違反に対するサンクション**

(ア) **行政措置等**

　障害者差別解消法では，事業者における障害を理由とする差別の禁止（8条）の規定の施行に関して，特に必要があると認めるときは，主務大臣が報告徴収，助言，指導，勧告等をすることができると規定している（12条）。障害者差別解消法は，ガイドライン等に即した事業者の自主的な取組みをうながすことを基本にしており，行政措置も非権力的な行政指導等に限定されている。これに対し，行政機関等における障害を理由とする差別の禁止（7条）の規定の施行

---

* 77　長谷川珠子「障害を理由とする差別」法律時報 79 巻 3 号（2007）50 頁。
* 78　川島ほか・前掲注(1) 47 頁〔川島聡〕。
* 79　横浜市学校保健会（歯科衛生士解雇）事件（東京高判平 17・1・19 労判 890・58），日本電気事件（東京地判平 27・7・29 労判 1124・5）。
* 80　阪神バス（勤務配慮）事件（神戸地裁尼崎支部決平 24・4・9 労判 1054・38）。

に関しては，特に実効性の担保措置を規定していないが，行政機関等の処分に関連する差別の場合には，行政不服審査法に基づく不服申立や，行政相談等によって是正されることが想定されている[*81]。

障害者雇用促進法では，差別禁止（34条，35条）および合理的配慮提供義務等（36条の2～36条の4）の規定の施行に関して，必要があると認めるときは，厚生労働大臣は助言，指導，勧告をすることができる(36条の6)。また，都道府県労働局長による助言，指導，勧告（74条の6）や，調停（74条の7）等の紛争解決の規定が定められている。

障害者差別解消法において，行政指導等による実効性担保がなされるのは，事業者についての法8条の規定の施行に関する場合である。したがって，「不当な差別的取扱いの禁止」に関する場合と，「合理的配慮義務」に関する場合とがある。このうち，「不当な差別的取扱いの禁止」は法的義務として規定されているが，「合理的配慮義務」は努力義務として規定されているにとどまるものであり，また，障害者雇用促進法では「必要があると認めるとき」に行政措置がなされうるのに対し，障害者差別解消法では「特に必要があると認めるとき」と規定されていることを考慮すると，事業者についての「合理的配慮義務」に関して行政措置がなされることは極めて限定された場合ということになるのではないだろうか。

(イ) **合理的配慮義務の私法的効力**

私法上の効力の有無については，障害者差別解消法および障害者雇用促進法のいずれも私法上の効力は存せず，違反行為の有効性判断や損害賠償請求等に関しては，民法90条，709条等の規定によって判断される[*82]。

この点に関連して，障害者差別解消法では事業者の合理的配慮義務が努力義務とされていることから，事業者に合理的配慮を義務づけることはできないが，合理的配慮が提供されないことは不当な差別的取扱いに該当して違法と評価さ

＊81　障害者差別解消法解説編集委員会編著『概説障害者差別解消法』（法律文化社，2014）92頁。
＊82　障害者差別解消法解説編集委員会・前掲注(79)92頁，永野ほか・前掲注(22)214頁〔長谷川珠子〕，富永・前掲注(35)34頁。そのほか，前掲注(44)の分科会意見書2頁等。

れると解したうえで，損害賠償を求めることができると指摘する見解がある。[*83]
「不当な差別的取扱いの禁止」と「合理的配慮義務」との関係については，既に論じたところであるが，合理的配慮の不提供に差別意思が認められれば，直接差別として「不当な差別的取扱いの禁止」に該当することになる。しかし，直接差別に該当しない場合には「不当な差別的取扱い」と評価することは困難であろう。

　障害者差別解消法では，事業者の合理的配慮義務は努力義務とされており，このような努力義務としての法規定に違反する行為については，一般に，私法上の問題としても違反行為が無効になったり，損害賠償責任が生じたりするわけではないと解されている。[*84]したがって，行政指導等の行政措置の有無にかかわらず，事業者の合理的配慮の不提供が，そのことから直ちに行為の有効性判断に影響したり，あるいは事業者に損害賠償責任が認められることはないのが原則と解される。

　もっとも，ここでは，障害者差別解消法が，「障害者の権利利益を侵害することのないよう」合理的な配慮をするように努めなければならないと規定していることについて，改めて考慮する意味があるのではないかとも考えられる。事業者の合理的配慮義務は努力義務であるので，その違反について私法上の問題として行為が無効とされたり，損害賠償責任が認められることはないのが原則であるが，合理的配慮の不提供によって障害者の権利利益が侵害される場合もありうるのではないだろうか。そのような場合には，そうした障害者の権利利益の侵害を根拠として，合理的配慮義務違反の行為について無効とされたり，事業者に損害賠償責任が成立する場合もあると解すべきであろう。

＊83　野村ほか・前掲注(53)23頁〔池原毅和〕。
＊84　例えば，消費者契約において事業者の情報提供の努力義務を定めた消費者契約法3条1項について，消費者庁消費者制度課編『逐条解説消費者契約法』（商事法務，第2版増補版，2015）94頁，池田清治「契約締結過程の民事責任と消契法3条」法学教室441号（2017）18頁参照。

第5節　本章のまとめ

1　裁判例の状況

(1)　障害者差別解消法の対象となる裁判例としては，就学就園拒否に関するものと，移動の権利に関するものを検討した。

就学就園拒否に関する裁判例は，障害者差別解消法に関連するものとして検討しうる。これらの裁判例では，就学就園拒否処分の違法性が争われたが，行政の裁量権の逸脱または濫用の有無の判断に際して，合理的配慮論と類似の判断過程が採用されている。ここでは過重な負担か否かといった観点の判断や，業務の本質的変更といえるか否かについての判断と位置づけうる判断もなされている。したがって，障害者差別解消法における合理的配慮義務に関する判断においても，これらの裁判例は参考となりうる。

移動の権利に関する裁判例は，バリアフリー訴訟とも呼称されている。これらの裁判例では，事業者側が求められた配慮の実施の困難性や，負担が過重かといった観点が検討されている。これらは配慮の確定や過重な負担の判断に際して参考となりうる。

(2)　障害者雇用促進法の対象となる雇用分野の裁判例については，雇用分野を横断的に取り上げている。その内容も，配慮の合理性判断に関するもの，配慮の個別検討の必要性に関するもの，過重な負担の判断に関するものなど，合理的配慮論に関する各種の判断と類似する観点に及んでいる。これらの裁判例の判断は，障害者雇用促進法における合理的配慮提供義務に関しても参考となりうるであろう。

2　合理的配慮論の解釈上の問題と課題

(1)　障害者差別解消法および障害者雇用促進法で規定された合理的配慮義務（合理的配慮提供義務）ないし合理的配慮論の内容がどのようなものであるかについては，諸外国での議論は紹介されているものの，法規定が施行されて期

間がそれ程経過していないこともあって，わが国における法規定の解釈上の問題などについて詳細な議論はあまりなされていない。

　しかし，合理的配慮論の意味内容を解釈上の問題も含めて検討することは，制定法上の合理的配慮義務に関する判断においても重要であり，また，合理的配慮論の他の法分野への展開可能性を論じるうえでも，合理的配慮論の内容を問題点とともに理解しておく必要がある。

　(2)　このような考えのもとに，本章では，制定法における合理的配慮義務の解釈上の問題についての考察を試みた。その検討にあたっては，政策的観点からの議論ではなく，できる限り理論的な解釈論を試みたつもりである。そのため，政策的視点を入れた提言としての解釈論は展開していない。

　このような解釈論の試みについては異論もありうるものと思われるが，実際の裁判等となれば，こうした理論的な解釈を前提として，当該事案における合理的配慮義務違反の有無（配慮の合理性，過重な負担の有無の判断等を含む）を具体的事実に即して主張してゆくことが重要となってくるものと思われる。また，合理的配慮論の他の法分野への展開可能性を検討するに際しては，障害者問題という政策的視点に基づいた解釈論よりも，むしろ理論的な解釈による合理的配慮論の内容を確認することが有用と考えられる。

　一方，障害分野での実践では，こうした理論的な解釈論とは別に，政策的視点に立った解釈論を展開することの重要性は依然として存在している。したがって，障害分野において合理的配慮義務が問題となる場面では，理論的な解釈に基づいた具体的事実の主張とともに，政策的視点からの解釈論的主張を併用することが必要であろう。

第 3 部

合理的配慮論の展開可能性

第4章

労働法分野における合理的配慮論の展開可能性

第1節　本章の検討課題

1　本章は，合理的配慮論の展開可能性について，労働法分野，雇用分野にかかわる裁判例を取り上げて検討しようというものである。

合理的配慮論はもともと差別禁止法理に由来するものであり，合理的配慮論の展開可能性を検討することに一定の有用性が認められる法分野としては，差別や格差による不利益取扱いが問題となる法分野が考えられる[*1]。

一方，労使関係が問題となる雇用分野は，労使の交渉力に不均衡があるという特色があるとされ，このことから，労働法には，雇用・労使関係における労働者の保護という要請が存している[*2]。また，安全配慮義務をはじめとした使用者の配慮義務についても，労働関係を中心に議論されてきたが，その背景には労働者保護の要請があると解することもできる。このような労働法や雇用分野の特色を踏まえると，労働法や雇用分野は差別や格差による不利益取扱いが問題となる法分野であり，合理的配慮論の展開可能性を一定程度考察しうるのではないかと考えられる。

しかも，合理的配慮論は，もともとはアメリカで誕生した概念であるが，最初にこの概念が認められるに至ったのは雇用差別を禁止する公民権法第7編であったし，その後に制定されたADAにおいても，そのなかで最も議論されて

---

*1　第2章第7節参照。
*2　菅野和夫『労働法』（弘文堂，第11版補正版，2017）23頁，荒木尚志『労働法』（有斐閣，第3版，2016）5頁，14頁等。

いるのは雇用分野の障害に基づく差別を禁止する第1編であった[*3]。したがって，労働法や雇用分野には，合理的配慮論の起源からみても，この考え方を取り入れる素地が存しているともいえる。

さらには，労働法分野では，障害者差別解消法とは別に，改正障害者雇用促進法が事業主の合理的配慮義務（合理的配慮提供義務）を法的義務として規定しているし（36条の2，36条の3），また，この点に関して，合理的配慮義務の規定をもとに，これまで労働法分野で蓄積されてきた裁判例の判断枠組みを利用しうる可能性を指摘する見解もある[*4]。

このようなことから，労働法分野について，他の法分野から独立して合理的配慮論の展開可能性を検討することは有益であり，これによって，合理的配慮論の他の法分野への展開可能性についての一定の方向性を見出すことができるのではないかとも考えられる。

2 以上のような考えのもとに，労働法分野における裁判例を個別テーマごとに検討し，合理的配慮論の展開可能性を考察する。

検討対象とするテーマは，人的・能力的な問題もあって労働法分野を網羅的に取り上げているわけではない。主として，格差や差別に基づく不利益取扱いが問題となりうるものや，配慮義務などの観点が問題となりうるものから，いくつかを抽出して検討対象として取り上げることとした。

検討対象とした個別テーマは以下のとおりである。

使用者による労働者の健康情報の取得（第2節）は，採用および採用後の双方の段階で問題となりうるが，労働者についての情報取得や情報管理にあたって，労使の交渉力格差等から何らかの配慮が必要かという点が問題となりうる。

---

*3 　第2章第3節参照。
*4 　長谷川珠子「障害者雇用促進法と合理的配慮」法律時報87巻1号（2015）72頁では，私傷病により従前の労務提供ができない労働者が解雇された事案等で，解雇権濫用法理や信義則を根拠に，使用者に業務軽減や配置転換の措置をとるよう求め，そのような配慮をせずになされた解雇を無効と判断する裁判例や，安全配慮義務を根拠に適切な対応をしなかった使用者に責任を認める裁判例等を挙げたうえで，「これらの判断枠組みは，促進法における合理的配慮の提供義務違反が争われた際にも適用可能」と指摘する。

労働者の採用後において労使間の交渉力格差が問題となりうる場面として，休職や配転などの人事の問題がある（第3節）。安全配慮義務（第4節）は，合理的配慮義務も一定の配慮義務であることから，合理的配慮論の展開可能性を検討する意味が大きい。そのうえで，ここでは，特に，労働者の心身の不全に関する安全配慮義務を取り上げる。したがって，障害者に対する合理的配慮提供義務と親和性が認められる可能性が高いと思われる。セクハラ（第5節）は，男女差別による不利益取扱いという文脈とともに，配慮義務という文脈でも位置づけることができる問題である。雇用差別（第6節）および母性保護・育児休業（第7節）は，男女差別および育児に伴う不利益取扱いという意味で，差別や格差に基づく不利益取扱いの問題といえる。非正規雇用（第8節）は有期契約労働者と無期契約労働者との格差による不利益取扱いが問題となり，外国人労働者（第9節）は日本人労働者と比較した場合の不利益取扱いや，わが国での就労にあたっての障壁に対する配慮の必要性が問題となりうる。

3 本章では，こうしたテーマごとの検討を行ったうえで，労働法分野における合理的配慮論の展開可能性についての一定の考察を行いたいと考えている。

第2節　労働契約における健康情報の取得

1　本節における検討対象

使用者は，採用の自由としての調査・選択の自由の観点から，採用時において，求職者にかかる種々の情報を取得することがあり，また，採用後においては，的確な職務分掌を検討し，あるいは休職命令の発令等を検討するための資料とする目的で労働者の種々の情報を取得することがある。そのため，労使関係においては，使用者による情報取得行為の適法性や情報取得が可能であるとしてどの範囲の情報取得が可能であるのか，ということがしばしば問題とされてきた。

裁判例は，従来より，採用時においては，使用者が労働者の調査をすること自体は認めつつ，労働者のプライバシーの観点から同時にその範囲に制約を課

す傾向にあり，他方で，採用後の情報取得に関しても，使用者による情報取得行為と労働者のプライバシーとの調整の問題としてその適法性を審査してきた。しかし，近時の裁判例には，労働者の健康情報の取得が問題とされる場面において，当該情報の性質が，労働者の労務提供において使用者に配慮の提供が考慮されるべきものである場合に，使用者が負う安全配慮義務の内容として，使用者には労働者についての当該配慮されるべき情報を調査すべき義務があったと認めることにより，使用者が当該調査義務を果たさないまま行った業務命令等が無効である旨判断するものがある。

　本節は，この問題に関する前提理解を確認した後，使用者による労働者の健康情報取得行為に着目し，対立利益を労働者のプライバシーとして判断されてきた従来の裁判例から，安全配慮義務の内容として，使用者に労働者の健康情報「調査」責任を負わせたと評価しうる近時の裁判例に至る代表的な裁判例を概観することにより，この問題における合理的配慮論の展開可能性を探ることを目的としている。

　なお，本節では，労働者自らが健康診断結果を示すなどして，その健康情報を使用者に提供することにより，使用者が当該情報を取得したという事例は検討対象とはしておらず，労働者による積極的情報提供がないという状況において使用者が行った情報取得行為の違法性や，労働者による積極的情報提供はないが使用者には労働者の体調変化が認識しえたという場面における使用者の配慮義務に検討対象を限定している。

2　プライバシーと健康情報

　「プライバシー」の実定法における定義はないが，「宴のあと事件」では「私生活をみだりに公開されないという法的保障ないし権利」と定義されている[*5]。労使関係において，使用者が労働者のプライバシーを侵害した場合，使用者は当該労働者に対して損害賠償責任を負うほか，プライバシー侵害行為によって取得した情報を資料として労働者に対してなされた業務命令やその他の措置が

＊5　東京地判昭39・9・28下民集15・9・2317。

無効とされるなどの可能性がある。

　使用者がその雇用する労働者について接する可能性のある情報のうち，歴史的に差別の対象となってきた情報である人種・民族，宗教，思想・信条，政治的意見，労働組合加入・活動歴，健康，性的私生活などは，特にセンシティブ情報（機微情報）とされ，収集すること自体が差別の端緒となりかねないことから，原則的に収集が禁止される点に特徴がある。すなわち，収集した情報が個人情報である場合，通常は，当該情報の収集・利用の方法の適正が問題となるにとどまるが，それがセンシティブ情報である場合は収集すること自体で民事責任を発生させうることとなる。

　障害の既往歴を含む健康情報は代表的なセンシティブ情報であるが，労使関係において，使用者には労働契約法5条により安全配慮義務が課されているほか，労働安全衛生法に基づく健康診断実施等の義務も課せられているところであり，それら法的義務の適切な履行のためには当該情報の取得が避けられないとも考えられ，また，採用や人事管理，具体的職務分掌に関する判断においては，労働者の健康情報を十分に参考にしたうえで決定したいとの要請もある。このような背景のなか，従来から，労働者の健康情報を取得する各場面において，当該労働者のプライバシーとの調整がしばしば問題とされてきた。

3　雇用管理における健康情報，障害情報の取扱い

（1）　労使関係における個人情報保護の側面では，厚生労働省が個人情報保護法の制定に対応して，雇用管理の観点から個人情報保護法上事業者が講ずべき措置に関する指針を策定し[*6]，同法における利用目的の特定，安全管理措置，個人データを取り扱う従業者の監督，個人データ取扱いの委託先の監督，第三者提供の制限，本人への開示，苦情の処理の諸規制に関して，事業主の行うべき措置ないし留意すべき事項を具体的に列挙している。

　とりわけ，労働者の健康情報の保護については，「個人情報の中でも特に機

＊6　「雇用管理に関する個人情報の適正な取扱を確保するために事業者が講ずべき措置に関する指針」（平成16年7月1日厚生労働省告示第259号）

微な情報」[*7]であるため厳格に保護する必要があるものとされ，利用目的の特定，情報収集にあたっての本人同意，秘密の保持，本人への情報開示，第三者への提供にあたっての本人同意，特に配慮が必要な情報の取扱い（収集の原則的禁止等）など，上記の指針に定めるものに加えて事業者が留意すべき事項が追加されている。[*8]すなわち，労使関係における労働者の健康情報は，その取得場面のみならず，当該情報の管理，社内他部署や社外への情報提供など，あらゆる場面で問題となりうる性質のものであるといえる。[*9]

(2) 労働者の健康情報，既往症に関するプライバシーの侵害は，採用の際の健康診断や定期健康診断などに際し，労働者に無断でHIV検査等を行ったケースなどにおいて裁判で度々争われ，企業にプライバシー侵害を理由とする不法行為責任が認められているところである。

以下では，採用時・採用後の障害等健康情報の取得に関する裁判例とその変遷について概観した後に，労働契約における情報の取扱いに関する合理的配慮論の展開可能性を検討したい。

4　裁判例の概観

【1】東京都（警察学校・警察病院HIV検査）事件（東京地判平15・5・28労判852・11）

警視庁の警察官採用試験に合格し，警察学校への入校手続を完了して巡査に採用された原告に対し，HIV抗体検査を実施する旨の説明が行われず，このため同検査に対する原告の同意もないまま，警察学校（東京都）の委託を受けた警察病院が，採用後の身体検査時とその後の再検査時の2回血液を採取してHIV抗体検査を実施し，検査結果が陽性であった原告に対し，警察学校が検査結果を通知するとともに辞職を勧告した（その後，原告は警察学校への入校を

[*7]　「労働者の健康情報の保護に関する検討会」報告書（平成16年9月6日厚生労働省発表）
[*8]　「雇用管理に関する個人情報のうち健康情報を取り扱うに当たっての留意事項について」（平成16年10月29日基発第1029009号）
[*9]　本節ではこの限りの言及にとどめ，検討対象を情報取得場面に限定している。

辞退）との事実関係のもと，警視庁（東京都）がHIV抗体検査を行ったことが国家賠償法1条1項の違法な行為または民法709条の違法な行為にあたるか，警察病院が警視庁の依頼を受けて無断でHIV抗体検査を実施したことの違法性などが争われた事案である。

　判決では，採用時におけるHIV抗体検査は，その目的ないし必要性という観点から，これを実施することに客観的かつ合理的な必要性が認められ，かつ検査を受ける者本人の承諾がある場合に限り，正当な行為として違法性が阻却されるとの判断基準のもと，HIV感染の事実から当然に警察官の職務に適さないとはいえず，本件HIV抗体検査は本人の同意なしに行われており，その合理的必要性も認められないとされ，警視庁が原告に対して実施したHIV抗体検査は原告のプライバシーを侵害する違法な行為であると認定されている。また，医療機関たる警察病院がHIV抗体検査を行うにあたり，被験者から検査実施および結果通知についての同意の有無を確認せず漫然と検査を実施し，その結果を警察学校に通知したことも原告のプライバシーを侵害する不法行為にあたると認定されている。

【2】B金融公庫（B型肝炎ウイルス感染検査）事件（東京地判平15・6・20労判854・5）

　公庫の新入社（庫）員採用選考過程において，本人の同意なくB型肝炎ウイルス感染の検査をしたことの違法性が争われた事案である。

　判決では，企業は特段の事情がない限り，採用にあたり，応募者に対し，B型肝炎ウイルス感染の血液検査を実施して感染の有無についての情報を取得するための調査を行ってはならず，調査の必要性が存する場合でも，応募者本人に対し，その目的や必要性について告知し，同意を得た場合でなければ，B型肝炎ウイルス感染についての情報を取得することはできないというべきであるから，本件検査はプライバシーを侵害するものとして違法であるとされている。

【3】T工業（HIV解雇）事件（千葉地判平12・6・12労判785・10）

　在留資格を有して日本国内に在住する日系ブラジル人を従業員として採用した後，定期健康診断が実施された際，当該従業員の同意を得ずに，定期健康診断を委託した病院に対してHIV抗体検査の実施を依頼し，同病院は当該従業員

に対してHIV抗体検査を実施することを告げず，同従業員の意思を確認することなく血液採取のうえでHIV抗体検査を実施してその結果を会社に通知したとの事実関係のもと，同意なく実施されたHIV抗体検査で判明したHIV感染を理由とする解雇の有効性と当該検査に関する違法性が争われた事案である。

判決では，個人のHIV感染に関する情報は保護されるべきであり，事業主が，その従業員のHIV感染の有無を知る必要性は通常認められないことからすれば，事業主であっても，特段の必要性がない限り，HIV抗体検査等によりHIV感染に関する情報を取得し，あるいは取得しようとしてはならず，特段の必要もないのにHIV抗体検査等を行うことはプライバシーの権利を侵害するものとされ，また，HIV抗体検査を実施する医療機関においては，たとえ事業主からの依頼があったとしても，本人の承諾を得ないままHIV抗体検査を行ったり，本人以外の者にその検査結果を知らせたりすることはプライバシー侵害にあたるとされている。

【4】社会医療法人A会事件（福岡高判平27・1・29労判1112・5）

B病院で受けた検査の結果によりHIV陽性と診断されたA病院の看護師が，B病院の医師から同情報の提供を受けたA病院の医師および職員について，当該看護師の同意なく，A病院の他の職員らに同情報を伝達して情報を共有した行為は，プライバシーを侵害する不法行為であるとして慰謝料等の支払いを求めた事案である。

判決では，HIV感染症に罹患しているという情報は，他人に知られたくない個人情報であり，本件情報を本人の同意を得ないまま個人情報保護法に違反して取り扱った場合には，特段の事情のない限り，プライバシー侵害の不法行為が成立するとされた。

【5】富士電機E&C事件（名古屋地判平18・1・18労判918・65）

従業員が業務の心理的負荷によりうつ病に罹患したため一時休職し，職場復帰したところ，当該従業員が他の支社に転勤となり，さらに過重な業務に従事させられた結果，うつ病を再発させて自殺するに至ったとして，当該従業員の遺族が企業の安全配慮義務違反に基づく損害賠償等を求めた事案である。

判決では，①当該従業員の業務の加重性と，②会社が負う安全配慮義務の内

容および安全配慮義務違反の有無等の争点に対する判断として，①については，当該従業員の転勤時，うつ病が完全寛解の状態にあったことを認定したうえで当該従業員の業務の加重性を検討し，結論として，うつ病が完全寛解の状態にあった当該従業員にとって，心理的負荷を及ぼすような過重な業務であったと認めることはできないとし，②については，昨今の雇用情勢に伴う労働者の不安の増大や自殺者の増加といった社会状況にかんがみれば，使用者にとって，被用者の精神的な健康の保持は重要な課題になりつつあるとしながらも，精神的疾患について事業者に健康診断の実施を義務づけることは，精神的疾患に対して，社会も個人も否定的印象を持っていることなどから，プライバシーに対する配慮が求められ，プラバシー侵害のおそれが大きいといわざるをえないとして，労働安全衛生法66条の２，労働安全衛生規則44条１項について，精神的疾患に関する事項についてまで医師の意見を聴くべき義務を負うということはできず，労働安全衛生法66条の３第１項所定の就業場所の変更，作業の転換，労働時間の短縮等の措置を講ずるべき義務も，精神的疾患に関する事項には当然に適用されるものではないと解するのが相当とした。[*10]

【6】日本ヒューレット・パッカード事件（最判平24・４・27裁判集民240・237）

　従業員の欠勤が就業規則所定の懲戒事由である正当な理由のない無断欠勤に該当するとしてされた諭旨退職の懲戒処分が無効であるとされた事例であり，当該従業員は，実際には事実として存在しないにもかかわらず，約３年間にわたり加害者集団から依頼を受けた専門業者や協力者らによる盗撮や盗聴等を通じて日常生活を子細に監視され，これらにより蓄積された情報を共有する加害者集団から職場の同僚らを通じて自己に関する情報のほのめかし等の嫌がらせを受けているとの認識を有しており，そのため，同僚らの嫌がらせによって自らの業務に支障が生じ，また自己に関する情報が外部に漏えいされる危険があ

＊10　本件では，従業員自らうつ病に罹患したことを報告しており，当該情報を認識していた使用者には，当該従業員が職場復帰し，就労を継続するについて，当該従業員の心身の状態に配慮した対応をすべき義務があったとされているが，使用者による当該職場復帰時の対応，当該従業員への配慮の状況から，安全配慮義務違反があったとまでは認められないとしている。

ると考え，会社に同被害にかかる事実調査を依頼したものの納得する結果が得られず，会社に休職を求めたが逆に出勤をうながされたことから，問題が解決されたと判断できない限り出勤しない旨を会社に伝達していたという事実がある。

　最高裁は，精神的な不調のために欠勤を続けていると認められる労働者に対しては，精神的な不調が解消されない限り引き続き出勤しないことが予想されるところであるから，使用者としては精神科医による健康診断を実施するなどしたうえでその診断結果等に応じて，必要な場合は治療を勧めたうえで休職等の処分を検討し，その後の経過をみるなどの対応をとるべきであるとし，このような対応をとることなく当該従業員の欠勤を正当な理由なく無断でされたものとして諭旨退職の懲戒処分の措置をとることは，精神的な不調を抱える労働者に対する使用者の対応としては適切なものとはいいがたいとし，諭旨退職の懲戒処分を無効とした原審（東京高判平23・1・26労判1025・5）の判断を支持した。

　【7】東芝（うつ病・解雇）事件（最判平26・3・24裁判集民246・89）

　有給休暇の取得や欠勤を繰り返していた従業員が，神経科クリニックの医師の作成した診断書（抑うつ状態）を提出して欠勤を開始したところ，欠勤期間が就業規則に定める期間（勤続19年の場合の15か月間）を超えたことから休職命令を発令され，その後，休職期間満了により解雇されたため，解雇の有効性が争われた事案である。当該従業員は，過重な業務が続くなかで，同僚からみても体調が悪い様子で仕事を円滑に行えるようにはみえず，頭痛等の体調不良が原因であると上司に伝えたうえで欠勤を繰り返して重要な会議に欠席し，それまでしたことのない業務軽減の申出をし，産業医にも欠勤の事実等を伝え，使用者の実施する健康診断でも頭痛，不眠，いつもより気が重くて憂鬱になる等の症状を申告していたとの事実がある。

　判決では，業務の過程において，当該従業員が会社に申告しなかった自らの精神的健康（いわゆるメンタルヘルス）に関する情報は，神経科の医院への通院，その診断にかかる病名，神経症に適応のある薬剤の処方等を内容とするもので，労働者にとって，自己のプライバシーに属する情報であり，使用者は，

必ずしも労働者からの申告がなくても，精神的健康に関する情報については労働者本人からの積極的な申告を期待しがたいことを前提としたうえで，その健康にかかわる労働環境等に十分な注意を払うべき安全配慮義務を負っているとされている。また，当該従業員が会社に対して上記情報を申告しなかったことに関し，原審（東京高判平23・2・23労判1022・5）が過失相殺および素因減額を認めた*11のに対し，不申告の事実をもって，民法418条または722条2項による過失相殺をすることはできないとしている。

5　障害等健康情報の取得に関する裁判例の検討

(1)　労使関係において，労働者の障害等健康情報の取得場面は，採用時における取得（【1】，【2】）と採用後における取得または認識（【3】～【7】）に区別することができ，採用時の情報取得が問題となった裁判例では，使用者が有する採用の自由の一環である調査・選択の自由の観点から，使用者による求職者の情報取得が可能かどうか，可能だとしてどこまで可能なのか，ということが問題とされ，採用後における情報取得が問題となった裁判例では，プライバシーとの調整の問題とする従来の判断枠組みから，使用者が労働者に対して負う安全配慮義務等の内容として，一定の場合，使用者に当該情報の調査義務を課し，この調査結果を得たうえで何らかの措置をとらなかったことを問題とするように変遷してきたように思われる。

(2)　【1】，【2】は，いずれも使用者の採用の自由と障害者の雇用差別禁止ないしプライバシーの保護という対立利益の調整のなかで，使用者が特定の障害にかかる情報取得をすること自体の違法性を明らかにした事案であると評価できる。

【1】では，裁判所は，「採用時におけるHIV抗体検査は，その目的ないし必要性という観点から，これを実施することに客観的かつ合理的な必要性が認められ，かつ検査を受ける者本人の承諾がある場合に限り，正当な行為として違

＊11　個体側の脆弱性の存在等を理由に過失相殺および素因減額を認めた（損害額の2割を減額）。

法性が阻却される」との判断基準を提示したが，旧労働省がいわゆるエイズ問題に関して1995（平成7）年に策定したガイドライン[*12]において，「職場におけるHIV感染の有無を調べる検査……は，労働衛生管理上の必要性に乏しく，また，エイズに対する理解が一般には未だ不十分である現状を踏まえると職場に不安を招くおそれのあることから，事業者は労働者に対してHIV検査を行わない」こととされていること，同裁判例が警察官という，通常，相当にストレスが高く身体的にもかなり苛酷であると考えられる職務についてさえ同基準を満たさないとしていることなどからすれば，HIV抗体検査の「客観的かつ合理的な必要性」[*13]は極めて限定された場面でしか認められず，さらに，たとえ本人の同意を得て検査を行う場合であっても，検査結果のその後の取扱いも含めた真に自発的な同意を得られるかという問題から，HIV抗体検査の違法性が阻却される場面は少ないものと考えられる。

【2】では，採用選考過程において使用者が応募者に対して行うB型肝炎ウイルス検査の違法性とその結果に関連した不採用の措置の違法性が問題となり，裁判所は，不採用自体は不法行為にあたらないとしつつも，採用選考時の検査そのものについては，プライバシー権侵害として不法行為にあたるとの判断を示している。

(3) 採用の自由の一環としての調査・選択の自由が広範に認められる採用段階のみならず，採用後も，使用者として，労働者の精神的不調の状況や障害の状態等を把握したいと考える場面に直面する場合がある。採用後についても，使用者が労働者の障害等情報の取得をすることの可否については，その必要性や合理性から判断されるのが原則であるが，労働者採用後の労使関係において

＊12　労働省「職場におけるエイズ問題に関するガイドラインについて」（平成7年2月20日基発第75号，職発第97号）

＊13　警察官について許されない以上，消防署や自衛隊，警備員等にも同様の評価が妥当するが，「外科医，歯科医など，職務に際して第三者への感染の可能性がある職種については客観的かつ合理的な必要性が存するとの評価も可能であるため，本人の明示の同意がある限り，同検査を正当化する余地が残されている」とする見解もある。この点につき，高嶌英弘「同意なきHIV抗体検査の違法性（中）」法学教室314号（2006）15頁。

は，使用者側に安全配慮義務等が課されていることなどから，情報取得の可否の問題からさらに進んで，当該情報を取得し，積極的措置を実施することを要求していると評価できる裁判例がある。

定期健康診断に際し，労働者の同意がないまま実施されたHIV感染検査の違法性が問題となった【3】，【4】の裁判例は，当該情報取得の可否（違法性）をその必要性や合理性の有無から判断していると評価できる。一方で，うつ病罹患による休職後に職場復帰し，転勤・単身赴任した後に自殺した労働者の遺族が会社に対する安全配慮義務違反に基づく損害賠償を求めた【5】では，情報の調査義務自体は否定しつつも，労働者がうつ病に罹患している事実を認識していた会社は，労働者の心身の状況に配慮した対応をすべき義務があった旨判示しており，労働者が精神的疾患に罹患していると認識し，当該情報を得たならば，会社には当該情報に「配慮する義務」があったとしている。さらに，無断欠勤を理由に諭旨退職とされたシステムエンジニアが懲戒処分の無効を求めた【6】は，使用者が労働者の精神的不調を認識した場合には，その症状にかかる情報について，健康診断を実施するなどして把握したうえで治療を勧めるなどすることを積極的に求めていると評価できる。

また，【7】では，最高裁は，業務の過程において，当該労働者が会社に申告しなかった「自らの精神的健康（いわゆるメンタルヘルス）に関する情報は，神経科の医院への通院，その診断に係る病名，神経症に適応のある薬剤の処方等を内容とするもので，労働者にとって，自己のプライバシーに属する情報であり」，「使用者は，必ずしも労働者からの申告がなくても，その健康に関わる労働環境等に十分な注意を払うべき安全配慮義務を負っている」と判示し，【6】における判断からさらに進んだ使用者の安全配慮義務（情報調査義務）を課したとの評価も可能な判断を示している。[*14]

[*14] このような理解に対し，川田琢之「判批」ジュリスト1476号（2015）104頁以下は，「本判決の判断は，使用者に高い水準の注意ないし労働者に対する配慮を求めることを前提としなくても過失相殺否定の結論を導きうる事案の下での事例判断であり，一般的にも，また本件における判断としても，そのような注意ないし配慮が使用者に求められることを示したものとは必ずしも言いがたい」と指摘している。

(4) 労働契約の締結時における使用者の採用の自由，労働者の選択と調査をする自由に関し，最高裁は，三菱樹脂事件（最判昭48・12・12民集27・11・1536）において，「企業者が雇傭の自由を有し，思想，信条を理由として雇入れを拒んでもこれを目して違法とすることができない以上，企業者が，労働者の採否決定にあたり，労働者の思想，信条を調査し，そのためその者からこれに関連する事項についての申告を求めることも，これを法律上禁止された違法行為とすべき理由はない」としていたが，上記裁判例の変遷としてみられるとおり，近時，労働者のプライバシーに関する情報については，プライバシー保護の観点から，情報取得の必要性とその合理的理由，適正な手続き（労働者の同意等）によらなければ，その取得行為自体が違法とされる可能性を有し，とりわけセンシティブ情報である健康情報の取得については，その取得行為の適法性あるいは違法性阻却事由としての必要性や合理性等が厳格に評価される傾向にある。

そして，センシティブ情報である健康情報を取得することに対するプライバシーへの配慮の視点は，労働者を採用した後であっても同様であり，その取得には，必要性と合理性に加え，当該労働者の真意としての同意を取得するなど相当な態様であることも必要とされる。

さらに最高裁は，【6】，【7】のそれぞれの判断において，プライバシーにかかわる情報である精神的疾患歴について，必ずしも労働者からの申告がなくとも，使用者が安全配慮義務の内容として，本来抑制的であるべき情報取得を積極的に義務づけているかのように判示するに至っている。

センシティブ情報である健康情報，とりわけ障害にかかる情報に関しては，常にプライバシーへ配慮する要請があるものの，他方では，労働者の心身の健康保持のための措置，あるいは解雇等を回避するための措置を検討するための前提となる資料であると評価でき，この結果，当該情報の取得場面において，使用者は，一方では情報取得に対する抑制的態度を求められ，他方では積極的姿勢を求められる，という相反する態度を迫られることになる。【6】，【7】で示された使用者の積極的態度が安全配慮義務の内容たる調査義務として確立されるのか否かは，さらに裁判例の集積を待たなければならない状況であると

考える。

6　労働契約における情報の取扱いと合理的配慮論

　労働契約における健康情報の取扱いに関する問題は，上記各裁判例の判示内容とその変遷にみられるとおり，プライバシー保護と，情報を取得することの必要性と合理性との対立する利益間の調整の問題であり，合理的配慮論を労働契約における情報の取扱いに取り込むことができるかを考察するに際しても，基本的に同様の視点で検討されるべき問題であると思われる。

　HIV感染に関する情報，B型肝炎ウイルスキャリアであるとの情報については，現状における医学的知見からは，現に当該労働者の免疫力が低下し，あるいは肝硬変をきたしているなど，職務遂行能力に具体的不安があるとの客観的状態がない限り，通常，職務とは無関係であって当該情報取得の必要性も合理性も認められず，高度のプライバシー情報であるという観点から，使用者が無断で当該情報を取得したならば違法と評価されることになると考えられる。

　他方で，裁判所は，精神的疾患にかかる情報については，当該疾患を疑うに足る前提事情（繰り返される欠勤，就業中に繰り返される体調不良の訴え，妄想ととれる発言など）を認めたならば，むしろ，安全配慮義務の履践として，使用者の労働者に対する配慮を求め，健康診断を受けさせるなどの積極的情報収集を求める傾向にある。

　プライバシーと情報取得の調整に関しては，より判断が困難な問題が生じる可能性もあるが，その際，合理的配慮の観点からは，労働者の持つ自己情報コントロール権の確保という観点も合わせて検討されるべきであると考えられる。使用者に，安全配慮義務の内容として積極的な情報収集が求められる場面があることを考慮すれば，労働契約における情報の取扱いにおける合理的配慮とは，使用者が健康情報の取得をする場面において，常に，当該労働者本人に対し，当該労働者に対する安全配慮義務の履行であることをも明示し，あるいは適切な人事配置，業務配分，休職命令発令の要否等の検討資料とすることなど，情報取得の必要性を明示するとともに，必要となる情報の種類，当該情報を保有する者の範囲と情報の管理態勢をも明らかにして，事前に本人の承諾を得て情

第4章　労働法分野における合理的配慮論の展開可能　　189

報を取得するという方法が考慮されるべきであるように思われる。

第3節　人事をめぐる諸問題（休職・配転等）

1　はじめに
本節においては，労働問題のなかでも特に人事をめぐる諸問題を取り上げ，障害者雇用の場面における裁判例と合理的配慮義務との関連および障害者以外の労働者における合理的配慮義務の展開可能性を検討する。

2　障害者雇用にかかる裁判例の検討
(1)　休職措置をめぐる配慮措置
(ア)　休職措置自体の当否に関する裁判例
　これまでの裁判例においては，基本的に，職務が限定されていない正社員については，その職務の内容について幅広くとらえ，それまで就いていた職務が障害等を理由に行いえなくなった場合でも，直ちに休職とする措置をとることは不当との判断がなされていることが多いようである。
　【1】片山組事件（最判平10・4・9裁判集民188・1）では，職務が限定されていない正社員については，たまたま命じられた職務ができないことをもって債務不履行と判断されるのは不当であるとして休職措置が不当であると認定している。
　【2】カントラ事件（大阪高判平14・6・19労判839・47）では，「他に現実に配置可能な部署ないし担当できる業務が存在し，会社の経営上もその業務を担当させることにそれほど問題がないときは，債務の本旨に従った履行の提供ができない状況にあるとはいえないものと考えられる」と判断して，「現実的に配置可能な部署ないし担当できる職務の存在」と「その業務を担当させることについての支障の有無及び程度」を総合的に勘案して，職務の変更が可能であれば，休職扱いとはせずに配置換えで対応すべきであるとしている。
　これに対し，【3】神奈川都市交通事件（最判平20・1・24労判953・5）では，タクシー乗務員が乗務中，普通乗用車に衝突されるという事故に遭い，

頸椎捻挫，右肩・左下腿挫傷の傷害を負った事案で，「タクシー乗務への復職を認めなかったのは正当であり，事務職としての就労の申入れを受け入れる義務はない」としている。

　この点，休職措置の当不当の判断の分かれ目は，採用時の職種がどの程度限定されていたかによるようである。【1】では，「Xは，Yに雇用されて以来21年以上にわたり建築工事現場における現場監督業務に従事してきたものであるが，労働契約上その職種や業務内容が現場監督業務に限定されていたとは認定されていない」として，限定がない正社員である以上，現場監督業務はできなくとも事務作業にかかる労務の提供は可能であったとして，休職措置を不当とした。【2】では，「就業規則において，従業員を従事する業務により職種の区分をしているものの，業務の都合により職種の変更もあることを予定している」として，「その職種のうち作業員は，運転者として雇用された者であっても就労が可能と考えられる」，「また運転者の業務についても，愛知，石川，福井，浜松，香川への1日1往復の運転業務と，兵庫，大阪への基本的に1日2往復の運転業務がローテーションで行われており，必ずしも長距離運転を前提とするものだけではなかった」として，復職申入れを認めなかったことは不当であったと判断している。

　しかし，【3】では，Y社がXを職種をタクシー乗務員として採用しており，Xからの事務職としての就労申入れを受け入れるべき義務があったとはいえないとしている。もっともこの事例においては，Xは最終的には，タクシー運転手として職場復帰を果たしている。主に争点となったのは，業務上の事故の後，約3か月後には症状が固定したとして労災保険法による休業補償給付が不支給となったところ，Xは，なおもタクシー乗務は不可能として事務職就労を求めたが，Yがこれを認めなかった点について年休取得した日以外の休業期間の給与相当額の支払義務の有無であった。判決では，休業期間の給与相当額の支払は認められなかったが，Yは，Xが復職を希望した時期からタクシー乗務に復帰するまでの間一時的な措置としてXに同営業所内の清掃等（内勤）をさせ，1か月あたり16万6152円の賃金を支払っており，その点では自主的に一定の合理的配慮をしていたともいえる事案であった。

採用時に職種の限定がどの程度あったかによって，休職措置をとるか配置可能な職務に変更すべき義務を負うか否かが異なってはくるが，職務が限定されていたとしても，使用者が何らの配慮もなく休職措置後に雇用を打ち切れるかどうかはまた別の問題といえるだろう。

(イ) 退職扱い・解雇等に関する裁判例——職務配置に関する配慮の欠如

同様の判断は，退職扱い・解雇等に関する裁判例でもなされている。

【4】JR東海（退職）事件（大阪地判平11・10・4労判771・25）では，「労働者が職種や業務内容を限定せずに雇用契約を締結している場合においては……配置換え等により現実に配置可能な業務の有無を検討し，これがある場合には，当該労働者に右配置可能な業務を指示すべき」として，配置換え等の配慮を行わずに労働者を退職扱いとしたことは，就業規則に反し無効であると判断している。

これに対し，【5】北海道龍谷学園（小樽双葉女子学園）事件（札幌高判平11・7・9労判764・17）では，「Xは保健体育の教諭資格者としてYに雇用されたのであるから，雇傭契約上保険体育の教諭としての労務に従事する債務を負担したものである。したがって，就業規則の適用上，Xの『業務』は保険体育の教諭としての労務をいうものであり，公民地理歴史の教諭としての業務の可否を論ずる余地はない」との判断がなされて，脳出血で倒れ右半身不随となり，2年あまり後に病状が回復し就業できる状態となったとして復職を申し出た教諭に対する，就業規則の解雇事由（身体の障害により業務に堪えられないと認めたとき）に該当することを理由とする解雇が，解雇権の濫用にあたらないとしている。

【5】は，教師という職務の専門性や学校における教員採用は学校が各教科ごとに教員の能力適性および組織運営全般に対する総合的検討に基づいて行うものであることなどを理由に，公民地理歴史の教諭としての配置換えは論ずる余地がないとしたものである。

(ウ) 時間的な面での配慮の欠如

上記の裁判例をみてみると，採用時の職種がどの程度限定的であったかを前提に，就業規則や採用時の事情，職務の性質や専門性の程度などから必ずしも

前職務に限定されていないと解される場合には，配置可能な職務が存在し，配置換えが特に問題がなければ，使用者は配置換えを行う義務を負うというのがこれまでの裁判例の動向であるように思われる。

　同一の時間軸における配置換えの問題とは別に，仮に使用者が労働者の職場復帰に際して配置換えを行う義務を負わない場合であっても，復職に際してどの程度の休職期間を待つべきかという時間的な配慮の問題も存在する。

　【6】全日本空輸（退職強要）事件（大阪高判平13・3・14労判809・61）では，「直ちに従前業務に復帰できない場合でも，比較的短期間で復帰することが可能である場合には，休業又は休職に至る事情，使用者の規模，業種，労働者等の配置の実情から見て，短期間の復帰準備期間を提供したり，教育的措置をとるなどが信義則上求められる」としている。

　また，【7】カンドー事件（東京地判平17・2・18労判892・80）では，2年間認められている休職期間を十分利用させず「治療の効果が期待できる」原告について再度の休職を検討することなくした解雇は無効であるとした。

　こうした裁判例の動向をみると，配置換えが不可能な職種であっても，休職期間を十分設けたり，復職準備期間を設けたり，教育・訓練の機会を与えるなど，一定の時間的配慮を行う義務を使用者は負っていると考えるべきであろう。

　(エ)　**配置等の措置に関する適切な配慮の欠如**

　配置転換が可能であり，配置転換を実際に行ったとしても，それだけで使用者の義務が果たされたと必ずしもいえない場合がある。

　【8】オリエンタルモーター（賃金減額）事件（東京高判平19・4・26労判940・33）は，「従前の経歴・業務を踏まえた上で，当該疾病による障害の程度を考慮した適切な代わりの業務につけるよう，また代わりの業務についても，業務負担が減少する分相当の減額がなされることはありうるとしても，Xのこれまでの職歴，業績，過去の昇級経過等を考慮し，適切な範囲にとどまるよう配慮することが要請されている」としている。配置転換先の業務が適切であり，かつ仮に配置転換によって一定程度の給与の減額はありうるとしても，従前の職歴，業績，過去の昇級経過等を考慮した適切な範囲での減額となるような金銭面での配慮も必要になるということである。

また，このほかに【9】愛知学院（愛知高校）事件（名古屋地判平17・12・16労判915・118）では，「Xの復職に際して職名変更が教諭から事務職員への職種変更によるものであることがXに伝えられていなかった等の事情に鑑みると，Xの復職に際し，教諭から事務職員への職種変更があったものとは到底認めることはできない」として，教諭としての地位確認請求を認めている。これは，両球後視神経炎にり患し，手術を受けたXが，約90日間の療養休暇を取り，その後，Yを休職した後，完全失明状態となったため，手術を受けて完全失明状態からは回復したが，弱視（右0.05，左0.03）のため身体障害者手帳（視力障害3級）の交付を受けるに至ったという事案である。職場復帰に際し，正当な手続きも経ないまま，職名変更を伝えただけで，職種が教諭から事務職員に変更されたとは認められないとしたもので，職種変更についても正当な手続きが必要とされたといえる。

(2) 昇格における差別禁止に関する裁判例

配置換えについては，以上のとおり，職務が限定されていないと認められる場合には，配置可能な職務がある限り配置換えの配慮が必要となるし，配置換えを行うにあたっても，適切な配置換えであるか否か，不当に給与が減額されるものでないかが厳密に検討されることになる。一方で，人事上の措置のなかでも昇格については，使用者の裁量が広く認められるところであり，容易には配慮義務違反とはされない。

【10】京都府立聾学校事件（京都地判平2・7・18労判567・22）では，ろう学校の教員が，聴覚障害を理由に，非障害者と同等以上の職務を果たしながら助手の身分にとどめおかれ，7年間教諭への昇進が遅れたこと等は昇格差別としているが，他方で昇格差別とは認められなかった。

【11】ジャトコ事件（京都地判平26・3・31 LEX/DB〔文献番号・25503302〕）では，「身体障害者であるからといってそれを不利益に評価したとは認められない」として，昇格差別ではないとしている。この事案では，使用者は，設備面で配慮し，評価項目で身体障害ゆえに行うことができないと判断される項目は除外しており，他の身体障害者は昇格していることなどが理

由として挙げられている。

【12】S社（障害者）事件（名古屋地判平26・4・23労経速2215・3）においても，主事に昇格できなかったのは，主事昇格要件を満たさなかったことが理由であり，障害を理由とする違法な差別があったと認められないと判断している。

【13】京成不動産事件（東京地判平27・3・18 LEX/DB〔文献番号・25540148〕）では，障害者等級1級に認定された従業員が制限された業務しか分担されず事務5級・副主任から昇進・昇級されなかったのは「裁量の範囲内」としてこれも昇格差別ではないとしている。

(3) 合理的配慮論からの検討

これまでの裁判例をみると，職務限定か職務無限定かで配置転換義務の程度が異なっているといえる。これは，募集・採用時に労働者側から提供されていた情報や，採用時の合意をあまりに超えた配置転換義務まで使用者側に課すのは，「過重な負担」といえるからとも考えられる。

また，配置可能な職務がない場合にも配置転換義務は認められない。これも，配置可能な職務がない場合に，それを無理に作出することまで使用者に求めることはやはり「過重な負担」となると位置づけることもできよう。

さらに，配置転換義務は認められても，障害を理由として高位の職種が認められなかったことを「差別」として争うのはかなり困難となる。これは障害者であっても健常者であっても，個々の能力はそれぞれに異なり，もともと健常者であっても「昇進」の基準が各企業においてそれほど明確であるわけではないことを考えれば当然といえる。

3 障害者以外の労働者における配転命令に関する裁判例
(1) 配転命令の有効性の基準

配転命令の有効性の基準となる判例としては，【14】東亜ペイント事件（最判昭61・7・14裁判集民148・281）が挙げられる。裁判所は，①労働協約および就業規則に業務の都合により従業員に転勤を命ずることができる旨の定

めがあること，②現に労働者（とくに営業担当者）が頻繁に転勤していること，③入社の際に勤務地を限定する合意はなかったこと，という事情を前提として，使用者は労働者の同意なしに勤務場所を決定し，またこれに転勤を命じて労務の提供を求める権限を有する旨を判示し，また，「①配転命令につき業務上の必要性が存しない場合，②業務上の必要性が存する場合であっても，命令が他の不当な動機・目的をもってなされたものであるとき，③労働者に対して通常甘受すべき程度を著しく超える不利益を負わせるものであるとき」には，配転命令権の濫用として，配転命令が無効となると判示している。

当初の裁判例の動向としては，この「通常甘受すべき程度」はかなり広くとらえられ，配転命令は容易には無効とはならないという傾向にあった。

(2) 判例の動向——「通常甘受すべき程度」を厳格に考えた裁判例
(ア) 「通常甘受すべき程度を著しく超える」わけではないとされた例

【14】は，堺市に住み，保育所勤務の妻と地域になじんだ老母と同居したいとして転勤を拒否して懲戒解雇された事例であったが，こうした事情は，通常甘受すべき程度を著しく超えるものではないとされ転勤命令が有効とされた。

また，【15】帝国臓器製薬事件（最判平11・9・17労判768・16）においても，東京勤務の男性が名古屋営業所に配転を命じられ，6年間家族と別居することを強いられたとして，男性とその家族が会社に慰謝料を請求した事例で配転命令は有効とされた。もっとも，一審（東京地判平5・9・29労判694・29）は，「転居を伴う転勤は，一般に，労働者の生活関係に影響を与え，特に，家族の病気の世話，子供の教育・受験，持家の管理，配偶者の仕事の継続，赴任先での住宅事情等のやむをえない理由から労働者が単身赴任をしなければならない合理的な事情がある場合には，これが労働者に対し経済的・社会的・精神的不利益を負わせるものであるから，使用者は労働者に対してこのような転勤を命ずるに際しては，信義則上，労働者の右不利益を軽減，回避するために社会通念上求められる措置をとるよう配慮すべき義務がある」と判示している。

【16】ケンウッド事件（最判平12・1・28裁判集民196・285）においても，東京都内から八王子事業所への異動命令を受けた女性労働者が，通勤時間が長

くなり満3歳の幼児の保育が不可能になるとして，命令を拒否して懲戒解雇されたが，配転命令は有効とされている。

(イ) 「通常甘受すべき程度を著しく超える」にあたるとされた例

【17】損害保険リサーチ事件（旭川地決平6・5・10労判675・72）においては，神経症により1年あまり休職した後復職を申し出た労働者を旭川から東京に転勤させる業務命令について，配転命令は無効とされた。

また，【18】北海道コカ・コーラボトリング事件（札幌地決平9・7・23労判723・62）においては，長女は躁うつ病の疑いで同一病院において経過観察が望ましい状態にあり，次女は脳炎の後遺症で精神運動発達遅延の状況，隣接した住居に住む両親は体調不良という労働者を帯広工場から札幌本社工場へ転勤させる命令について配転命令は無効とされた。

しかし，これらの例は，かなり極端に労働者の負担が大きい事例であり，まさに「通常甘受すべき程度」を「著しく超えた」ものとなっている。

(3) 「通常甘受すべき程度を著しく超える」か否かについて，きめ細かな判断を行った裁判例

以上のような「通常甘受すべき程度を著しく超える」という概念について，最近では，よりきめ細かい判断によって，配転命令を無効とする裁判例が徐々に登場するようになってきた。

(ア) ワーク・ライフ・バランスへの配慮

2001（平成13）年に，育児介護休業法が改正され，「事業主は，その雇用する労働者の配置の変更で就業の場所の変更を伴うものをしようとする場合において，その就業の場所の変更により就業しつつその子の養育又は家族の介護を行うことが困難となることとなる労働者がいるときは，当該労働者の子の養育又は家族の介護の状況に配慮しなければならない」（26条）と定められた。こうした流れから，ワーク・ライフ・バランスへの配慮の要請による新たな傾向が生まれた。

【19】ネスレ日本事件（大阪高判平18・4・14労判915・60）は，配転によって妻の病状が悪化する可能性があり，また重病の母を介護していた事例で

あったが，配転命令は無効とされ，その理由として，育児介護休業法26条の配慮が十分行われていないことから通常甘受すべき程度を著しく超えるとの判断がなされた。

【20】NTT東日本（北海道）事件（札幌高判平21・3・26労判982・44）も，障害を持つ両親を妻や妹らとともに介護していた事例であるが，やはり配転命令は無効とされた。このように育児介護休業法改正により，使用者の配転命令の再の配慮についても，同法の趣旨に沿った判断がなされるようになってきたといえる。

(イ) **職種・勤務地への合理的期待への配慮**

これまでは，職種・勤務地についての限定合意が認定できない場合には基本的に配転命令は有効であり，ただそれが「通常甘受すべき程度を著しく超える」場合にのみ権利濫用とされてきた。しかし，近時になって，職種・勤務地の限定まで認定できない場合であっても，職種・勤務地特定に対する労働者の期待が相当と認められる場合には，配転命令を無効と考える裁判例もみられるようになった。

【21】日本レストランシステム事件（大阪高判平17・1・25労判890・27）では，勤務地を関西地区に限定する黙示の合意があったと認定し，仮にこのような限定合意が認定できないとしても職種・勤務地特定に対する労働者の期待が相当と認められる場合には信義則上の配慮義務があるとした。

さらに，採用時の合意ではなくても，労使間で締結された配転しない努力義務を権利濫用判断に反映させる事例も登場した。【22】ノースウエスト航空事件（東京高判平20・3・27労判959・18）では，専門職としてのキャリア形成の期待を配慮しない配転を権利濫用としている。このほかにも【23】X社事件（東京地判平22・2・8労経速2067・21）では，情報システム専門職としてのキャリア形成の期待を配慮しない倉庫業務への配転を権利濫用とし，不法行為責任を認めた。

このように，限定された勤務地・職種で勤務を継続したいと考える労働者について，その期待が合理的であると認められる場合には，使用者はそれを配慮すべき義務を負い，これに配慮していないと認められる場合には配転命令を無

効とする傾向が出てきたのである。

　(ウ)　**手続・説明の妥当性への配慮**

　育児介護休業法改正に伴うワーク・ライフ・バランスへの配慮，勤務地・職種に対する労働者の合理的期待に対する配慮に加えて，配転にあたっての手続・説明の妥当性に着目し，濫用判断の要素とする裁判例も見受けられる。

　【24】直源会相模原南病院事件（東京高判平10・12・10労判761・118）では，事務職から労務職系への異職種配転を命ずるにはその必要性と合理性について十分な説明がなされていなければならないとした。

　【25】メレスグリオ事件（東京高判平12・11・29労判799・17）では，配転に伴う利害得失を考慮して合理的決断をするに必要な情報提供されていなかった場合，懲戒解雇は権利濫用になるとしている。

　【26】山宗事件（静岡地裁沼津支部判平13・12・26労判836・132）においても，配転命令は権利濫用にならないとしつつ，配転にあたっての手続の妥当性（説明の不適切さ）に着目して，それに従わないことを理由とする懲戒解雇を無効とした。

(4)　配転命令についての裁判例の動向と障害者雇用促進法における合理的配慮義務の目指す方向

　これまでみてきたように，近時の裁判例においては，個別の労働者の労働関係安定への期待について，より配慮したきめ細かな判断がなされつつある。これは，障害者雇用促進法36条の3における「労働者の有する能力の有効な発揮」のための支障を取り除くという概念と相通じるものではないかと思われる。障害者に対して，使用者の「過重な負担」とならない限り，「合理的配慮」を求める同法の理念は，健常者である労働者に対する配転命令の有効無効の判断にあたっても，子の養育や家族の介護も行うことができ，希望する職種で希望する勤務地でやりがいを感じることのできる労働を行えるように配慮すべきである。その一方で，それでもあえて使用者の要請から配転を行う場合には，その利害得失を十分に説明して合理的な判断ができるように，必要性と合理性について十分に説明したうえで行わなければならないとする司法判断の動向と同じ

方向を目指しているといえるのではないだろうか。

　障害者雇用促進法における「労働者の有する能力の有効な発揮」の概念を拡大すれば，能力の有効な発揮の妨げになる事情の有無（家族状況，キャリアへの期待等の合理的な期待等の事情の有無）の確認義務を事業主に課し，双方の話合いを通じて合理的配慮の内容および理由（勤務地や職種を限定する措置）もしくは過重な負担となる場合にはその理由（配転がどうしても必要な理由）を説明しなければならないという判断につながるのではないか。

　障害者のみならず健常者であっても，事業者にとって過重な負担とならない限り，家族との生活が守られ，やりたい仕事をやりたい職場（勤務地）で行うことができ，転勤に際しては，適切な手続きを経て十分に利害得失を理解したうえで命令がなされなければならないというところまで「合理的配慮義務」の概念を発展させることができる余地があるといえるかもしれない。

4　小括

　人事をめぐる問題のいずれの局面においても，個別の労働者の事情が考慮されるが，その判断の考慮事情として合理的配慮の考え方を取り入れることは可能である。特に，近時の裁判例における個別の労働者の労働関係安定への期待により配慮したきめ細かな判断において，当該取扱いの合理性が問われることになる。したがって，この合理性の判断に際して，合理的配慮の有無を考慮することは可能と考えられる。

　もっとも，ここに合理的配慮の概念を取り入れることは可能であるとしても，そのような必要性があるか否かについてはなお検討が必要であるものの，一定の有用性も認められるのではないかと考えられる。

第4節　安全配慮義務

1　検討対象範囲の特定

　障害者差別解消法および改正障害者雇用促進法において合理的配慮義務が規定される以前から，合理的配慮という新しい概念と既に議論の重ねられてきた

安全配慮義務との内容の類似性が指摘され，これらの比較検討がなされてきた[*15]。また，第2章第7節において述べたとおり，合理的配慮について規定された後，安全配慮義務と合理的配慮論との関係について検討がなされてきている[*16]。

本節では，安全配慮義務に関する多くの裁判例のうち，その類似性から合理的配慮論との比較検討が容易であると思われる心身の不調に関する裁判例を中心に，合理的配慮論の展開可能性を検討する。

検討にあたって，まずは，労働契約関係における安全配慮義務の内容を裁判例に基づいて確認するとともに合理的配慮との比較を行う。その後，心身の不調を原因とする作業内容の軽減および就業の禁止に関する裁判例について検討し，これらの裁判例にみられる安全配慮義務の考え方が，今後の障害者雇用促進法上の「合理的配慮」の具体的内容を解釈するための参考となりうるか，また，これらの事案の解決にあたり「合理的配慮」の考え方を取り入れることが可能かについて考察する。

2 労働契約関係における安全配慮義務の内容

(1) 安全配慮義務法理の発展と法規制

使用者は，労働者に対し，就労場所・職務を指定し，そこにある設備・機械等を使用させて職務を遂行させる。その際，使用者は，職務に従事する労働者のために種々の措置を講じて安全に働けるようにしなければならない。

労働安全衛生法は，これらの措置について，労働災害の防止のための最低基準を定めたものである。労働安全衛生法の目的は，同法1条に「労働基準法と相まって」とあるとおり，そもそもの母体である労働基準法と一体の法律であり，そのことは，労働基準法42条に「労働者の安全及び衛生に関しては，労働安全衛生法（昭和47年法律第57条）の定めるところによる」との規定（いわ

---

*15 長谷川珠子「健康上の問題を抱える労働者への配慮－健康配慮義務と合理的配慮の比較」日本労働研究雑誌601号（2010）46頁以下。
*16 所浩代『精神疾患と障害差別禁止法』（旬報社，2015）241頁以下，279頁以下。

ゆる「ドッキング条項」)が置かれていることからも明らかである[*17]。このような労働安全衛生法には，労働者の健康を管理するための，使用者がなすべき様々な義務が定められている。例えば，使用者は労働者に健康診断を実施しなければならず（66条），健康診断の結果，必要があると認めるときは，就業場所の変更，作業の転換，労働時間の短縮，深夜業の回数の減少等の措置を講じなければならないとされている（66条の5）。

これらの労働安全衛生法上の要請以外に，安全配慮義務という概念が，労働契約上ないし信義則上，労働者の生命・身体の安全を確保するよう配慮する義務として，裁判例を通じて確立することになった[*18]。すなわち，最高裁判所は，国の公務員に対する安全配慮義務を認めて，安全配慮義務一般について，「ある法律関係に基づいて特別な社会的接触の関係に入った当事者間において，当該法律関係の付随義務として当事者の一方又は双方が相手方に対して信義則上負う義務として一般的に認められるべき」とし[*19]，その後，労働契約関係における使用者の安全配慮義務について，「労働者が労務提供のため設置する場所，設備もしくは器具等を使用し又は使用者の指示のもとに労務を提供する過程において，労働者の生命及び身体等を危険から保護するよう配慮すべき義務」であると判示した[*20]。

これらの裁判例を通じて確立した安全配慮義務は，現在，労働契約法5条において，「使用者は，労働契約に伴い，労働者がその生命，身体等の安全を確保しつつ労働することができるよう，必要な配慮をするものとする」という形で明文化されるに至っている。

(2) 安全配慮義務の具体的内容

労働契約法5条の安全配慮義務の具体的内容は，その制定の経緯から考えて

---

*17　栩木敬『元労働基準監督官からみた安全配慮義務－実務解説とケーススタディー』（新日本法規，2017）21頁以下。
*18　品田充儀「使用者の安全・健康配慮義務」日本労働法学会編『講座21世紀の労働法（第7巻）健康・安全と家庭生活』（有斐閣，2000）109頁以下。
*19　陸上自衛隊八戸車両整備工場事件（最判昭50・2・25民集29・2・143）。
*20　川義事件（最判昭59・4・10民集38・6・557）。

も，過去の裁判例を参照する必要がある。

この点，先述した川義事件において，最高裁判所は，「安全配慮義務の具体的内容は，労働者の職種，労務内容，労務提供場所等安全配慮義務が問題となる当該具体的状況等によって異なる」と判示し，安全配慮義務の個別性を強調している[*21]。

また，最高裁判所は，電通事件（最判平12・3・24民集54・3・355）において，「労働者が労働日に長時間にわたり業務に従事する状況が継続するなどして，疲労や心理的負荷等が過度に蓄積すると，労働者の心身の健康を損なう危険のあることは，周知のところである。労働基準法は，労働時間に関する制限を定め，労働安全衛生法65条の3は，作業の内容等を特に限定することなく，同法所定の事業者は労働者の健康に配慮して労働者の従事する作業を適切に管理するように努めるべき旨を定めているが，それは，右のような危険が発生するのを防止することをも目的とするものと解される。これらのことからすれば，使用者に，その雇用する労働者に従事させる業務を定めてこれを管理するに際し，業務の遂行に伴う疲労や心理的負荷等が過度に蓄積して労働者の心身の健康を損なうことがないよう注意する義務を負う」と判示している。そのうえ，この事件についての調査官解説では，労働基準法上の労働時間制限を大幅に超えて労働者を業務に従事させてはならないことと並んで，職場における労働者の健康の維持増進を図るためには，作業環境の管理，作業の量等の管理，労働者の健康状態の管理の3要素が総合的に機能することが必要であるとの考えを基礎に，作業の量等についての使用者の努力義務を定めた労働安全衛生法65条の3の内容に含まれるというべき作業量の適正化も一般的な条理の一部を構成するとして，「注意義務において重要なポイントとされるのは，『業務の量等を適切に調整するための措置を採る』ことである。労働安全衛生法65条の2の規定に関して述べたように，これは，作業環境の管理又は労働者の健康状態の管理とは次元を異にするものである。」と指摘している[*22]。

---

*21 所・前掲注(16)244頁。
*22 八木一洋「判解」354頁。

このように，裁判例においては，安全配慮義務の具体的内容について，労働基準法や労働安全衛生法などに定められた義務（努力義務にすぎないものも含む）を一般的な条理として取り込み，単に労働者の生命・身体の安全を確保する義務にとどまらず，労働者の身体面・精神面の健康の保持や健康問題を抱える労働者の症状の増悪防止に積極的に協力することを含む広範な義務として理解されるようになった。[*23]

(3) 安全配慮義務違反と予見可能性・相当因果関係

電通事件では，精神医学的知見に基づき，「過重労働→うつ病→自殺」という因果関係の連鎖を認め，かつ予見可能性に言及することなく相当因果関係を肯定した。

予見可能性については，精神障害は労働者の内面の健康問題でその状態把握は外見から必ずしも容易ではない。そうであれば，事実的因果関係が肯定されても使用者の予見可能性が存せず使用者責任が否定されるということにもなりかねない。

この点につき，電通事件判決は，「業務を所定の期限までに完了させるべきものとする，一般的，包括的な指揮又は命令の下にその遂行に当たっていたため，継続的に長時間にわたる残業を行わざるを得ない状態になっていたものであって，本件労働者の上司は，本件労働者が業務遂行のために徹夜までする状態にあることを認識し，その健康状態が悪化していることに気付いていながら，本件労働者に対して業務を所定の期限内に遂行すべきことを前提に時間の配分につき指導を行ったのみで，その業務の量等を適切に調整するための措置を採らず，その結果，本件労働者は，心身共に疲労困ぱいした状態となり，それが誘因となってうつ病にり患し，うつ状態が深まって衝動的，突発的に自殺するに至ったなど判示の事情の下においては，使用者は，民法715条に基づき，本件労働者の死亡による損害を賠償する責任を負う」と判示しており，この点について，調査官解説は，「Aの健康状態が悪化したことが外見上明らかになっ

＊23　所・前掲注(16)244頁。

ていた段階では，既にうつ病り患という結果の発生を避けられなかった可能性もあることを考えると，使用者又はその代理監督者が回避する必要性があるのは，……右のような結果を生む原因となる危険な状態の発生であるというべきで，予見の対象も，右に対応したものとなる」と述べている[*24]。

また，電通事件以後の下級審の各裁判例を検討したうえで，「客観的業務過重性が認められる場合には，業務の過重性についての予見可能性と労働者の心身の健康を損なう危険についての（抽象的）予見可能性さえあれば（使用者側は，客観的にみて過重な義務を課しているのであるから，通常は，これが否定されることはない。），義務違反及び相当因果関係が構成される関係にあり，……他方，客観的業務過重性が認められない場合には，精神障害の発症や自殺についての具体的な予見可能性が必要とされるし，注意義務ないしは安全配慮義務の内容も具体的状況に応じて異なりうるので，この点についての十分な審理が必要となる。」との分析もなされている[*25]。ここでの客観的業務過重性の意味については，必ずしも明確にはされていないが，労災における行政基準である「心理的負荷による精神障害の認定基準について[*26]」に照らして，「電通事件及び下級審裁判例をみてみると，1か月に80時間以上の時間外労働時間数がある事案では，業務の過重性を認めて義務違反及び相当因果関係を肯定する傾向にあることがうかがわれる」としていることからすると，労働者の個別事情などを考慮することなく，業務の量的過重性を重視しているように思われる（なお，業務の過重性の判断要素として，①量的過重性のほかに②質的過重性と③パワーハラスメント等その他の事情が掲げられている[*27]）。

(4) 安全配慮義務と合理的配慮義務との比較

以上概観してきた安全配慮義務を合理的配慮義務と比較すると，使用者が労

---

* 24　八木・前掲注 (22)363 頁。
* 25　石村智「労災民事訴訟に関する諸問題について－過労自殺に関する注意義務違反，安全配慮義務違反と相当因果関係を中心として－」判例タイムズ 1425 号（2016）45 頁。
* 26　平成 23 年 12 月 26 日基発 1226 第 1 号。
* 27　石村・前掲注 (25)33 頁以下。

働者に対して負う義務であるという点で共通しており，また，健康や障害といった労働者側の問題に対する特別な対応でありかつ個々人の状況に合わせた個別性の高いものとみることができ，両者の具体的内容についても多くの類似性がみられるといえる。[28]

他方で，相違点として，①安全配慮義務の対象者は，合理的配慮義務につき法律で定義された「障害者」の範囲にとどまらないこと[29]，②安全配慮義務は，経営上の事情（業務への過重な負担）を理由に免責されるような仕組みにはなっていないこと[30]，③安全配慮義務は労働者が負傷，疾病または死亡したことを理由として事後的に損害賠償請求を行う場面でのみ表れるものであり，労働者が事前に積極的に何らかの対応を使用者に求める時の根拠とはならないこと[31]などが指摘されている。

そこで，以下，このような異同に留意しつつ，心身の不調を原因とする作業内容の軽減および就業の禁止に関する裁判例について検討する。

3　作業内容の軽減および就業の禁止に関する裁判例の検討
(1)　裁判例

主として，安全配慮義務の判断の基礎となる個別的事情および安全配慮義務の内容として認められた個別具体的措置を中心に検討してみたい。

【1】オタフクソース事件（広島地判平12・5・18労判783・15）は，リーダーとしての責任を感じており，作業により脱水症状で体調を崩して2度にわたり病院を受診していた労働者がうつ病により自殺した事案において，「事業者には……，労働者が労働に従事することによって受けるであろう心理面又は精神面への影響にも十分配慮し，それに対して適切な措置を講ずべき義務を負っていると解される。それらの措置は事業の規模，種類及び内容，作業態様（単独作業か共同作業か）等により異なるものであるから，右の諸事情を考慮

---

*28　長谷川・前掲注(15)50頁。
*29　長谷川・前掲注(15)50頁以下，所・前掲注(16)280頁。
*30　所・前掲注(16)245頁，279頁。
*31　長谷川・前掲注(15)53頁。

した上で個別に判断すべきである」旨判示した。

【2】三洋電機サービス事件（東京高判平14・7・23労判852・73）は，一家の支柱であり課長職という立場を自覚しながら，課長職が重荷であるなどと言って出社することを嫌がり，上司からの強い説得に対しても涙を流しながら頑なにこれを拒絶し，医師からも1か月の休養を要する旨の診断書が提出され，かつて自殺未遂事故も起こしていた労働者が自殺した事案について，上司は部下である労働者について業務上の事由による心理的負荷のため精神面での健康が損なわれていないかどうかを把握し，適切な措置をとるべき注意義務にしたがって，労働者の心身の状況について医学的見地に立った正確な知識や情報を収集し，労働者の休養の要否について慎重な対応をすることが要請されていたとして，上司にはそのような注意義務に違反した過失を認め，使用者についても「同様に従業員の精神面での健康状態についても十分配慮し，使用者として適切な措置を講ずべき義務に違反した」旨判示している。

【3】関西医科大学研修医事件（大阪高判平16・7・15労判879・22）は，研修医の置かれた状況，拘束時間の長さ等に加え，当人自身の性格，気質，特性等から当人にとっては過重なものであったといわざるをえない研修業務がブルガタ症候群の発症による突然死を招来したとされる事案について，病院と研修医との間に労働契約関係と同様の指揮命令関係があるとして，病院は，研修医に対し，「研修業務の遂行による疲労の蓄積により過労状態に陥り，心身の健康が害されることがないように，研修時間や研修の内容密度が適切であるよう配慮するか，あるいは，それが難しければ研修医の健康管理に注意を払い，少なくとも定期的に大学入学時に実施したものと同程度の内容（心電図検査は当然含まれる。）の健康診断を実施するなど，一定の措置を講じるべき義務を負っていたのに，この義務を怠った」旨判示している。

【4】エージーフーズ事件（京都地判平17・3・25労判893・18）は，不眠状態にあり，階段転落事故を起こすなどしていた労働者がうつ病により自殺した事案において，「使用者は，雇用契約に基づき，その雇用する労働者に従事する業務を定めてこれを管理するに際し，業務の遂行に伴う疲労や心理的不可等が過度に蓄積して労働者の心身の健康を損なうことのないよう注意する義

務を負う」旨判示し，電通事件判決を参照して「労働者の性格が同種の業務に従事する労働者の個性の多様さとして通常想定される範囲を外れるものでないときは……，使用者の賠償すべき額を決定するに当たり，その性格及びこれに基づく業務遂行の態様等を，心因的要因としてしんしゃくすることはできない」とした。

【5】社会保険庁事件（甲府地判平17・9・27労判904・41）は，職員がうつ病により自殺した事案について，「職員の健康管理は各種健康診断の実施，医務室の設置，メンタルも含めた健康相談の実施等の体制的な管理に尽きるものではなく，職員に対して業務上の指導監督権限を有する者は，職員の日常の勤務状況，職場環境，業務の負担量等について，継続的に的確に業務の把握を行い，健康状態等につき管理をする必要がある」として，通常の注意をもってすれば，職員の超過勤務，担当業務および職場環境の実態を正確に把握することができ，直ちにこれに対する具体的措置を講ずることが可能であったにもかかわらず，それらの状況を把握することなく漫然と放置した結果，職員に過重な業務を負わせ続けるとともに，悪化しつつあった職員のうつ病に配慮することなく，さらに過重な業務を強いられる人事係への配置換えをしたものと認められると判示した。

【6】積善会事件（大阪地判平19・5・28労判942・25）は，労働者がうつ病により自殺した事案について，安全配慮義務の具体的内容として，「労働時間，休憩時間，休日，休憩場所等について適正な労働条件を確保した上，労働者の年齢，健康状態等に応じて従事する作業時間及び内容の軽減，就労場所の変更等適切な措置を執るべき義務を負う」とし，うつ病の症状が悪化し，勤務が困難であると判断され，自殺を示唆する言動があり，非常に深刻な事態になっていたのであるから，それ以降においては，病院での業務をさせるのではなく，両親に連絡し，まず労働者の安全を確保し，精神科を受診させ，その精神状態が安定するのを待って今後の業務について相談すべきであったと判示している。

【7】音更町農業協同組合事件（釧路地裁帯広支部判平21・2・2労判990・196）は，はじめて管理職につき，度々体調不良や通院を理由として早

退届や外出届を出し，他部署への異動や増員を希望していた労働者がうつ病エピソードにより自殺した事案について，使用者には，労働者の業務量を軽減する措置を講ずる義務があり，かつそのような措置を講ずることは可能であったとして，使用者が安全配慮義務を尽くし，労働者の状態に適した配属先への異動を行うなどして，その業務負担を軽減し，労働時間を適正なものに抑えるなどの対応をとり，あるいは労働者の精神的不調を疑い，精神科への受診を勧奨するなどの措置をとっていれば，労働者のうつ病エピソード罹患・自殺を防止できた蓋然性は高かったとして，使用者の安全配慮義務違反と労働者の自殺との間には因果関係があるとした。

【8】建設技術研究所事件（大阪地判平24・2・15労判1048・105）は，労働者が長時間労働等の過重労働に従事するなどしたために精神疾患を発症し，その後解雇された事案について，「原告が著しく長時間にわたり業務に従事していること及びその健康状態が悪化していることを認識しながら，その負担を軽減させるための措置を取らなかったことについて過失がある」として，債務不履行（安全配慮義務違反）に基づく損害賠償を認めている。

(2) 裁判例からみる安全配慮義務の具体的内容

(ア) まず，上記裁判例において，安全配慮義務に基づく具体的な措置として，どのようなものが挙げられているかを確認する。

① 健康状態の調査

裁判例の一部は，「心身の変調を疑い，同僚や家族に対して労働者の日常の言動を調査してしかるべき対応をすべきであった」【1】，「心身の状況について医学的見地に立った正確な知識や情報を収集し，休養の要否について慎重な対応をすることが要請されていた」【2】，「研修医の健康管理に注意を払い，少なくとも定期的に大学入学時に実施したものと同程度の内容（心電図検査は当然含まれる。）の健康診断を実施するなど，一定の措置を講じるべき義務を負っていた」【3】とあるように，当該労働者の健康状態についての調査を行うべきとする。

なお，各種の健康診断の実施，医務室の設置，メンタルも含めた健康相談の

実施などの体制的な管理に尽きるものではないとの指摘【5】や「カウンセリングのみで過重労働が軽減されるわけではないし，カウンセリングも希望者のみを対象とするものであり，当該労働者のカウンセリングは1回も開催されていない」【7】と判示されているように，裁判例の多くは，単に一般的な制度を作るだけでは足りず，当該労働者の健康状態について実際に具体的な調査等を求めているように思われる。

健康状態の調査については，労働安全衛生法66条が健康診断の実施を義務づけており，さらに個々の事情に応じて，安全配慮義務の内容として，より具体的な措置が求められているということがいえる。上記各裁判例のなかで，健康状態の調査について言及されていない裁判例は，いずれも，過重労働の状況や労働者の言動等から，調査するまでもなく健康状態が明らかな事案である。

② 業務内容の軽減や休暇などの措置

また，上記裁判例はいずれも，「直ちに特注ソース等製造部門から外し，あるいは医師の治療を受けさせるなどの適宜の措置をとること」【1】，「休養の要否について慎重に対応することが要請されていた」【2】，「研修業務の遂行による疲労の蓄積により過労状態に陥り，心身の健康が害されることのないように，研修時間や研修の内容密度が適切であるように配慮」【3】，「静養するよう告げただけで，労働者の業務処理につき代替措置を講じておらず，適切な業務内容の軽減等の措置も講じられていない」【4】，「被災者に心身の健康相談を実施して休暇を取らせたり，移動についての希望聴取を行い，心身の状態に適した配属先への移動を行うなどの対応を取ることは容易であった」【5】，「両親に連絡し，まずは労働者の安全を確保し，精神科を受診させ，労働者の精神状態が安定するのを待って，今後の業務について相談すべきであった」【6】，「業務量を軽減する措置を講ずる義務があり，かつそのような措置を講ずることは可能であった」【7】，「深夜残業を含む勤務を継続させた」（休養させなかった），「適時に原告の業務の量等を適切に調整するための措置を取らなかった」【8】とあるように，業務内容の軽減や休暇などの措置をとる必要があったとしているものである。

(イ) 安全配慮義務の内容として上記のような措置が求められる前提として，

いかなる事情が考慮されているかについて確認すると，次のとおり，当該労働者についての個別的事情がかなり詳細に認定されている。

① 一般的な作業環境

当該労働者に限らない一般的な作業環境について，【1】は劣悪であることを指摘している。

② 当該労働者の地位

「次のリーダー役となる者の心身の負担が増大した」【1】，「初めて管理職に就く労働者に対するフォローもしていない」【6】といった当該労働者の地位，とりわけその変更が問題とされることがある。

③ 当該労働者の勤務状況

「職員の日常の勤務状況，職場環境，業務の負担量等について，継続的に的確に業務の把握を行い，健康状態等につき管理をする必要がある」【5】，「労働時間の質量ともに決して軽いものではない」【7】，「業務遂行のために徹夜までするなど著しく長時間にわたり業務に従事していること」【8】など，当該労働者の具体的勤務状況が指摘されることが多く，使用者はこれを認識していることが必要であるとされる。

④ 当該労働者の健康状態の悪化

「辞めたい等の申出内容が一般的には理解しがたい内容」【1】，「一家の支柱であり課長職という立場にあることを自覚しながら，課長職が重荷であるなどと言って出社することを嫌がり，上司からの強い説得に対しても涙を流しながら頑なにこれを拒絶するといった場面は通常では考え難い」，「1か月の休養を要する旨の診断書の提出」【2】，「健康診断等の実施により素因としてブルガタ症候群の疑いがあることを事前に発見し然るべき治療を施すことが可能だった」【3】，「うつ病の病状の悪化，自殺を示唆するメモを残して失踪」【6】，「上司において業務量の増大を認識しており，度々体調不良や通院を理由として早退届や外出届を提出されていることから，身体の不調も認識しており，自己申告書に他部署への異動を希望する旨や増員を希望する旨の記載があったことから，労働者が業務負担の増大及びこれを原因とする疲労の蓄積や体調不良に悩んでいた事を認識し，あるいは認識することが可能であった」【7】，「1か月

の休養を要するとの診断書の提出，精神疾患による自宅療養から職場に復帰後」【8】とあり，労働者の健康状態の悪化が顕在化した事情，具体的には，通院のための早退等の届出，診断書の提出等や疾病の申告，辞意の表明や移動の申出およびそれに伴う異常な言動等が指摘されることが多い。

4 小括
(1) 「合理的配慮」の具体的内容への参照可能性

以上のとおり，安全配慮義務の判断においては，当該労働者に関する個別的事情がかなり具体的に考慮されており，また，配慮としての措置についても個別事情を踏まえて具体的な判断がなされているといえる。

これらは，障害者雇用促進法上の合理的配慮（提供）義務のうち労働契約成立後の障害者の申出を待たずに，障害の特性に配慮した職務の円滑な遂行に必要な施設の整備，援助を行うものの配置その他の必要な措置を講じる義務（36条の3）およびその違反について検討する際の参考となろう。とりわけ「その他の必要な措置」については，今後解釈により具体化していくところであると思われ，従前の安全配慮義務等の事例を参考にすべきである。

(2) 裁判例の事案に対する「合理的配慮」の導入可能性

上述のとおり，安全配慮義務の判断については，当該労働者の個別事情や具体的な措置に言及されており，「合理的配慮」論を導入するまでもなく，一定の妥当な解決が図れていると評価することもできるかもしれない。ただし，上記2，(3)の箇所でも紹介したとおり，業務が客観的に過重なものであると認定されない場合に，精神障害の発症や自殺という具体的結果に対する予見可能性が要求されている傾向があるとするならば[*32]，このために，個別の事情を有する労働者の救済が困難になるという事態が生じうる。

また，電通事件や【6】においては，考慮すべき当該労働者の個別事情について，「労働者の性格が同種の業務に従事する労働者の個性の多様さとして通

＊32 石村・前掲注(25)36頁以下。

常想定される範囲を外れるものでないとき」といった限定を付しており，電通事件が客観的業務過重性の明らかな事案であったことからすると，客観的業務過重性が認められたとしても，当該労働者の個別事情の内容によっては，使用者が予想できないとして，予見可能性ないし相当因果関係がないことにより，やはり労働者が保護されないという事態が生じうるところである。

このような場面において，使用者の利益とのバランスを考慮しながら，「個性的な」労働者を保護するために，合理的配慮論を用いる余地があるのではないかと思われる。例えば，個性を尊重し差別的取扱いをできる限り禁止するための合理的配慮の必要性という観点から，客観的業務過重性の判断において労働者の特殊な事情を基礎として検討したり，被害結果に対する具体的な予見可能性についても労働者の特殊な事情をできる限り取り込んで判断したり，個性の多様さとして通常想定される範囲をできる限り広く考えるという解釈論をとりつつ，他方で，安全配慮義務の内容としては，過重な負担とならない程度の措置にとどめることで，使用者とのバランスを取りながら労働者の保護を図ることは十分に考慮に値するものと思われる。

ただし，従前であれば安全配慮義務法理のもとで使用者に法的責任が認められたであろう事案において，法制化された「合理的配慮提供義務」には違反していないとして，かえって使用者の責任が否定されることになれば，法改正の趣旨に反しかねないのであり（第2章第7節参照），ここで考慮されるべきは，あくまでも従来の安全配慮義務法理のもとで労働者の保護が困難な場合に限られなければならないという点に留意が必要である。

第5節　セクハラ

1　検討対象となるセクハラ

(1)　セクハラの意義

男女雇用平等をめぐる問題が様々な視点で議論されてきたなかで，セクハ[33]

＊33　この点に関しては，本章第6節も参照されたい。

ラは，当初は，男性労働者から女性労働者に対するものであり，加害者の性癖による個人的問題ではなく，性差別の一つとしてとらえられてきた。その後，性的な言動以外のハラスメント（パワハラ，マタハラ等）や，女性労働者から男性労働者に対するセクハラも問題視されるようになり，職場の人間関係のパワーバランスを背景とする人格権侵害としてとらえられるようになっている。

セクハラは，職場において行われる性的な言動に対する労働者の対応により当該労働者がその労働条件につき不利益を受ける「対価型セクハラ」と，当該性的な言動により労働者の就業環境が害される「環境型セクハラ」に分けて定義づけられている。

(2) セクハラに関する公法上の規律

男女雇用機会均等法[34]は，前記の2種類のセクハラが行われないよう，「当該労働者からの相談に応じ，適切に対応するために必要な体制の整備その他の雇用管理上必要な措置を講じなければならない」（11条1項）として，事業主の措置義務を定めている。その措置の内容については，同法11条2項に基づき，「事業主が職場における性的な言動に起因する問題に関して雇用管理上講ずべき措置についての指針」（セクハラ指針[35]）が定められている。

厚生労働大臣は，必要があると認めるときは，事業主に対して，前記の措置義務の違反について報告を求め，助言・指導・勧告をすることができる（29条1項）。事業主が措置義務の違反にかかる勧告に従わなかったときは，公表の対象となり（30条），求められた報告をせず，または虚偽の報告をした事業者は20万円以下の過料に処せられる（33条）。このように，わが国において，セクハラに関する法制度は，公法上の規律として定められている。

(3) セクハラに関する私法上の規律

私法上の規律における扱いについてみると，対価型セクハラは，上司と部下

---

* 34 「雇用の分野における男女の均等な機会及び待遇の確保に関する法律」
* 35 平成18年10月11日厚生労働省告示第615号。

といった上下関係を利用して，性的要求を強要された結果，身体的・精神的被害を被って就業できなくなった，性的要求を拒否したことを理由に賃金を減額されたなど，労働条件につき不利益をもたらすものである。したがって，労使間の労働条件に関する違法な差別としてとらえて，損害賠償請求，賃金支払い請求，雇用上の地位の確認請求等の直截的な法的救済を構成しやすい。

　他方，環境型セクハラは，人事権の行使を伴わずに職場環境を悪化させる態様である。そのため，直接の加害者だけでなく，直接の加害者や被害者が所属する職場の上司や管理者が主体となることもあったり，また，職場環境の悪化の内容や程度も多様であったりするが，使用者が職場環境に配慮する義務があり，その義務に違反した結果発生した事象であるという点では共通している。

　そして，その違法性の判断枠組みについては，様々な見解がある。

　アメリカ合衆国最高裁は，1998年6月のEllerth事件，Faragher事件において，使用者に対し，①使用者がセクハラの防止および迅速な是正のために合理的な配慮を尽くしたこと，②被害者が合理的理由なくして使用者の用意した防止および是正の機会を利用せず，またはその他の被害回避のための手段をとらなかったこと，という2点の証明を求めた。このような抗弁を認めることによって，使用者がセクハラ禁止方針の徹底と苦情手続の整備を進め，かつ，被害者の側も苦情手続を通じた解決の努力を行うことが期待されている[36]。

　わが国の裁判例でこのような抗弁を明示的に判示しているものは見当たらない。しかし，使用者側の当事者(加害者の上司等)について，セクハラ防止措置義務を明示し，その義務違反の有無を検討している裁判例がある。1997(平成9)年の改正男女雇用機会均等法以前の裁判例は，事業主に「使用者が被用者との関係において負う社会通念上の義務」[37]，「労働契約上の付随義務としての信義則上の職場環境配慮義務」[38]を課し，それに違反したとして，損害賠償請求を肯定してきた。

＊36　中窪裕也『アメリカ労働法』(弘文堂，第2版，2010) 227頁，山川隆一「セクシュアル・ハラスメントと使用者の責任」山口浩一郎ほか『労働関係法の国際的潮流』(信山社，2000) 13頁。
＊37　福岡セクシャル・ハラスメント事件（福岡地判平4・4・16労判607・6）。
＊38　京都セクシャル・ハラスメント事件（京都地判平9・4・17労判716・49）。

また，2006（平成18）年の改正男女雇用機会均等法により，セクハラ防止に関する事業主の措置義務の根拠が明確化されたことにより，社会通念上必要と考えられる防止措置がとられていなかったという理由で裁判所が事業主の義務違反を認定することが，従来よりも容易になったといえるとの指摘もある。[*39]

　したがって，環境型セクハラの事案において，使用者側の当事者の責任の有無が問われた裁判例が，セクハラ防止措置義務違反の判断枠組み，すなわち，セクハラ事案における合理的配慮論の具体的内容の参考になろう。

2　環境型セクハラの裁判例

(1)　事業主が公的機関，加害者の上司等の職場環境配慮義務違反肯定

【1】A市市職員（セクハラ損害賠償）事件（横浜地判平16・7・8 労判880・12）

　市の女性職員Xが，上司の男性職員Yから度重なるセクハラを受け，市の救済窓口の担当課長と市長に就労環境の改善等を申し入れたが，適切な対応を講じてもらえなかったため，重大な精神的損害を被ったとして国家賠償請求をした事案である。

　裁判所は，担当課長について「本件基本方針及び本件要綱に職務上の義務の大枠が設定されていたのであるから，基本的な行動をこれらの規定に沿って行うことが要請されていたというべきである」と判示したうえで，担当課長は，「問題解決にとって特に重要な事実の調査・確定を十分行わず，当時同課長が把握していた事実によっても当然検討すべきであると考えられた被害者であるXの保護や加害者であるYに対する制裁のいずれの点についても，何もしなかったと評するほかはない。……課長の不作為は，その権限及び職責を定めた本件基本方針及び本件要綱の趣旨・目的や，その権限・職責の性質等に照らし，その不行使が許容される限度を逸脱して著しく合理性を欠く」として，国賠法上の違法および過失を認定した。他方，市長については「助役の調査の結果はXが申し出たようなYによるセクシュアルハラスメントに当たる事実は認められなかったというものであった……市長から見て上記調査結果が明らかに不当

＊39　神田遵『均等法・母性保護・育児介護休業法Q&A』（労務行政，第2版，2010）197頁。

であるといえるような事情があったことを認めるに足る証拠はなく」，また，市長が現実にYのセクハラ行為を認識していたことも証拠不十分であるから，市長の権限不行使が著しく不合理であるとはいえないとして，国賠法上の違法を認定しなかった。

(2) 事業主が公的機関，加害者の上司等の職場環境配慮義務違反否定
【2】大阪地判平14・4・12LLI/DB（判例番号・L05750551）
　元大学院生Xが，指導教授Yが充分な研究指導をせず，Xが女性であることに基づく侮辱的発言によりXの研究を断念させ，他大学院受験を妨害し，虚偽の性的悪評を流布等したとして，大学院を設置している国に対して国家賠償を請求した事案である。
　裁判所は，「国立大学と院生との在学関係は，前記学長の入学許可という行政処分により発生する法律関係であるところ，被告国は，同法律関係に基づき，信義則上，教育ないし研究に当たって支配管理する人的及び物的環境から生じうべき危険から，学生ないし院生の生命及び健康等を保護するよう配慮すべき義務を負うものと解される」と判示したうえで，学長とセクハラ調査委員会委員長について，①Xの主指導教官変更は特に遅れておらず，Xが受けた不利益は比較的早期に回復されたこと，②学長は，Xのはじめての申立てから3か月弱の間に，私的な諮問委員会を設置したり本件調査委員会を設置したりして対応していたこと，③調査委員会は，両当事者間の公平を図っており，その調査結果は，Yのセクハラに対する意識の低さを指摘しており，学長がYを厳重注意したことが不当に軽いとはいえないこと，④委員長は，Xの求めに応じ，再三の面談や文書による経緯の説明を行っていたこと等から，学長や委員長の行為は前記義務違反にあたらないとした。

【3】名古屋高裁金沢支部判平25・9・4LLI/DB（判例番号・L06820491）
　県立高校の女性教諭Xが，同僚の男性教諭Yからセクハラ発言を受けたことについて，教育委員会担当者および校長の対応に違法があるとして，国家賠償請求をした事案である。
　裁判所は，「セクハラ対策は，事業主に義務づけられた雇用管理上の配慮義

務であり，公立学校を設置する地方公共団体の教育委員会は，公立学校の教職員に対する上記配慮義務を負うのであって……，セクハラの被害申告・相談を受け付け，これに対処することは，法令上の重要な業務である。そして，セクハラの相談を受けたとき，まずは被害申告者の立場に十分な配慮をすることが要請される。被害申告者に対する対処の具体的内容・方法については，対応する者に一定の裁量を認めるのが相当であるとはいえ，本件旧相談指針上に職務上の義務の大枠が設定されていたのであるから，基本的な行動を雇用機会均等法に基礎を置く本件旧相談指針に沿って行うことが要請されていたというべきである」と判示したうえで，以下の各当事者に対して，教育委員会教育長が策定したセクハラに関する諸指針に照らして個別に責任を判断した。

① Xからの電話の内容メモを他課に引き継いだ担当者

被害者の同意なく加害者に対する事実確認等に進めば，加害者による無視等の二次被害が生じるおそれがあるから，Xと連絡を取って，被害者が求めるものは何であるかを確認すべきであった。しかし，相談内容を望ましい担当課以外の課に引き継いだ措置をもって，国賠法上違法とまでは認められない。

② 引き継いだ前記メモを外部に送信した教育委員会担当者

自らXと連絡を取り，校長にも，Xが求めるものは何であるかの確認を取らせるべきであった。そのような確認や指示をしなかった対応は国賠法上違法であり，過失もあった。

③ 校長

諸指針の内容を把握していなかったため，Xが望んでいないのに，Xの名前を出さなくても，Yにセクハラと受け取られるような発言をしたことはないかと質問をすれば，Xがセクハラ被害を申告したとYが推測することが十分予想される状況下で，教頭をして，セクハラと受け取られるような発言をしたことはないかと確認させたこと，さらに，Yに対する中途半端な事実確認で調査を止めてしまったため，YがXに対して生じさせた二次被害を放置していた対応は，国賠法上違法であり，過失もあった。

④ 教育委員会高等教育課参事

「セクハラ被害の相談者に対処する場合の具体的方法としては，相談に対応

する者に一定の裁量が認められているとはいえ，本件旧相談指針に職務上の義務の大枠が設定されていたのであるから，基本的な行動を本件旧指針に沿って行うことが要請されていたというべきである。……具体的には，セクハラ被害を受けて心理的影響を受けている相談者の心身の状態に十分配慮しながら……，相談者の主張に真摯に耳を傾け，丁寧に話を聞くこと……が求められていたものであり，最初から相談者の話を疑ってかかるような話の聞き方や，相談者と加害者とされる者の話が対立している場合に，軽々しく相談者が虚偽の主張をしているとの立場に立った聞き方・話し方をすることは許されないものというべきである」と判示したうえで，校長や教諭からの情報をもとに，Xの被害申告が真実ではないとの予断をもってXに接した可能性は認められるが，相談に応じる態度が相談者の主張に真しに耳を傾け，丁寧に話を聞くという基本的な要請にこたえるものではなかったとまで認めるに足りる証拠はなく，被害者とされる者からの事情聴取を必ず先に行わなければならないものと認めることもできないから，国賠法上違法とはいえない。

(3) 事業主が民間企業，加害者の上司等の職場環境配慮義務違反肯定

【4】福岡セクシャル・ハラスメント事件（福岡地判平4・4・16労判607・6）

　部下の女性Xとの対立関係に関連してXの異性関係をめぐる行状や性向についての悪評を流す等した上司Yの行為について不法行為責任が認められたうえで，Yの行為に対する適切な対処を怠った会社幹部の対応についても，会社の使用者責任が認められた事案である。

　裁判所は，「使用者は，被用者との関係において社会通念上伴う義務として，被用者が労務に服する過程で生命及び健康を害しないよう職場環境等につき配慮すべき注意義務を負うが，そのほかにも，労務遂行に関連して被用者の人格的尊厳を侵しその労務提供に重大な支障を来す事由が発生することを防ぎ，又はこれに適切に対処して，職場が被用者にとって働きやすい環境を保つよう配慮する注意義務もあると解されるところ，被用者を選任監督する立場にある者が右注意義務を怠った場合には，右の立場にある者に被用者に対する不法行為が成立するこ

とがあり，使用者も民法715条により不法行為責任を負うことがあると解すべきである」と判示したうえで，会社幹部の前記義務違反と，Yのセクハラ行為との主観的・客観的関連性を認め，「(会社幹部)の行為についても，職場環境を調整するよう配慮する義務を怠り，また，憲法や関係法令上雇用関係において男女を平等に取り扱うべきであるにもかかわらず，主として女性であるXの譲歩，犠牲において職場関係を調整しようとした点において不法行為性が認められるから，被告会社は，右不法行為についても，使用者責任を負う」とした。

(4) 職場が民間企業，加害者の上司等の職場環境配慮義務違反否定

【5】千葉セクハラ（自動車販売会社）事件（東京地判平16・3・30労判876・87）

店長Yによる女性従業員Xに対するセクハラ行為が，Xの性的自由を侵害する不法行為を構成し，会社は使用者責任を負うとして，慰謝料等の連帯による支払いを命じたが，会社につき，Xの使用者として，Xの就業環境に配慮し，公平な立場で苦情を処理すべき義務違反は認められないとした事案である。

裁判所は，会社が苦情処理義務違反による不法行為責任を負うとのXの主張について，「会社は，Xから申告を受けた後，速やかに当事者であるX及びYから事情聴取をするとともに，Xが上司であるYの下で就業することがないように，Xの就労義務を免除し，さらに，その後間もなくXとYをそれぞれ別の事業所に配置転換した。また，Yは，新たにセクシャルハラスメントに関する苦情相談窓口を設置した。したがって，Yは，Xの使用者として，性的嫌がらせの被害者となったXの就業環境に配慮し，公平な立場で苦情を処理すべき義務に違反したとは認められない」と判示した。

3 裁判例の考察
(1) 法律構成の整理

【1】，【2】，【3】のように，職場が公的機関の場合，セクハラ基本指針やセクハラ防止要綱などがあり相談窓口が設置されているので，加害行為を認定したうえで，加害者の上司や首長の国家賠償法1条1項の責任については，前

記の指針等に照らしそれぞれの立場に求められる対応をしていたかを個別に検討し判断しているようにうかがえる。

【4】は，民間企業の管理職について「職場が被用者によって働きやすい環境を保つよう配慮する義務」という注意義務を負うとして，直接の加害行為者とは別に，管理職の前記注意義務違反について不法行為性を認め，その点についての当該企業の使用者責任を認めている。この法的構成によれば，職場での出所不明のうわさや顧客のセクハラにより従業員の職場環境が害されている事案，同僚間のセクハラが事業執行性を満たさないがそれにより職場環境が悪化した事案にも対応できるという指摘がなされている[*40]。

【5】は，民間企業について，セクハラの被害者となった労働者の就業環境に配慮し，公平な立場で苦情を処理すべき義務があることを前提に，その義務違反の有無を判断している。

(2) 小括

環境型セクハラの事件は，その背景に，性差別や固定的性別役割分担意識がある。「夫は外で働き，妻は家庭を守るべきである」という考え方に現れているように，職場においては女性が被害者になる傾向が強い。労働者，特に女性の労働者が安心して労務を提供できるためには，セクハラがないことが必須であるから，使用者はセクハラのない労働環境を整備する義務を負う。

男女雇用機会均等法11条，平成18年厚生労働省告示第615号により課せられる事業者のセクハラ防止措置義務違反は，民事訴訟等における請求を根拠づける規範を設定するものではない。しかし，これに違反した場合は，行政指導などの行政上の実効性確保手続をとることはできる。使用者が法所定の措置を講じていない場合は，現実にセクハラが発生していなくても措置義務違反により行政指導の実施が可能になり，事前予防の効果があることは労働政策の実現手法として有益だという指摘がなされている[*41]。

＊40　山川隆一「職場におけるハラスメント問題の展開と法的規律の動向」法律時報89巻1号（2017）63頁。

＊41　山川・前掲注(40)64頁。

職場が公的機関の場合，セクハラ基本指針やセクハラ防止要綱などがあり，相談窓口が設置されているのが通常である。したがって，それを参考に，国賠法上の注意義務違反の一内容としてのセクハラ防止措置義務違反の規範を定立し，使用者側の責任について個別具体的に検討しやすい。

　職場が民間企業の場合には，特に中小企業や自営業については，セクハラ基本指針，セクハラ防止要綱，相談窓口等が設置されていないことの方が多いだろう。しかし，そのような体制が常設されていなかったとしても，日常的に環境型セクハラのない職場環境であれば特に問題はなく，また，不幸にも何か問題が発生した時は，セクハラ指針に従った具体的な権利救済を行うと同時に，指針に従って合理的配慮を踏まえた対応をしたかどうかという観点から，使用者側の責任を検討することになろう。

　このとき，加害者の違法性は，必ずしも使用者のセクハラ防止措置義務違反に直結するものではない。公法上の規律をいかにして私法上の規律に組み直すかが検討課題である[*42]。そのような観点で，環境型セクハラの事案での債務不履行責任，不法行為責任，損害賠償額の判断等において，合理的配慮の考えを取り入れて検討する有用性は多いにあると考えられる。

第6節　雇用平等

1　検討対象範囲の特定

(1) 雇用平等の意義

　わが国では包括的な雇用平等法は存在しておらず，個別の法律で差別禁止が定められている。まず，労働基準法は，国籍，信条，社会的身分を理由として労働条件に関する差別的取扱いを禁止し（3条），賃金について男女の差別的取扱いを禁止している（4条）。また，性差別を禁止する男女雇用機会均等法をはじめとして，年齢差別（2007年雇用対策法改正），障害者差別（2013年

---

* 42　この点について，山川・前掲注(40)65頁以下では，事業主が措置義務を十分に履行したことを使用者責任の存否や損害賠償額の判断において考慮すること等が例示として指摘されている。

障害者雇用促進法改正），雇用形態による差別（2007年パートタイム労働法改正，2012年労働契約法改正）など，差別事由ごとに別々の法律によって差別禁止が定められている。

このうち，本節では，特に，「性差別」にかかわる雇用における男女平等取扱いに関する法制度について検討する。

(2) 男女平等取扱い

男女平等取扱いに関する法制度としては，①男女同一賃金原則，②男女平等取扱いの公序法理，③男女雇用機会均等法を挙げることができる。

「男女同一賃金原則」は，女性であることを理由として賃金について男性との差別取扱いを禁止するものである（労働基準法4条）。「差別的取扱い」は，有利不利を問わない異別取扱いと解されており，女性を賃金につき男性より有利に取り扱うことも差別的取扱いに該当する[43]。したがって，この原則は「均等取扱法理」に基づくものである。

「男女平等取扱いの公序法理」は，賃金以外の男女差別について，労働基準法等の法律の禁止規定が存在しない状況において，裁判所によって形成されたものである。具体的には，結婚退職制や女子若年定年制等の差別慣行について，男女平等取扱いの原則（憲法14条）が「公の秩序」の一内容になっているとして，それを正当化する合理的理由のない限り「公の秩序」に反して無効・違法となるという法理が確立された[44]。したがって，この法理は民法90条の公序に依拠するものであるので，基本的には，「均衡取扱法理」に基づくものと位置づけることが可能である。

「男女雇用機会均等法」は，1985（昭和60）年に，国連女子差別撤廃条約批准のための国内法整備の一環として，賃金以外の局面での男女間の機会均等を定めた法律として成立したものである[45]。

---

* 43　菅野・前掲注(2) 248頁。
* 44　菅野・前掲注(2) 251頁。
* 45　水町勇一郎『労働法』（有斐閣，第6版，2016）202頁。

⑶ 検討対象裁判例とその傾向

ここでは，これらの男女平等取扱いに関する裁判例のうち，特に，男女同一賃金原則に関するものと，男女平等取扱いの公序法理に関するものを中心に検討し，「合理的配慮」類似の考え方を取り入れることの可能性を考察する。対象裁判例は，労働法に関する主要な基本書に掲載されているものにとどめている。このような裁判例について検討することによって，裁判例の一般的な傾向という形で理解ができると思われるためである。

裁判例をみてみると，男女平等取扱いに関する有効性の判断について，①格差・男女異別取扱いに合理的理由がない限り女性を理由とする差別，あるいは女性を理由とする不合理な差別であるとするもの，②格差の是正を問題とし，そうした是正がなされないことが不合理な差別であるとするもの，の2種類に大きく分類することができる。

2 異別取扱いに合理的理由がない限り不合理な差別とする裁判例
⑴ 男女同一賃金の原則違反が問題となった裁判例

【1】昭和シェル石油事件（東京地判平21・6・29労判992・39）は，男女別の昇格管理によって男女差別による職能資格および賃金の処遇を受けていたと主張した事案である。裁判所は，「（男女間の格差について）……使用者であるYは，それが合理的理由に基づくものであることを立証できない限り，当該格差は女性であることを理由としてなされた不合理な差別であると認めるのが相当」と判示した。

【2】日本オートマチックマシン事件（横浜地判平19・1・23労判938・54）は，女性であることを理由に賃金について差別的取扱いを受けたとして労働基準法4条違反が問題となった事案である。

裁判所は，男女間の賃金に相当の格差が存在することを認定したうえで，「これ（賃金格差）について合理的な理由が認められない限り，その格差は……女性であることを理由に差別的な取扱いをしていたことを疑わせる」とし，①男性従業員と女性従業員との間で転勤の有無や従事する業務について区別されているとは認めがたいこと，②中途採用者の初任給が男女間で異なることに合理

的理由はないこと，③Yにおいて，Ⅳ等級以下の等級は賃金額の調整手段の一環であると認められるから，男性と女性で異なる等級にすることに合理的な理由は認めがたいこと等の事情を指摘して，賃金格差について合理的理由はないと判示した。

(2) 男女平等取扱いの公序法理が問題とされた裁判例

【3】日産自動車事件（最判昭56・3・24民集35・2・300）は，男女別定年制が公序良俗に違反して無効か否かが争われた事案である。

最高裁は，「男女別定年制に合理性があるか否かにつき，……企業経営上の観点から定年年齢において女子を差別しなければならない合理的理由は認められない」としたうえで，「就業規則中女子の定年年齢を男子より低く定めた部分は，もっぱら女子であることのみを理由として差別したことに帰着するものであり，性別のみによる不合理な差別を定めたものとして民法90条の規定により無効」と判示した。

【4】住友金属工業事件（大阪地判平17・3・28労判898・40）は，男女コース別取扱いによる採用，処遇が違法な差別取扱いであるとして差額賃金，慰謝料等の損害賠償請求がされた事案である。

裁判所は，高卒事務職における男女間に，昇進・昇給および賃金に関して格差が存在することを認定したうえで，「本件格差について合理的な理由が認められない限り，Yが性別による差別的取扱いをしていることが推認される」と判示した。また，この判示に続けて，「Y（使用者）が，……女性の高卒事務職の募集，採用に当たり，そのような時代背景を前提に，……男性の高卒事務職と同一の取扱いをしなかったことは，……憲法14条が指向する男女の実質的平等の理念に沿うとはいえないものの，直ちに公序良俗に違反するとはいい難い。しかしながら，……そうであるからといって，採用後の高卒事務職の男女間の差別的取扱いのすべてが当然に公序良俗に違反しないと評価されるわけではない。採用後の高卒事務職の男女間の差別的取扱いが，募集・採用時におけるコース別取扱いの差異に基づくものとは認められないか，又は，その差異に基づくものであったとしても合理性を有しない場合には，なお公序に反して

違法というべきである」と判示した。

3 格差是正の点が指摘された裁判例
(1) 男女同一賃金の原則違反が問題となった裁判例

【5】日ソ図書事件（東京地判平4・8・27労判611・10）は，男女別の基準や制度がなく，事実上の運用として男女間に個別的に生じた賃金格差について労働基準法4条違反の有無が争われた事案である。

裁判所は，「初任給格差には，それ相応の理由があるということができ，したがって，初任給格差が直ちに女子であることを理由とする不合理な差別扱いであったとまではいうことができない」と判示しつつも，他方で，「Xが入社後におけるY社内の事情の変化に応じて男子社員と質及び量において同等の労働に従事するようになったにもかかわらず，初任給格差が是正されることなく，そのまま放置された結果として初任給格差が維持ないし拡大するに至った場合には，その格差が労基法4条に違反する違法な賃金格差となる場合がある」と指摘したうえで，「昭和47年1月頃の時点では，……使用者たるYとしては，右時点以降，Xの賃金を男子並みに是正する必要があったというべきであり，たとえ，他の社員との関係上従来の賃金を急激に変更するのは好ましくないなどの事情があったとしても，右時点から10年以上を経過して格差是正のために必要かつ十分な期間が経過した昭和57年5月頃の時点では，Xと男子社員との間の賃金格差は，合理的な範囲内に是正されていなければならなかった」と判示して，Xの請求を一部認容した。

【6】塩野義製薬事件（大阪地判平11・7・28労判770・81）は，在職中に女性であることを理由に昇給における差別を受けたとして賃金差額相当額，慰謝料等の損害賠償請求がなされた事案である。

裁判所は，「大学卒男性についてはそのすべてを基幹職である能力給区分で採用し，女性については……そのほとんどを補助職たる能力給区分で採用したものであって，これは男女をもって区別したといわなければならない。ただ，……右区別をもって，不合理な男女差別とまでは認定することができない」としつつも，「しかしながら，Yは，昭和54年6月に，Xを，その職種を変更……

したのであるから，同じ職種を同じ量及び質で担当させる以上は原則として同等の賃金を支払うべきであり，その当時，基幹職を担当していた同期5名の能力給の平均との格差が少なくなかったことからすれば生じていたその格差を是正する義務が生じたものといわなければならず，その義務を果たさないことによって温存され，また新たに生じた格差は不合理な格差というべきである」として，男女同一賃金の原則に違反する違法な賃金差別であると判示した。

(2) 男女平等取扱いの公序法理が問題とされた裁判例

【7】兼松事件（東京高判平20・1・31労判959・85）は，男女コース別人事制度が違法な男女差別であるとして差額賃金，慰謝料等の支払請求がなされた事案である。一審（東京地判平15・11・5労判867・19）が請求を棄却したため，控訴が提起された。

裁判所は，「勤続期間が近似すると推認される同年齢の男女間の社員間，あるいは，職務内容や困難度に同質性があり，一方の職務を他方が引き継ぐことが相互に繰り返し行われる男女間の社員間において賃金について相当な格差がある場合には，その格差が生じたことについて合理的な理由が認められない限り，性の違いによって生じたものと推認することができる」と指摘して，男女別差別として私法秩序に反する違法な行為であると判示し，さらに，「職掌別人事制度の導入と併せて旧転換制度が設けられたが，その運用の実情は転換の要件が厳しく，転換後の格付けも低いもので，給与の格差を実質的に是正するものとは認められず，また，新人事制度に新転換制度が伴っていること，特に事務職掌から一般職掌への転換制度があることも同様であり，違法性の判断に影響を与えるものではない」と判示した。

【8】野村證券事件（東京地判平14・2・20労判822・13）は，男女コース別人事制度が不合理な差別であって労働基準法4条，民法90条などに違反すると主張された事案である。

裁判所は，男女コース別人事制度について，「男女をコース別に採用，処遇していたということができるが，このような採用，処遇の仕方は，その採用，処遇を性によって異にするというものであるから，法の下の平等を定め，性

よる差別を禁止した憲法14条の趣旨に反する。しかしながら，……民法90条の公序良俗規定のような私的自治に対する一般的制限規定の適用を介して間接的に適用があるに止まる。そして，性による差別待遇の禁止は，民法90条の公序をなしていると解されるから，その差別が不合理なものであって公序に反する場合に，違法，無効となる」と判示した。そのうえで，Xらが入社した当時については，①男女雇用機会均等法のような法律がなかったこと，②企業には労働者の採用について広範な採用の自由があることを指摘して，「入社当時，社員の募集，採用について男女に均等の機会を与えなかったからといって，それが直ちに不合理であるとはいえず，公序に反するものとまではいえない」とし，他方で，「平成9年に均等法が制定され，平成11年4月1日から施行されているところ，同法が定めた男女の差別的取扱い禁止は使用者の法的義務であるから，この時点以降において，会社が，それ以前に会社に入社した社員について，男女のコース別の処遇を維持し，男性を総合職掌に位置づけ，女性のほとんどを一般職掌に位置づけていることは，配置及び昇進について，女性であることを理由として，男性と差別的取扱いをするものであり，均等法6条に違反するとともに，公序に反して違法である」と判示した。また，Yの是正措置の評価として，「会社は，昭和62年4月以降，女性社員の大半が属する一般職ないし一般職掌から男性社員の属する総合職ないし総合職掌への職種転換制度を設け，女性社員についても職域の拡大を図る努力をしている。しかしながら，……会社の設けた職種転換制度は，……配置に関する会社の労務管理権を考慮しても，……職種転換制度の存在により，配置における男女の違いが正当化されているとすることはできない」と判示した。

【9】岡谷鋼機事件（名古屋地判平16・12・22労判888・28）は，男女コース別人事制度によって賃金格差および退職金格差があるのは違法な男女差別であるとして差額賃金，差額退職金相当額等の損害賠償を求めた事案である。

裁判所は，「同時期に入社した同年齢の男女の従業員間において，昇格，賃金等について著しい格差がある場合には，その格差が生じたことについて合理的な理由が認められない限り，性の違いによって生じたものと推認することができる」としたうえで，男女をコース別に採用，処遇する方式について性差別

に該当すると指摘し,「性による差別待遇の禁止は,民法90条の公序をなしていると解されるから,その差別が不合理なものであって公序に反する場合に,無効,違法となる」とした。そのうえで,「平成9年に均等法が制定され,平成11年4月1日から施行されているところ,同法が定めた男女の差別取扱いの禁止は使用者の法的義務であるから,この施行時点以降において,Yが,それ以前にYに入社した従業員について,男女のコース別の処遇を維持し,男性従業員の大半を総合職に位置づけ,女性従業員を事務職に位置づけていることは,配置及び昇進について,女性であることを理由として,男性と差別的取扱いをするものであり,均等法6条に違反するとともに,公序に反して違法である」とし,他方で,Yが一定の変更制度を設けていることに関して,「Yの職掌変更制度は,一応事務職・総合職相互の職掌変更を認める制度とはなっているものの,……女性従業員が属する事務職と男性従業員の大半が属する総合職との間で差異を設け,また,女性に対して特別の条件を課す不合理なものといわざるを得ない」とも指摘した。また,「Xらが入社した当時において,男女のコース別採用,処遇は一定の合理性があり,それが公序に反するとまではいえないものの,その後,均等法が施行されるに至った平成11年4月1日以降は,XとYの労働契約中,前記の処遇部分は同法6条に違反するとともに,不合理な差別として公序に反することになった」と判示した。

【10】住友電気工業事件(大阪地判平12・7・31労判792・48)は,高卒事務職として採用された男子社員との間に昇進昇級等で男女差別を設けたと主張して差額賃金相当額等の損害賠償を求めた事案である。Xは,同期入社の同学歴の男子社員との間で昇給,昇進等に関して不利益な処遇を受け,これが違法な男女差別であって不法行為または債務不履行に該当すると主張し,また,仮に,男女別処遇が当初は違法とまでいえないものであったとしても,社会意識の変化等によってその後は違法となったのに,男女間格差を放置したことは是正義務違反の不法行為または債務不履行に該当すると主張した。

裁判所は,まず,賃金格差が生じた原因について,「女子の場合には,男子に比して職分昇進が著しく遅いうえ,勤続年数との相関関係も認められない。また,賃金格差も著しく大きい」という事実を認定しつつも,「現在では職種,

職分，職級を異にすることになり，それが著しい賃金格差につながっているとしても，両者の間には単に男女の違いというのみならず，社員としての位置づけの違いによる採用区分，職種の違いが存するのであるから，これを直ちに男女差別の労務管理の結果ということはできない」と判示した。また，是正義務違反の有無に関して，「現在では会社採用において同じ高卒であるにもかかわらず，女子のみに採用の機会を与えないことは，合理的な理由のない男女差別に該当すると考えられるから，仮に，Yがその後も，右のような男女別の採用方法をとり続けたとしたら，現在に至るまでのいずれかの時点で，このような男女別の採用方法が公序良俗に違反する違法なものと評価されることになるが，その際，Yに課せられる是正義務は，その時点で，右のような男女別採用を改め，それ以降，採用において女子にも均等な機会を与えるようにする義務に過ぎない」とし，既に適法に採用していた女子に対して試験内容を改訂して職種転換審査を実施するなどの義務はないと判示した。

4　裁判例の考察
(1)　男女同一賃金の原則に関する裁判例

男女同一賃金の原則に関する裁判例では，当該賃金格差が女性を理由とする取扱いによるものか否かの事実認定のレベルで「合理的理由」の立証がない限り，女性を理由とする差別であるとする（【1】，【2】）。これは女性差別に該当するか否かの判別のルールであり，ここでの「合理的理由」について，合理的配慮の概念を入れることは難しいと思われる。

当該賃金格差に合理的理由があれば「不合理な差別取扱い」とはならない。しかし，その場合であっても，状況の変化によって，当初は認められていた「合理的理由」が否定されるに至る場合がある。その場合には，格差を是正しなければ「不合理な差別」となる（【5】，【6】）。ここでは「不合理な差別」に該当しないためには，一定の格差是正措置を行うべきことが指摘されている。

このように，一定の格差是正措置が求められる場合には，使用者がある是正措置をとった場合に，その措置について合理的か否かが判断されるとも考えられる。しかし，ここで裁判所が求めている措置は賃金格差の是正であって，使

用者がとった措置が賃金格差の是正といえるか否かのみが問題となるにすぎない。したがって、この局面でも、合理的配慮の考えを取り入れることは難しいものと考えられる。

　男女同一賃金の原則は、「均等取扱法理」に基づくものであるので、賃金格差が女性を理由とする差別に該当すれば同原則（労働基準法4条）に違反することになる。したがって、合理的配慮の概念を取り入れることは本来的に難しいと考えてよいであろう。

(2)　男女平等取扱いの公序法理に関する裁判例

　男女平等取扱いの公序法理に関する裁判例でも、まず、女性を理由とする不利益取扱いといえるか否かの事実認定のレベルで「合理的理由」がない限り女性を理由とする差別であるとするものがある（【4】、【7】、【9】）。これは男女同一賃金の原則に関する裁判例と同様、事実認定のルールであり、ここに合理的配慮の概念を取り入れることは難しい。

　このように女性を理由とする不利益取扱いにおいて、そのような取扱いや格差の生じる制度に「合理性」がない場合には、当該取扱い等が公序に違反することになる（【3】、【4】）。この当該取扱いに合理性があるか否かの判断にあたっては、使用者の行った措置が合理的であったか否かを指摘するもの（【7】、【8】、【9】）や、使用者の行うべき是正措置（是正義務）について言及するものがある（【10】）。

　この公序違反の有無の判断にあたって考慮される「合理性」は、男女格差の事実を前提として、それが不合理か否かを問題とするものであり、格差に合理的理由があれば違法ではないことになる。このような判断構造だとすれば、一見すると格差に合理的理由がないとみえるものの、合理的配慮を行うことによって合理的理由を具備すると考えることも可能であると思われる。使用者の行った措置が十分ではないとする判断も、同様に、是正方法が合理的配慮（便宜）措置であるか否かという観点を取り入れることは可能であるように思われる。

　男女平等取扱いの公序法理は、基本的には「均衡取扱法理」に依拠していると考えることができるのであり、このことからしても、この局面で合理的配慮

の概念を取り入れることは可能と考えてよいのではないだろうか。

　もっとも，ここで裁判例が問題としている「合理性」や是正措置は，制度自体について論じているようであり，個別の事案ないし個別の労働者に応じた是正といった視点ではない。したがって，厳密な意味での合理的配慮義務とは合理的配慮の内容が異なる。また，是正措置等が使用者への「過度の負担」となるか否かという観点は，合理的配慮義務のように厳密な免責要件となるわけではないと考えられる。しかし，是正措置の合理性の有無の判断にあたって，合理的配慮論で議論されているような判断要素を考慮することは十分にありうることではないかと思われる。

5　小括

(1)　男女平等取扱いについての雇用平等の局面では，男女平等取扱いの公序法理が問題となる場合において，当該取扱いの合理性の有無，格差の是正措置の合理性の有無の判断に「合理的配慮」の概念を取り入れることは可能と考えられる。男女平等取扱いの公序法理が，基本的には「均衡取扱法理」を根拠とすることからも，ここに合理的配慮の考えを取り入れることは矛盾しない。

(2)　問題となるのは，「合理性」の判断にあたって合理的配慮の概念を取り入れることが可能であるとしても，そのような必要性があるか否かという点である。現在，裁判例でみられている判断過程だけで解決が十分になされているのであれば，わざわざここに合理的配慮概念を取り入れる必要はないともいえるからである。

　この点は，さらに検討を加える必要があるが，少なくとも，今後の紛争解決にあたって，合理的配慮の考えを取り入れたうえで合理性を判断するという方向性が何らの理由がないということもいえないのではないかと思われるし，このような手法に一定の有用性も認められるのではないだろうか。

第7節　母性保護・育児休業

1　考察の意義

(1)　妊娠・出産・育児は女性労働者の就労継続に対する障害として広く認識されてきたといわれる[*46]。もっとも，近年は，労働と私生活の調和を図ることを尊重するワーク・ライフ・バランスの重要性が議論され，男性も含めた働き方の見直しの具体化として，育児休業については，女性のみならず男性でも取得できるようになった。

しかしながら，実際には，育児休業を取得するのは女性が圧倒的に多く，母性保護とともに育児休業についても，これらの制度に関連して女性に不利益取扱いがなされる局面が少なくないと思われる。そこで，本節では，両者について女性に対する不利益取扱いの理由として扱われる局面について裁判例をもとに検討することにしたい。

(2)　検討対象裁判例は，前節と同様，労働法に関する主要な基本書に掲載されているものを中心にしている。その趣旨も前節と同様である。

2　法制度の概要

(1)　母性保護

労働基準法は，当初，女性に対する保護規定を年少者と一括して定めていた。しかし，女性差別撤廃条約の批准を受けた男女雇用機会均等法の制定，その後の同法の改正などを背景に，現在では労働基準法上の一般的な女性保護規定はすべて撤廃されている[*47]。

本節で取り扱う裁判例との関係で，現在の母性保護に関する規定の内容を要約すれば，以下のとおりである。

[*46]　菅野淑子「妊娠・出産・育児をめぐる法理論的検討」ジェンダー法研究第2号（2015）70頁。
[*47]　両角道代ほか『労働法』（有斐閣，第3版，2017）69頁。

(ア) **産前産後休業**

使用者は，6週間以内に出産する予定の女性が休業を請求した場合には，その者を就業させてはならない（労働基準法65条1項）。産後8週間を経過しない女性は就業させてはならない（同条2項）。

産前産後休業をしたことおよび産前産後休業を請求したことを理由とする解雇その他の不利益取扱いは，男女雇用機会均等法の2006（平成18）年改正によって禁止されている（9条3項）。これは強行規定であるので，違反行為は違法・無効となる。[48]

(イ) **軽易業務への転換**

使用者は，妊娠中の女性が請求した場合，他の軽易な業務に転換させなければならない（労働基準法65条3項）。

妊娠中の軽易業務転換を理由とする解雇その他の不利益取扱いについても，男女雇用機会均等法で禁止されている（9条3項，同規則2条の2第6号）。

(ウ) **生理日における就業困難者に対する休暇**

生理日の就業が著しく困難な女性が休暇を請求したときは，その者を就業させてはならない（労働基準法68条）。

(2) **育児休業**

1歳未満の子を養育する労働者は，その申出により，子が1歳に達するまでの期間，育児休業を取得することができる（育児介護休業法5条）。ただし，1歳の時点で保育所への入所ができないなど特別の事情がある場合には1歳6か月までの期間に延長できる（同条3項）。また、1歳6か月に達した時点で，保育所に入れない等の場合に再度の申出をすることによって、最長2歳まで期間を延長できる（同条4項）。

これ以外に，3歳までの子を養育する労働者を対象として所定労働時間の免除，短時間勤務制度を設けることなどが義務づけられている（同法16条の8，23条1項）。

＊48　菅野・前掲注(2) 584頁。

育児休業の申出や取得に対する解雇その他の不利益取扱いは禁止されており（同法10条），これに反する法律行為は違法・無効となる。

3 母性保護に関する裁判例
⑴ 制度の趣旨などに対する実質的違反を指摘する裁判例
【1】エヌ・ビー・シー工業事件（最判昭60・7・16民集39・5・1023）は，精皆勤手当の算定にあたって生理休暇取得日数を出勤不足日数に算入する措置について，1985（昭和60）年改正前の労働基準法67条に違反するとして差額賃金等の支払を求めた事案である。

最高裁は，「使用者が，労働協約又は労働者との合意により，労働者が生理休暇を取得しそれが欠勤扱いとされることによって何らかの形で経済的利益を得られない結果となるような措置ないし制度を設けたときには，その内容いかんによっては生理休暇の取得が事実上抑制される場合も起こりうるが，労基法67条の上述のような趣旨に照らすと，このような措置ないし制度は，その趣旨，目的，労働者が失う経済的利益の程度，生理休暇の取得に対する事実上の抑止力の強弱等諸般の事情を総合して，生理休暇の取得を著しく困難とし同法が女子労働者の保護を目的として生理休暇について特に規程を設けた趣旨を失わせるものと認められるのでない限り，これを同条に違反するものとすることはできない」と判示した。

【2】日本シェーリング事件（最判平元・12・14民集43・12・1895）は，労働組合との間で締結された賃金引上げに関する労働協約において，前年の稼動率が80パーセント以下の者を翌年の賃金引上げ対象者から除外するという趣旨の条項の効力が争われた事案である。

最高裁は，「稼働率算定の基礎となる不就労に当たるものとして，生理休暇，産前産後の休業等が挙げられた。Yは，本件80パーセント条項の適用に当たって，稼働率算定の基礎となる不就労に，……生理休暇，産前産後の休業，育児時間……も含めて稼働率を計算し，……その賃金引上げ対象者から除外し，……退職金を支払わなかった」としたうえで，「本件80パーセント条項は，……労基法又は労組法上の権利に基づく不就労を稼働率算定の基礎としている

点は，労基法又は労組法上の権利を行使したことにより経済的利益を得られないこととすることによって権利の行使を抑制し，ひいては，右各法が労働者に各権利を保障した趣旨を実質的に失わせるものというべきであるから，公序に反し無効である」と判示した。

【3】広島中央保健生協事件（最判平26・10・23民集68・8・1270）は，出産に伴う軽易業務転換を申出た女性に対して業務転換を契機に管理職を免じる降格を行ったことについて，男女雇用機会均等法9条違反を理由として，管理職手当の支払および債務不履行または不法行為に基づく損害賠償を求めた事案である。一審（広島地判平24・2・23労判1100・18）および控訴審（広島高判平24・7・19労判1110・15）は，いずれも降格等の措置が業務上の必要性等を踏まえて使用者の裁量の範囲において行われたこと等を理由に請求を棄却したため，Xが上告および上告受理を申立てた。

最高裁は，降格措置について，「女性労働者につき妊娠中の軽易業務への転換を契機として降格させる事業主の措置は，原則として同項（均等法9条3項）の禁止する取扱いに当たるものと解される」としつつ，他方で，「当該労働者が軽易業務への転換及び上記措置により受ける有利な影響並びに上記措置により受ける不利な影響の内容や程度，上記措置に係る事業主による説明の内容その他の経緯や当該労働者の意向等に照らして，当該労働者につき自由な意思に基づいて降格を承諾したものと認めるに足りる合理的な理由が客観的に存在するとき，又は事業主において当該労働者につき降格の措置を取ることに円滑な業務運営や人員の適正配置の確保などの業務上の必要性から支障がある場合であって，その業務の必要性の内容や程度及び上記の有利又は不利な影響の内容や程度に照らして，上記措置につき同項の趣旨及び目的に実質的に反しないものと認められる特段の事情が存在するときは，同項の禁止する取扱いに当たらないものと解するのが相当である」と判示した。そのうえで，①自由な意思に基づいて降格を承諾したと認めるに足りる合理的な理由が客観的に存在しているということはできないこと，②軽易業務への転換に伴って副主任を免ずる措置をとったことについて，Yにおける業務上の必要性の有無およびその内容や程度が十分に明らかにされていないことを指摘し，原審に差し戻した。

⑵ 一定の状況のもとにおいて具体的行為を行う義務があると指摘した裁判例

【4】ツクイほか事件（福岡地裁小倉支部判平28・4・19労判1140・39）は，妊娠を報告したにもかかわらず，業務を軽減しなかったり，一方的に極端に勤務時間を短縮したりするなどの取扱いを受けたことがマタニティハラスメントおよびパワーハラスメントにあたると主張して損害賠償を請求した事案である。

裁判所は，営業所の所長は，「従業員の労務を管理する立場にあったもので，Xら従業員の環境を整え，任務であったXの健康に配慮する義務があった」としたうえで，「所長は，Xに対し，再度医師に対しできる業務とできない業務を確認して申告するように指示しており，妊産婦と医師との関係を考慮すれば，かかる指示をして，Xの申告を待つこと自体に問題があるとはいえない。しかし，……Xに対する言動には違法なものがあり，これによりXが萎縮していることをも勘案すると，指示をしてから1月を経過してもXから何ら申告がないような場合には，所長においてXに状況を再度確認したり，医師に確認したりしてXの職場環境を整える義務を負っていたというべきである」ところ，それにもかかわらず何らの対応をしていないことについて，「Xに対して負う職場環境を整え，妊婦であったXの健康に配慮する義務に違反した」と判示した。

4 育児休業に関する裁判例
⑴ 制度の趣旨などに対する実質的違反を指摘する裁判例

【5】東朋学園事件（最判平15・12・4裁判集民212・87）は，出勤率が90パーセント以上の従業員を賞与支給者とし，その基礎とする出勤した日に産前産後休業の日数等を含めない旨の定めがある就業規則に基づき，産前産後休業日数および育児のための勤務時間短縮措置により短縮された時間を欠勤日数に算入されたことによって賞与が支給されなかったことについて，育児介護休業法10条等の趣旨に反し，公序に反するとして賞与の支払および損害賠償を請求した事案である。

最高裁は，産前産後休業による不就労期間を出勤として取り扱うかどうかは労使間の合意に委ねられており，就業規則の定めは一応の経済的合理性を有す

るとしつつも、「労基法65条及び育児介護休業法10条の趣旨に照らすと、これにより上記権利等の行使を抑制し、ひいては労基法等が上記権利等を保障した趣旨を実質的に失わせるものと認められる場合に限り、公序に反するものとして無効となる」と判示した。そのうえで、①就業規則の90パーセント条項は、一切賞与が支給されないという不利益を与えるものであること、②従業員の年間総収入額に占める賞与の比重は相当大きく、賞与不支給による経済的不利益は大きいこと、③産前産後休業の取得の権利等の行使に対する事実上の抑制力は相当強いものとみられること等を指摘し、「本件90パーセント条項のうち、出勤すべき日数に産前産後休業の日数を算入し、出勤した日数に産前産後休業の日数及び勤務時間短縮措置による短時間分を含めないものとしている部分は、上記権利等の行使を抑制し、労基法等が上記権利を保障した趣旨を実質的に失わせるものというべきであるから、公序に反して無効である」と判示した。

【6】医療法人稲門会事件（大阪高判平26・7・18労判1104・71）は、育児休業を理由として職能給を昇給させず、昇格試験を受験する機会を与えなかったことについて、育児介護休業法10条の不利益取扱いに該当し、公序良俗に違反すると主張して、昇給等によって得られたはずの給与との差額および慰謝料の支払を求めた事案である。

裁判所は、育児休業を取得した場合には翌年の定期昇給について職能給の昇給は行わない旨の規定の適法性に関して、「育介法10条は、事業主において、労働者が育児休業を取得したことを理由として、当該労働者に対し、解雇その他不利益な取扱いをしてはならない旨定めているところ、このような取扱いが育介法が労働者に保障した同法上の育児休業取得の権利を抑制し、ひいては同法が労働者に前記権利を保障した趣旨を実質的に失わせる場合は、公序に反し、不法行為法上も違法になる」としたうえで、「本件不昇給規定は、……育児休業を上記欠勤、休暇、休業に比べて不利益に取扱っているといえる。育児休業であれ、他の理由であれ、不就労の事実は同じであるから、育児休業を上記欠勤等に比べて不利益に取扱うことに合理的理由は見出し難い。……本件不昇給規定は、1年のうち4分の1にすぎない3ヵ月の育児休業により、他の9ヵ月の就労状況いかんにかかわらず、職能給を昇給させないというものであり、

……育児休業を私傷病以外の他の欠勤，休暇，休業の取扱いよりも合理的理由なく不利益に取扱うものである。育児休業についてのこのような取扱いは，人事評価制度の在り方に照らしても合理性を欠くものであるし，育児休業を取得する者に無視できない経済的不利益を与えるものであって，育児休業の取得を抑制する働きをするものであるから，育介法10条に禁止する不利益取扱いに当たり，かつ，同法が労働者に保障した育児休業取得の権利を抑制し，ひいては同法が労働者に保障した趣旨を実質的に失わせるものであるといわざるを得ず，公序に反し，無効」と判示した。

【7】社会福祉法人全国重症心身障害児（者）を守る会事件（東京地判平27・10・2労判1138・57）は，育児短時間勤務制度による短時間勤務をしている間の基本給が8分の6に減額支給され，短時間勤務をしている者の昇給決定においては，業績評価等による算出式に8分の6を乗じて昇給号俸を決定されたことにより，育児短時間勤務制度を利用したことを理由として本来昇給すべき程度の昇給が行われなかったことから，昇給抑制がなければ支給されるべきであった給与との差額賃金の支払，不法行為に基づく損害賠償等を求めた事案である。

裁判所は，「育児・介護休業法の規定の文言や趣旨等に鑑みると，同法23条の2の規定は，前記の目的及び基本理念を実現するためにこれに反する事業主による措置を禁止する強行規定として設けられたものと解するのが相当であり，労働者につき，所定労働時間の短縮措置の申出をし，又は短縮措置が講じられたことを理由として解雇その他不利益な取扱いをすることは，その不利益な取扱いをすることが同条に違反しないと認めるに足りる合理的な特段の事情が存しない限り，同条に違反するものとして違法であり，無効である」としたうえで，「本件昇給抑制は，……本来与えられるべき昇給の利益を不十分にしか与えないという形態による不利益取扱いをするものであると認められるのであり，……そのような不利益な取扱いをすることが同法23条の2に違反しないと認めるに足りる合理的な特段の事情が存することも証拠上うかがわれない。かえって，本件昇給抑制については，どのような良好な勤務成績であった者に対しても一律に8分の6を乗じた号俸を適用するものであるところ，そのような一

律的な措置を執ることの合理性に乏しいものといわざるを得ないのであり，本件昇給抑制は，労働者に本件制度の利用を躊躇させ，ひいては，育児・介護休業法の趣旨を実質的に失わせるおそれのある重大な同条違反の措置たる実質を持つものであるというべきであるから，本件昇給抑制は，同法23条の2に違反する不利益な取扱いに該当する」と判示した。

(2) 不利益取扱いを回避する措置をとるべき義務があるとした裁判例

【8】コナミデジタルエンタテイメント事件（東京高判平23・12・27労判1042・15）は，産前産後休業とこれに続く育児休業から復職したところ，担当職務を変更されたうえ減給されたことが違法であると主張して，減給前の給与額との差額および不法行為に基づく損害賠償の支払等を求めた事案である。

裁判所は，「本件成果報酬ゼロ査定は，育休取得後，業務に復帰した後も，育休等を取得して休業したことを理由に成果報酬を支払わないとすることであり，……育休等を取得して休業したことを理由に不利益な取扱いをすることに帰着するから，……均等法や，……育児・介護休業法が，育休等の取得者に対する不利益取扱いを禁止している趣旨にも反する結果になる」としたうえで，「このような場合，Yとしては，成果報酬の査定に当たり，Xが育休等を取得したことを合理的な限度を超えて不利益に取扱うことがないよう，前年度の評価を据え置いたり，あるいはXと同様の役割グレードとされている者の成果報酬査定の平均値を使用したり，又は合理的な範囲内で仮の評価を行うなど，適切な方法を採用することによって，育休等を取得した者の不利益を合理的な範囲及び方法等において可能な限り回避するための措置をとるべき義務があるというべきである。それにもかかわらず，Yは，Xの平成21年度の成果報酬を合理的に査定する代替的な方法を検討することなく，機械的にゼロと査定したものであるから，その意味においても，人事権の濫用として違法である」と判示した。

5 裁判例の考察

(1) 母性保護に関する裁判例

(ア) 制度趣旨に対する実質的違反と合理的配慮

当該制度ないし取扱いが母性保護の趣旨に実質的に反するか否かを問題とする裁判例があり、違反の効果としては、①公序に反して無効と解するものと（【2】）、②男女雇用機会均等法が強行規定であることを理由に無効と解するものとがある（【3】）。制度の趣旨に実質的に反する場合には公序に反するという立場は、いわば公序法理を採用しているともいえるものであって、「均衡取扱法理」を基礎に置くものと位置づけることが可能であろう。

また、制度の趣旨に実質的に反するか否かの判断にあたっては、「諸般の事情を総合して」判断すると指摘するものと（【1】）、「業務上の必要性の内容や程度、有利または不利な影響の内容や程度」に照らして判断すると指摘するものとがある（【3】）。

このような判示からすれば、制度の趣旨に実質的に反するか否かは、諸事情の総合判断ということにならざるをえない。そうだとすれば、当該取扱い等について、使用者が一定の合理的配慮を行ったかどうかを総合判断の際の考慮事情に取り入れることは可能ではないかと考えられる。広島中央保健生協事件最高裁判決の判示に依拠すれば、そうした合理的配慮を行ったことによって「特段の事情」が認められる場合もありうると考えられよう。

なお、同判決は、例外的に男女雇用機会均等法の禁止する不利益取扱いに該当しない場合として、「趣旨及び目的に実質的に反しないものと認められる特段の事情が存在するとき」のほかに、「当該労働者につき自由な意思に基づいて降格を承諾したものと認められる合理的な理由が客観的に存在するとき」もこれに該当すると指摘している。この判示部分は「労働者の承諾（同意）」という形で論じられているが、同意がなされたと認められる「合理的な理由が客観的に存在すること」を要件としており、労働者の同意の有無のみを問題にしているわけではないとも理解しうる。このことを踏まえて考察すると、例えば、そのような合理的な理由の客観的存在の有無の判断にあたって、労働者の同意を得られるような合理的配慮をしたかどうかを考慮するといった視点もありう

るのではないだろうか。

　広島中央保健生協事件最高裁判決をどう理解するかに関して，同判決の掲載判例誌の冒頭コメントでは，「妊娠や出産を巡る対応につき労働者の意向ないし合理的な理由の有無を判断する前提として使用者に適切な説明を求めていると解されることとの関係で，業務指導の必要性がある場合も含め，妊娠中の女性労働者から軽易業務への転換を求められた使用者と当該女性労働者とのコミュニケーションのあり方（配慮義務）が問われたものといってよい」と指摘されている。[*49] このような使用者と労働者との協議は，障害者雇用促進法が規定する「合理的配慮提供義務」が予定しているところでもあり，この点からしても，この局面で合理的配慮の考えを取り入れることは可能と理解しうるであろう。

　(イ)　ハラスメントと合理的配慮

　いわゆるマタハラが問題となったハラスメントの事案では，職場環境配慮義務等の一内容として，①労働者に状況を再度確認すること，②医師に確認すること等の具体的行為義務を明示したものがある（【4】）。

　従業員の行為がハラスメントとして不法行為に該当する場合に，事業主（会社）の責任としては，使用者責任のほかに職場環境配慮義務等の義務違反として責任が問われることは少なくないものの，義務違反が認められる場合の多くは，「特段の措置をとっていない」，「何らの措置をとっていない」など，具体的な行為義務を特定することのないまま，不作為を理由として義務違反を肯定していた。[*50]【4】は，このような従来のハラスメントにおける配慮義務違反の判断手法とは異なって，一定の状況のもとにおいて具体的行為を行うべきことを判示したものであり，この具体的行為の特定にあたっては合理的配慮の考えを取り入れることは可能ではないかと考えられる。

　なお，ハラスメントに関しては，2016（平成28）年の男女雇用機会均等法

---

* 49　判例時報 2311 号 131 頁。
* 50　例えば，社会福祉法人県民厚生会ほか事件（静岡地判平 26・7・9 労判 1105・57），アークレイファクトリー事件（大津地判平 24・10・30 労判 1073・82），下関セクハラ（食品会社営業所）事件（広島高判平 16・9・2 労判 881・29）など。

およひ育児介護休業法の改正によって，妊娠・出産等，育児休業等に関する対価型および環境型ハラスメントの双方について，事業主に対し，労働者からの相談に応じ，適切に対応するために必要な体制整備その他の雇用管理上必要な措置を講ずることが義務づけられ（男女雇用機会均等法11条の2，育児介護休業法25条），2017（平成29）年1月1日から施行されている。また，この改正に伴って，「事業主が職場における妊娠，出産等に関する言動に起因する問題に関して雇用管理上講ずべき措置についての指針」が策定されており[*51]，そこでは措置を講ずるにあたっての事項として，「職場における妊娠，出産等に関するハラスメントの原因や背景となる要因を解消するための措置」が挙げられ，その内容として，「業務体制の整備など，事業主や制度等の利用を行う労働者その他の労働者の実情に応じ，必要な措置を講ずること」が指摘されている。

この必要な措置は，労働者の実情に応じた措置であることが要請されており，この点からすれば，必要な措置か否かは個別対応によって判断されるものであって，その意味において，その判断に合理的配慮の考えを取り入れることも可能ではないかと思われる。

(2) 育児休業に関する裁判例
(ア) 制度趣旨に対する実質的違反と合理的配慮

裁判例には，育児休業が認められている趣旨に反する，ないし実質的に失わせるか否かを問題とするものがある（【5】，【6】，【7】）。その場合の効果としては，①公序に反することになると指摘するものと（【5】，【6】），端的に育児介護休業法23条の2に違反すると指摘するものとがある（【7】）。公序に反するとする裁判例は，公序法理を採用していると考えてよいであろう。

また，制度の趣旨を実質的に失わせるか否か，公序に反するか否かの判断にあたって，不利益取扱いに合理的理由が認められるか否かを検討する裁判例がある（【6】，【7】）。このことからすれば，不利益取扱いの合理性の有無の判

---

*51 平成28年厚生労働省告示第312号（平成29年1月1日適用）。

断にあたって合理的配慮の考えを取り入れることは可能であり，したがって，制度の趣旨に対する実質的違反の有無に関しても，同様に考慮事情の一つとして合理的配慮の考えを取り入れることは可能と考えられる。これは母性保護の裁判例に関して指摘したところと同様である。

(イ) **不利益回避措置をとるべき義務と合理的配慮**

当該取扱いが合理的な限度を超えたか否かを問題とするものがあり，その判断過程において，「育児休業を取得した者の不利益を合理的な範囲および方法等で可能な限り回避するための措置をとるべき義務」があるとしたうえで，その義務不履行の有無を検討するものがある（【8】）。

ここでは，そうした不利益回避措置が合理的な措置といえるか否か（不利益を合理的な範囲および方法等で可能な限り回避するものといえるか否か）が問われることになる。したがって，不利益回避措置が合理的配慮（便宜）であることを要求していると考えることは可能であろうと思われる。この点は，前節の男女平等取扱いに関する裁判例において，一定の是正措置について言及するものがあり，その場合には，是正方法が合理的配慮措置であるか否かという観点を取り入れることが可能と考えられると指摘したことと，ほぼ同様のことがここでも妥当する。

6　小括

母性保護および育児休業のいずれの局面においても，制度の趣旨に実質的に違反するような取扱いは違法と判断されるが，その判断の考慮事情として合理的配慮の考え方を取り入れることは可能である。特に，制度の趣旨に実質的に違反する場合には当該取扱いが公序に反して無効・違法とする裁判例の立場からは，公序に反するか否かの判断に関して，当該取扱いの合理性が問われることになる。したがって，この合理性の判断に際して，合理的配慮の有無を考慮することは可能と考えられる。

ただ，前節で述べたところと同様，ここでも合理的配慮の概念を取り入れることは可能であるとしても，そのような必要性があるか否かについてはなお検討が必要であるものの，一定の有用性も認められるのではないかと考えられる。

第8節　非正規雇用（非正社員）

1　検討対象範囲の特定
(1)　非正規雇用（非正社員）の特徴

　非正規雇用（非正社員）とは，期間の定めのない労働契約で直接雇用されているフルタイムの正社員の雇用以外の雇用全般のことを意味し，①期間の定めのある「有期労働契約」による労働，②フルタイムでないという意味で「パートタイム労働」，③当該企業に直接雇用されていないという点で「派遣労働」などが含まれる。[52]

　非正規雇用は，①60歳以上人口の増加，②女性労働者の増加などを理由に増大していると指摘されている。[53]このうち，非正規雇用と女性労働者との関係に関しては，非正規労働者の約7割を女性が占めると報告されており，女性の多くが非正規労働に従事しているという就業実態からみて，非正規労働者の処遇改善は女性労働者の問題ともつながりうる。[54]また，非正規雇用と有期労働契約との関係についてみると，非正規雇用全体の約7割が有期労働契約で雇用されているとの報告がある。[55]

(2)　考察の意義

　非正規雇用に関する法制度は，非正規労働者の増加に伴って正社員との待遇格差が問題となり，2000年代後半以降，非正規労働者の格差解消や就労環境改善のための立法という形で展開された。[56]具体的には，①2007（平成19）年

---

[52]　荒木・前掲注(2) 473頁。
[53]　荒木・前掲注(2) 474頁。
[54]　阿部未央「非正規労働とジェンダー」ジェンダー法研究第2号（2015）56頁。
　　　総務省による2014（平成26）年の労働力調査によれば，非正規労働者の67.9%を女性が占めると報告されている。
[55]　荒木・前掲注(2) 475頁。
[56]　菅野・前掲注(2) 299頁以下，阿部未央「パートタイム労働法」日本労働法学会編『講座労働法の再生第6巻・労働法のフロンティア』（日本評論社，2017）215頁以下。

第4章　労働法分野における合理的配慮論の展開可能　　245

の「短時間労働者の雇用管理の改善等に関する法律」（パートタイム労働法）の改正による短時間労働者に対する差別的取扱いの禁止，②2012（平成24）年の有期労働契約についての労働契約法の改正，③2014（平成26）年のパートタイム労働法についての労働契約法改正に沿った修正等が行われている。

こうした立法の動向からも明らかであるが，非正規雇用については，正社員との待遇格差・処遇格差が問題となる。そのため，格差や差別との関連で議論されている「合理的配慮論」の考え方をここで取り入れることができるかどうかが問題となりうる。

また，非正規労働者の多くが有期契約労働者であることからすると，有期労働契約における不利益取扱いの場面でも，同様に「合理的配慮論」との関係を論じることの意味がある。さらにいえば，非正規労働者の多くが女性であることからすると，性差別というジェンダーの視点からも合理的配慮論を考慮することの可能性が問題となりうる。

(3) 検討対象裁判例

非正規労働者の正社員との待遇格差・処遇格差については，このような格差（特に賃金格差）が公序違反または不法行為となるかが問題とされてきた。[57]そうした論争の中心は，同一労働同一賃金の原則もしくは不合理な取扱いの禁止が公序として認められるかという点であった。[58]また，労働契約法20条は有期労働契約について不合理な労働条件の禁止を規定するが，同条を非正規労働者に対する合理的理由のない不利益取扱いを違法とする法原則を構築する方向での政策に基づく規定であると位置づける見解もある。[59]

このような状況を踏まえ，本節では，非正規雇用について，正社員との待遇格差・処遇格差が問題とされた裁判例を取り上げる。特に，2012（平成24）年に労働契約法が改正された後は，この問題が主として労働契約法20条違反

---

*57 水町・前掲注(45)316頁。
*58 大木正俊「均等・均衡処遇」大内伸哉編『有期労働契約の法理と政策』（弘文堂，2014）75頁参照。
*59 水町・前掲注(45)317頁。

の有無という形で争われるようになっていることから，有期労働契約における労働条件の相違（格差）が労働契約法20条との関係で問題とされた裁判例を取り上げる。

2 非正規雇用の待遇格差・処遇格差に関する法制度
(1) 非正規雇用の待遇格差・処遇格差に関する立法の動向

裁判例を検討する前提として，非正規雇用の待遇格差・処遇格差に関する法制度の立法動向を概観しておく。

非正規雇用の待遇格差・処遇格差が争点となった裁判例は，これを規制する個別の法律が定められていない時期のものから，個別法によって具体的な法規制がなされた時期以後のものまでが存する。そのため，裁判例で問題となった当時の法制度の状況を理解しておく必要がある。また，非正規雇用の待遇格差・処遇格差に関する具体的な法規制の内容についても，裁判例の検討に必要な範囲で確認しておくことが有益と考えられる。

(2) 同一労働同一賃金の原則と公序性の議論

非正規雇用と正社員との待遇格差・処遇格差は，従来は賃金格差を念頭に議論されてきた。その際，労働基準法3条の「社会的身分」には非正規雇用などの雇用上の身分は該当しないと解されていたことから，同一労働同一賃金の原則の公序性が論争の中心となっていた[60]。

この点に関する学説としては，(a)同一労働同一賃金の原則の公序性を肯定する見解と否定する見解のほか，さらに，(b)日本では賃金と対応関係に立つのは「職務プラスその他の拘束性」であるとし，同一労働同一賃金の原則ではなく，「同一義務同一賃金の原則」が妥当するとの見解，(c)労働の量と質に均衡した比例的な救済が認められるとの見解，(d)労働の組織性を根拠に信義則上認められる使用者の平等取扱義務を主張する見解などがあった[61]。

---

*60 大木正俊「パートタイム労働と均等・均衡処遇」土田道夫ほか編『労働法の争点』（有斐閣，2014）158頁。
*61 大木・前掲注(58)79頁以下，大木・前掲注(60)158頁。

こうした論争は，非正規雇用の待遇格差・処遇格差について個別具体的な法規が存在しないことから，上記のような公序に結びつけた議論がなされていたものといえる。

(3) パートタイム労働法

　パートタイム労働法は1993（平成5）年に制定されたが，2007（平成19）年の改正で，通常労働者と同視されるパート労働者についての差別取扱いを禁止する旨の規定が定められた（旧8条）。その後，2014（平成26）年の改正では，労働契約法の有期労働契約に関する不合理な労働条件の禁止規定（労働契約法20条）にならって，不合理な待遇の相違を禁止する規定が創設され（8条），これに伴い従前の旧8条は9条となった。

　パートタイム労働法9条は，「職務内容」および「職務内容・配置の変更の範囲」が，通常の労働者と同一である短時間労働者について，賃金の決定やその他の待遇の差別取扱いを禁止するが，この規定は均等待遇を定めたものである。これによって，均衡待遇を定めた8条と合わせて，職務内容および人事異動の有無と範囲の同一性を満たすパート労働者には均等待遇を，それ以外の者には均衡待遇を確保するという「均等・均衡ルール」が採用されている。[62]

(4) 労働契約法

　2012（平成24）年の労働契約法改正で，有期労働契約を理由とする不合理な労働条件禁止の規定が設けられた（労働契約法20条）。この規定は，有期契約労働者と無期契約労働者との間の労働条件格差を認めつつ，それが合理的なものであることを要求したものである。[63]

　同条の「不合理と認められるものであってはならない」の意味については，(a)合理的であることを求める見解もあるが，[64] (b)有期契約労働者の労働条件が

---

*62　櫻庭涼子「公正な待遇の確保」ジュリスト1476号（2015）24頁, 阿部・前掲注(56)217頁。
*63　土田道夫『労働契約法』（有斐閣，第2版，2016）792頁。
*64　緒方桂子「改正労働契約法20条の意義と解釈上の課題」季刊労働法241号（2013）24頁，土田・前掲注(63)796頁。

無期契約労働者に比して単に低いだけでなく，法的に否認すべき程度に不公正といえる程度の低いものであってはならないとの意味であると解する見解が有力である[*65]。この立場からは，労働条件の相違について合理的な理由があるとまではいえないが，不合理な相違であると断定するまでには至らない場合もありうるとか[*66]，労働が同一であるのに賃金が同一でないとしても，それが不合理でなければ違法とはならないといった指摘がなされている[*67]。

労働契約法20条は，パートタイム労働法9条のように，有期契約労働者の差別的取扱いの禁止や均等待遇原則を規定したものではない[*68]。その意味で，一種の均衡待遇原則を規定したものと位置づけることができる[*69]。もっとも，この点に関しては，職務内容や配置変更の範囲と関係しない労働条件の相違は特段の理由のない限り不合理と認められるが，基本給については労働条件の相違が直ちに不合理とはならないと解したうえで[*70]，前者は均等処遇を求めるもので，後者は均衡処遇を求めるものであると解する見解もある[*71]。

不合理性の判断は，①職務内容，②職務内容・配置の変更の範囲，③その他の事情に照らして判断される。具体的には，労働条件の不利益な取扱いについて，このような考慮要素に照らして不利益の内容と程度を評価して「不合理と認められるもの」か否かを総合的に判断することになる[*72]。これらの考慮要素

---

*65 菅野・前掲注(2) 338 頁，荒木・前掲注(2) 510 頁。
*66 荒木尚志ほか『詳説労働契約法』（弘文堂，第2版，2014）235 頁。
*67 荒木尚志「判批」労働判例 1146 号（2017）14 頁。
*68 土田・前掲注 (63) 791 頁。
*69 富永晃一「労働契約法の改正」法学教室 387 号（2012）58 頁。荒木・前掲注 (67) 14 頁は，「均衡規制を視野に入れた日本独特の規制」であるとする。
*70 施行通達（平 24・8・10 基発 0810 第 2 号）。このような理解については，荒木・前掲注(2) 509 頁，菅野・前掲注(2) 339 頁も同旨。
*71 岩村正彦「有期労働契約と不合理労働条件の禁止」土田道夫ほか編『労働法の争点』（有斐閣，2014）157 頁，水町勇一郎「不合理な労働条件の禁止と均等・均衡処遇」野川忍ほか編『変貌する雇用・就労モデルと労働法の課題』（商事法務，2015）329 頁以下。
*72 荒木ほか・前掲注 (66) 236 頁。

のうち,「その他の事情」には,合理的な労使慣行[*73]のほか,労働条件の設定手続,[*74]有期契約活用のインセンティブを与えること[*75]等も含まれうる。

3 同一労働同一賃金の原則の公序性が争われた裁判例
(1) 裁判例

まず,非正規雇用の待遇格差について,個別法律による具体的な法規制が存在しない時期において,待遇格差・処遇格差の有効性が争われた裁判例を取り上げる。非正規雇用の待遇格差・処遇格差については,主として賃金格差の有効性が争われている。ここでは,同一労働同一賃金の原則が法原理として存在していることを理由としてこの法原理に違反すると主張したり,あるいは不合理な取扱いが公序に違反するといった主張がなされており,具体的な法規範との関係というよりも,一般的な法原理との関係が議論されていた。

【1】丸子警報器事件(長野地裁上田支部判平8・3・15労判690・32)

女性臨時社員が,正社員と勤務時間も勤務日数も変わらないフルタイムのパート労働者として同じ仕事をしてきたにもかかわらず不当な賃金差別を受けたとして差額賃金相当額などの損害賠償を請求した事案である。

裁判所は,「同一(価値)労働同一賃金の原則が,労働関係を規律する一般的な法規範として存在していると認めることはできない」としつつも,「労働基準法3条,4条のような差別禁止規定は,……その根底には,およそ人はその労働に対し等しく報われなければならないという均等待遇の理念が存在して

---

*73 前掲注(70)の施行通達第5,6,(2),エ。
*74 菅野・前掲注(2)340頁,土田・前掲注(63)794頁,荒木ほか・前掲注(66)238頁。
　　この点に関して,土田・前掲注(63)804頁は,「使用者が不合理な賃金格差の解消に向けて賃金制度の合理的な設計と運用を行い,有期契約労働者との間で労使自治的解決を図ったか否かという観点も踏まえて不合理性の有無を判断すべき」と指摘している。
*75 荒木・前掲注(2)510頁。
　　なお,この点に関して,荒木・前掲注(67)15頁は,「その他の事情」という広範な事情を考慮に入れて不合理性の判断がなされるということは,有期労働契約の雇用システムにおける多様な機能に着目した重要な点であるとしたうえで,「有期労働契約が,無業・失業者を雇用に結びつけ,その職業能力を発展させる機会を与え,安定雇用たる無期労働契約に誘導したり,定年後,年金支給開始年齢までの雇用機会を提供するなど,社会政策上,重要な任務を担っていることをも考慮したものと解される」と指摘している。

いる」としたうえで，賃金格差が現に存在しその違法性が争われているときには，「同一（価値）労働同一賃金の原則の基礎にある均等待遇の理念は，賃金格差の違法性判断において，ひとつの重要な判断要素として考慮されるべきものであって，その理念に反する賃金格差が，使用者に許された裁量の範囲を逸脱したものとして，公序良俗違反の違法を招来する場合がある」と判示した。

そのうえで，具体的な判断としては，臨時社員の提供する労働内容が外形面においても内面においても女性社員とまったく同一であり，臨時社員においても年功序列的な賃金の上昇を期待することも無理からぬところであると指摘し，「このような場合，使用者たるYにおいては，一定年月以上勤務した臨時社員には正社員となる途を用意するか，あるいは臨時社員の地位はそのままとしても，同一労働に従事させる以上は正社員に準じた年功序列制の賃金体系を設ける必要があった」とし，こうした措置を講じないことにより賃金格差を拡大しつつ長期間の雇用を継続したことから，「同一（価値）労働同一賃金の原則の根底にある均等待遇の理念に違反する格差であり，単に妥当性を欠くというにとどまらず公序良俗違反として違法となる」と判示した。

他方で，「均等待遇の理念も抽象的なものであって，均等に扱うための前提となる諸要素の判断に幅がある以上は，その幅の範囲内における待遇の差に使用者側の裁量も認めざるを得ない」とし，同じ勤務年数の女性正社員の8割以下となるときは，「許容される賃金格差の範囲を明らかに超え，その限度においてYの裁量が公序良俗違反として違法となる」と判示した。

【2】日本郵便逓送事件（大阪地判平14・5・22労判830・22）

雇用期間を3か月とする臨時社員で契約を更新されてきたXらが，正社員と同一の労働をしているにもかかわらず賃金格差が存することについて，同一労働同一賃金の原則に反して公序良俗違反であると主張して，差額賃金相当額の損害賠償を求めた事案である。

裁判所は，「同一労働同一賃金の原則が一般的な法規範として存在しているとはいいがたい」としたうえで，「期間雇用労働者の賃金は，それが原則的には短期的な需要に基づくものであるから，そのときどきの労働市場の相場によって定まるという傾向をもち，将来に対する期待がないから，一般に年功的考

慮はされず，賃金制度には，長期雇用の労働者と差違が設けられるのが通常である。そこで，長期雇用労働者と短期雇用労働者とでは，雇用形態が異なり，かつ賃金制度も異なることになるが，これを必ずしも不合理ということはできない」と判示した。

【3】京都市女性協会事件（大阪高判平21・7・16労判1001・77）

嘱託社員（雇用期間は1年で毎年更新）であったXが，一般職員（正規職員）の労働と同一であるのに，一般職員の賃金よりも低い嘱託職員の賃金が支給されたことは，同一労働同一賃金の原則，民法90条等に違反して無効であると主張し，一般職員の賃金との差額相当額等の損害賠償を求めた事案である。

裁判所は，「憲法14条及び労基法の基底には，正規雇用労働者と非正規雇用労働者との間における賃金が，同一（価値）労働であるにも関わらず，均衡を著しく欠くほどの低額である場合には，改善が図られなければならないとの理念がある」とし，「非正規雇用労働者が提供する労働が，正規雇用労働者との比較において同一（価値）労働であることが認められるにも関わらず，当該事業所における慣行や就業の実態を考慮しても許容できないほど著しい賃金格差が生じている場合には，均衡の理念に基づく公序違反として不法行為が成立する余地がある」と判示したが，当該事案はこのような場合に該当しないとしてXの請求を棄却した一審判決（京都地判平20・7・9労判973・52）を維持した。

【4】愛知ミタカ運輸事件（大阪高判平22・9・14労判1144・74）

正社員で定年退職した後に，シニア社員制度におけるシニア（嘱託）社員として雇用されたXが，正社員当時の給与と比較して極めて低額であることが，同一労働同一賃金の原則，均衡処遇原則（労働契約法3条2項）等の観点から公序良俗に違反すると主張した事案である。

裁判所は，同一労働同一賃金の原則については，一般的な法規範として存在していると認めることはできないし，公序としての原則が存在していると認めることも困難であると判示した。また，正社員とシニア（嘱託）社員との賃金額の相違については，「両者の賃金の格差は軽視できないけれども，問題はこれが高年齢者雇用安定法の趣旨を無にするないし潜脱する程度に達しており，

看過し難いものとして公序良俗違反といえるほどの差に至っているか，あるいは，また労働契約法3条2項所定の均衡処遇原則の観点に照らし，公序良俗違反といえるほどの差に至っているかである」としたうえで，嘱託社員の地位については，「高年齢者雇用安定法の予定する制度枠組みの範囲内であり，その範囲内では，同法の趣旨として期待される定年後の雇用の一定の安定性が確保される道が開かれたとの評価も可能なのであって，公序良俗に違反していると認めることは困難」と判示した。

(2) 裁判例の考察

いずれの裁判例も，同一労働同一賃金の原則が一般的法規範として存在していることは否定している。そのうえで，この原則等に公序性が認められるかという点に関しては，公序良俗違反となる場合がありうることを指摘するもの（【1】，【3】，【4】）と，この点に言及しないもの（【2】）とがあり，裁判例の立場が定まっているとはいいがたい。[76]

いかなる場合に公序良俗違反となる可能性があるかについては，同一労働同一賃金の原則の理念に反する程度の待遇格差か否かを問題とするもの（【1】，【3】）と，個別の法律（高年齢者雇用安定法および労働契約法3条2項）の趣旨を潜脱する等の程度の待遇格差か否かを問題にするもの（【4】）とがある。

公序良俗違反の問題として扱うということになれば，均衡取扱いの観点からの実質判断がなされることになろう。したがって，待遇格差が均衡取扱いの観点から許容しがたい，あるいは看過しがたいといえるか否かの判断にあたって，合理的配慮の有無といった考慮事情を取り入れることが考えられうる。特に，【1】は，一定の臨時社員に対して正社員となる方策を用意するなど一定程度の配慮義務を使用者に認めたうえで，その不履行を問題としており，このような判断方法においては，合理的配慮論と類似の考え方を公序良俗違反の有無の判断における事情として考慮しうる余地があると思われる。

---

*76　阿部・前掲注(56)226頁，大木・前掲注(58)76頁。

4　非正規雇用の待遇格差・処遇格差が個別の法律に違反すると争われた裁判例

(1)　パートタイム労働法に関する裁判例

【5】ニヤクコーポレーション事件（大分地判平25・12・10労判1090・44）

有期労働契約を更新してきた準社員（短時間労働者）が，業務内容が正社員と同一であるにもかかわらず処遇格差があるのはパートタイム労働法8条1項[77]に違反すると主張した事案である。

裁判所は，正社員と準社員との間で，賞与額が大幅に異なる点（年間にして40万円以上の差），週休日の日数が異なる点，退職金の支給の有無が異なる点は，通常の労働者と同視すべき短時間労働者について，短時間労働者であることを理由として賃金の決定その他の処遇について差別的取扱いをしたものとして，パートタイム労働法8条1項に違反し不法行為を構成すると判示して，賞与・休日の割増分の差額分等の損害賠償の支払を命じた。

(2)　労働契約法20条に関する裁判例

【6】ハマキョウレックス（差戻審）事件（大阪高判平28・7・26労判1143・5）

有期労働契約を締結して配車ドライバーとして勤務している契約社員が，正社員と比較して不合理な相違のある労働条件について労働契約法20条違反により無効であると主張して賃金未払分等の支払を求めた事案である。

裁判所は，労働契約法20条に規定する「その他の事情」とは合理的な労使慣行等の諸事情を含むとし，「不合理性の判断は，有期契約労働者と無期契約労働者との間の労働条件の相違について，職務の内容，当該職務の内容及び配置の変更の範囲その他の事情を考慮して，個々の労働条件ごとに判断されるべき」と判示した。

そのうえで，個々の手当が「不合理と認められる」か否かについて検討し，無事故手当，作業手当，給食手当について正社員のドライバーに対してのみ支

---

* 77　現在のパートタイム労働法は2014（平成26）年に改正されている。本件で争点となっている法8条1項は改正前の条文であり，現行では9条に相当する。

給し，契約社員のドライバーに支給しないことは「不合理と認められる」とし，他方で，住宅手当，皆勤手当については不合理とは認められないと判示した。

【7】長澤運輸事件（東京高判平28・11・2労判1144・16）

定年退職後に有期契約労働者（嘱託社員）として再雇用されたXらが，定年の前後で仕事の内容等が変わらないのに賃金が減額されたのは労働契約法20条に違反すると主張して差額賃金相当額の支払等を求めた事案である。

一審（東京地判平28・5・13労判1135・11）は，労働者にとって重要な労働条件である賃金について，有期契約労働者と無期契約労働者の間で相違を設けることは，その程度にかかわらず，これを正当とすべき特段の事情がない限り不合理となると指摘し，労働契約法20条に違反すると判示したことから，使用者（Y）が控訴を提起した。

裁判所は，まず，有期契約労働者と無期契約労働者との間の労働条件の相違が不合理と認められるか否かについて，労働契約法20条は，「職務の内容」，「当該職務の内容及び配置の変更の範囲」を例示するほかには「その他の事情」として考慮すべきことについて特段の制限を設けていないことから，これらの例示に関連する諸事情を幅広く総合的に考慮して判断すべきと判示した。そのうえで，「その他の事情」について検討し，①定年退職者に対する雇用確保措置として継続雇用としての有期労働契約が社会一般で広く行われていること，②従業員が定年退職後も引き続いて雇用される際に，賃金が引き下げられるのが通例であること，③Yは，定年後再雇用の賃金について定年前の79％程度になるように設計しており，これはYの属する企業の平均の減額率をかなり下回っており，他方で，Yは本業である運輸業についての収支が大幅な赤字となっていること，④有期契約労働者に歩合給を設けて支給割合を能率給よりも高くしていること，老齢厚生年金の報酬比例部分が支給されない期間について調整給を支払ったことがあるなど，正社員との賃金差額を縮める努力をしたこと，⑤組合との間で定年後再雇用者の賃金水準等の労働条件に関する一定程度の協議が行われたうえで一定の労働条件の改善が実施されていること等を指摘して，労働条件の相違が不合理なものであるということはできず，労働契約法20条に違反するとは認められないと判示した。

【8】メトロコマース事件（東京地判平29・3・23労判1154・5）

　有期労働契約を締結して東京メトロ駅構内の売店で販売業務に従事していた従業員らが、無期労働契約を締結している従業員らと同一内容の業務に従事しているにもかかわらず賃金等の労働条件において差異があることについて、労働契約法20条に違反しかつ公序良俗に反すると主張して差額賃金相当額の損害賠償等を請求した事案である。

　裁判所は、正社員と有期労働契約である契約社員との間には、従事する業務の内容およびその業務に伴う責任の程度に相違があり、職務の内容および配置の変更の範囲についても相違があるとしたうえで、労働条件の相違が労働契約法20条に規定する不合理なものかどうかについて検討し、「本給・資格手当」、「住宅手当」、「賞与」、「退職金」等については、労働条件の相違は不合理とまでは認められないと判示し、他方、「早出残業手当」についての正社員と契約社員との相違は不合理なものと判示した。

　具体的には、①本給・資格手当については、「正社員には長期雇用を前提とした年功的な賃金制度を設け、短期雇用を前提とする有期契約労働者にはこれと異なる賃金体系を設けるという制度設計をすることには、企業の人事施策上の判断として一定の合理性が認められる」としたうえで、契約社員の本給は10年目の本給を比較しても正社員の本給の8割以上が確保されていること、毎年昇給が存すること、正社員にはない早番手当や皆勤手当が支給されること等を指摘し、②住宅手当については、正社員は転居を伴う可能性のある配置転換や出向が予定され住宅コストの増大が見込まれること、長期雇用関係を前提とした配置転換のある正社員への住宅費用の援助および福利厚生を厚くすることによって有為な人材を獲得する等の目的自体は人事施策上相応の合理性を有すること等を指摘し、③賞与については、契約社員にも夏季および冬季に定額の賞与が支給されること、長期雇用を前提とする正社員に対して賞与の支給を手厚くすることにより有為な人材を獲得する等という人事施策上の目的にも一定の合理性が認められること等を指摘し、④退職金については、「企業が長期雇用を前提とした正社員に対する福利厚生を手厚くし、有為な人材の確保・定着を図るなどの目的をもって正社員に対する退職金制度を設け、短期雇用を原

則とする有期契約労働者に対しては退職金制度を設けないという制度設計をとることは、人事施策上一定の合理性を有する」とし、また、正社員と契約社員との間には職務内容および配置の変更の範囲に大きな相違があること、契約社員のキャリアアップの制度として契約社員から正社員への登用も設けられ、実際に登用実績があること等を指摘し、これらの労働条件の相違は不合理とまでは認められないと判示した。これに対し、⑤「早出残業手当」については、その法的性質が割増賃金としての性質を有するとしたうえで、労働基準法37条の規定する割増賃金の趣旨に照らして、「従業員の時間外労働に対しては、使用者は、それが正社員であるか有期契約労働者であるかを問わず、等しく割増賃金を支払うのが相当というべきであって、このことは使用者が法定の割増率を上回る割増賃金を支払う場合にも妥当する」と指摘して、労働条件の相違は不合理なものと判示した。

(3) 裁判例の考察

パートタイム労働法9条(旧8条1項)は均等待遇原則を定めたものである。【5】は、その要件該当性を検討して旧8条1項違反を認めたが、同条が均等待遇の観点からの規定であることからすれば、その判断に合理的配慮論のような考え方を採用することは難しいと考えられよう。

【6】〜【8】は労働契約法20条違反の有無が争われた裁判例であるが、同条違反の有無の判断については、【6】、【7】の一審判決も含めて、労働条件の相違についての不合理性の判断が異なっており、判断枠組みが確立しているとはいいがたい[78]。

不合理性の判断方法については、個々の労働条件ごとに行っているもの(【6】、【8】)と、全体の賃金総額で判断しているもの(【7】)とがある[79]。また、有期契約労働者の業務内容が正社員と異ならない場合(【6】、【7】)だけでなく、業務内容や職務内容および配置の変更の範囲について正社員との間に相違

---

*78 森戸英幸「判批」ジュリスト1507号(2017)5頁。
*79 前掲注(70)の施行通達第5, 2, (6), オは、個々の労働条件ごとの判断を想定している。

がある場合（【8】）であっても，労働契約法20条に規定する不合理性の有無は問題となりうる。[*80]

このように，労働契約法20条に規定する不合理性の判断枠組みが確立していない段階で，その判断に関して合理的配慮論ないしそれに類似する考え方を取り入れることができるか否かを論じることはかなりの困難を伴うといえるだろう。

もっとも，【7】は，①定年前の賃金減額率が同種の企業を下回っていること，②有期契約労働者に歩合給を設けていること，③調整給を支払った事実があること，④組合との協議が行われて労働条件の改善が実施されていること等の事情を指摘したうえで，労働条件の相違が不合理なものであるとはいえないと判示しているが，このような事情は，使用者の一定の配慮を考慮したものとも考えられよう。また，【8】は，「本給・資格手当」について，①正社員の本給の8割が確保されていること，②毎年昇給が存すること，③正社員にはない早番手当や皆勤手当が支給されること等の事情を指摘して不合理なものとまでは認められないと判示しており，これも同様に使用者の一定の配慮を考慮したとも位置づけられうる。

これらの事情は，個別の事案における配慮というよりも，使用者の体制整備としての措置であって，その意味では個別対応が問題となる合理的配慮論の考え方と同一ではない。しかし，使用者の配慮や対応を不合理性の判断における考慮事情とするという判断手法からすれば，これと同様の視点ともいえる合理的配慮論の考え方を取り入れることも可能なのではないかと思われる。

5　小括

(1)　同一労働同一賃金の原則の公序性については，同原則が一般的な法規範として存在しているわけではないものの，非正規労働者と正社員との待遇格差の程度によっては，そうした取扱いが公序良俗違反となる場合がありうる。そのような場面においては，使用者の一定の配慮についての対応を考慮事情の一つとすることも考えられるが，このような判断手法は，合理的配慮論の考え方

---

*80　森戸・前掲注(78) 5頁参照。

に親和性があるといえよう。

　ただし，現在は，パートタイム労働法8条および9条，労働契約法20条に違反するか否かが争いの中心になるものと考えられるので，同一労働同一賃金の原則の公序性が争われることは少ないものと思われる。

　(2)　労働契約法20条の不合理性の判断において，合理的配慮論ないしそれに類似した考え方を考慮できるかという点に関しては，同条違反の有無に関する裁判例の判断枠組みが確立していないことからすると，明確な方向性を打ち出すことは難しい。もっとも，裁判例では，不合理性の判断として，使用者の一定の体制整備や措置，さらには，労働者との協議等を考慮事情としているものがあり，このような判断手法からすれば，合理的配慮論の考え方を取り入れることも可能なのではないかと考えられる。

　労働契約法20条が，パートタイム労働法9条とは異なって，一種の均衡待遇原則を定めたものと解しうること，また，不合理性は個々の事案ごとの判断とされていること[*81]等からしても，不合理性の判断において合理的配慮論ないしこれに類似する考え方を採用することは可能といえよう。なお，職務内容や配置変更の範囲と関係しない労働条件の相違は特段の理由のない限り不合理になるとし，この点では均等処遇が求められていると解する立場からは，この分野では合理的配慮論的な考え方を考慮することは難しいということも考えられる。しかし，「特段の理由」の有無の判断において，合理的配慮論のような考え方を採用することは可能性としてありうるのではないだろうか。

　(3)　非正規労働者と正社員との労働条件との相違は，パートタイム労働法や労働契約法20条違反の有無という形で争われることが多いものと考えられるが，他方で，同一労働同一賃金の原則の公序性で議論されたように，一定の場合には労働条件の相違が公序良俗違反となる場合がありうるという考え方が否定されているわけではない。そして，この公序良俗違反の有無の判断に関しては，

---

*81　岩村・前掲注(71)157頁，水町・前掲注(71)332頁。

いわゆる公序法理としての均衡取扱法理の考え方が妥当すると考えられる。[*82]

このような均衡取扱法理に基づく判断が，労働契約法20条の不合理性の判断のなかでなされるのか，あるいは同条違反の有無とは別に公序法理としてなされるのかについては議論があると思われるが，そのような公序法理ないし均衡取扱法理に基づく判断過程においては，合理的配慮論ないしそれに類似する考え方を取り入れて判断することは可能であろう。

(4) このように労働契約法20条の不合理性の判断において，合理的配慮論の考え方を採用することは可能と考えられる。しかし，ここでもそうした考え方を取り入れることの必要性および有用性を検討することが重要であろう。

そのためには，有期契約労働者と正社員との労働条件の相違について，労働契約法20条違反の判断枠組みが確立されることが前提になるものと思われる。したがって，労働契約法20条における不合理性の判断に関する裁判例の動向を踏まえたうえで合理的配慮論をどう位置づけることができるかを判断する必要がある。

また，非正規労働者において女性の占める割合が高いことから，不合理性の判断の際に，ジェンダーの視点からみた合理的配慮の考えを採用することができないかといった点も問題となりうるが，この点も含めて今後の検討が必要であろう。

第9節　外国人労働者

1　はじめに

(1) わが国における外国人労働者の増加

厚生労働省が，2017（平成29）年1月27日に発表した，外国人雇用の届出

[*82]　水町・前掲注(71)333頁以下では，「給付（基本給等）の違いに合理的な理由があり同一の取扱い（均等処遇）が求められないとしても，その違いは，前提条件（職務内容等）の違いに応じてバランスのとれたもの（均衡を失しないもの）であること（均衡処遇）を求める要請がはたらくことには注意が必要である。この均衡処遇の合理性（不合理性）判断では，裁判例上公序法理として展開されている議論が参考になるだろう。」と指摘している。

状況によると，2016（平成28）年10月末現在において，わが国で稼働する外国人労働者の数は，108万3769人とされている。[*83] 4年連続で過去最高を更新しており，はじめて100万人を超えた。

厚生労働省は，増加した原因について，「現在，政府が進めている高度外国人材や留学生の受入が進んできていることに加え，雇用情勢の改善が着実に進んでいることが考えられる」と分析している。

2017（平成29）年3月28日に，政府の働き方改革実現会議が決定した，「働き方改革実行計画」においても，「外国人材の受入れ」の項において，「グローバル競争においては，高度IT人材のように，高度な技術，知識等を持った外国人材のより積極的な受入れを図り，イノベーションの創出等を通じて我が国経済全体の生産性を向上させることが重要である」と指摘されている。

(2) **外国人労働者に対する法規制の概容**

このように，外国人労働者の数は増加の一途をたどっているが，わが国では，「外国人」であることを理由に，当該労働者に特別な保護を図る法規制は存在しない。[*84] あくまで，一般的な労働関係法令等が，外国人にも適用されるという形で保護が図られているのみである。

労働基準法3条には，「使用者は，労働者の国籍，信条又は社会的身分を理由として，賃金，労働時間その他の労働条件について，差別的取扱をしてはならない」と，外国人に対する均等待遇原則が明記されている。

また，通達においても，「職業安定法，労働者派遣法，労働基準法等労働関係法令は，日本国内における労働であれば，日本人であると否とを問わず，ま

---

*83 厚生労働省「外国人雇用状況」の届出状況まとめ（2016〔平成28〕年10月末現在）。
*84 これに対し，例えば，「妊産婦」は，労働基準法に特別な定めがなされているほか（労働基準法第6章の2），育児介護休業法が制定されているし，「女性」は，男女雇用機会均等法，「障害者」は障害者雇用促進法が制定されているなど，一般的な労働関係法令を超えて特別な保護が図られている。なお，外国人技能実習制度に関しては，「外国人の技能実習の適正な実施及び技能実習生の保護に関する法律」が成立し，2017（平成29）年11月1日に施行される予定である。

た，不法就労であると否とを問わず適用されるものである」とされている。[*85]
厚生労働省の外国人労働者の雇用管理の改善等に関して事業主が適切に対処するための指針においても，外国人労働者について，各種労働関係法令および社会保険関係法令の遵守と，外国人労働者に対する適正な労働条件および安全衛生の確保が求められている。[*86]

なお，労働基準法15条1項では，労働契約締結時に，使用者は労働者に対し，労働条件を明示すべき義務が課せられているところ，外国人労働者の場合には，当該労働者が理解できる言語や方法で，労働条件を明示する必要が生じる。加えて，労働契約書も当該労働者が理解できる言語で作成すべきであるし，同条2項では，明示された労働条件が事実と相違する場合には，労働者は即時に労働契約を解除できることが定められており，この場合，同条3項により，契約解除の日から14日以内に帰郷するときには，使用者は必要な旅費を負担しなければならないと定められている。[*87]

(3) 本節での検討対象

外国人労働者を当事者とする労働紛争には，解雇や賃金不払いなどに加え，劣悪な労働条件を強いられるとか，労働災害に関して逸失利益の額が日本人労働者よりも低額とされるなどのほか，不法就労に関する問題など，様々な類型が存在するところであるが，[*88]本節では，安全配慮義務が問題とされた外国人労働者の労働災害事件の裁判例のうち，当該労働者の日本語能力が事故の発生に影響した可能性があると思われる事案を概観し，「合理的配慮」の考え方を

---

* 85 昭和63年1月26日基発第50号・職発第31号。ただし，職業安定法による公共職業安定機関による職業紹介や職業指導等は，不法就労の外国人は受けられないものとされている。
* 86 平成19年厚生労働省告示第276号。
* 87 第一東京弁護士会人権擁護委員会国際人権部会編『外国人の法律相談Q＆A』（ぎょうせい，第3次改訂版，2016）206，208頁。
* 88 近時，外国人技能実習生をめぐる訴訟も各地で提起されており，外国人技能実習生問題弁護士連絡会のウェブページでは，同連絡会所属の弁護士が取り扱った裁判例の概容が紹介されている（http://kenbenren.www.k-chuolaw.com/archive.html）。

取り入れることができないかについて考察したい。[*89]

2　外国人労働者への安全配慮義務が問題となった労働災害に関する裁判例

【1】改進社事件（東京地判平4・9・24労判618・15）[*90]

日本語は，ごく簡単な日常会話を話せる程度であり，短期在留資格によって入国し，翌日から製本業を目的とする会社に雇用されたパキスタン人が，はじめて使用した製本機（安全装置なし）に右手人差し指をはさまれ，その末節部分を切断するという事故に被災し，労災保険により後遺障害等級第11級7号該当と認定を受けた事案である。

裁判所は，会社代表者が，当該製本機の使用方法や具体的な危険部分の指摘等の注意を行わず，被災者に作業をまかせ，その後は被災者の様子に気を配ることなく自己の作業を行っていたとの事実認定をなした。そのうえで，被災者は，本件製本機を用いて中綴じ作業を行うのは本件事故当日がはじめてであり，しかも本件製本機には安全装置はついていなかったのであるから，少なくとも会社は，被災者に対し，安全配慮義務の内容として，中綴じ作業の場合の手指をはさまれる危険性について具体的に注意を行い，さらに自ら作業を実践するなどして安全な作業方法を教育すべきであったところ，会社がこれを怠ったとして，安全配慮義務違反を認めた（過失相殺3割）。

【2】ガーナ国籍女子パート労災事件（東京地判平5・8・31判時1479・149）

短期在留資格によって入国し，在留資格を喪失した後も日本に滞在し続けた

---

*89　外国人労働者への配慮は，安全という観点に限らず，一般的な職務遂行においても求められることは，当然に想定される。これは，単に日本語能力の問題にとどまらず，文化や宗教の違いにどこまで配慮すべきかについても問題となる。例えば，イスラム教徒の従業員を雇用した場合，礼拝室を設けるか否か，ラマダン月の労働時間を変更するか否か等，何をどこまで配慮すべきか検討を要するケースが考えられ，こうした場合に，合理的配慮概念を取り入れたアプローチも一考の余地があろう。もっとも，裁判例の蓄積が乏しいため，本節では検討の対象外とした。

　なお，日弁連は，2017（平成29）年5月12日，労働者の事案ではないが，イスラム教徒の女性受刑者に対し，スカーフの所持，ラマダン月の食事の内容や時間等に配慮するよう，栃木刑務所に要望書を提出している。

*90　同事件の控訴審判決は東京高判平5・8・31労判708・26，上告審判決は最判平9・1・28労判708・23。

ガーナ人が，小型射出成形機の操作方法について，工場内の現場責任者・監督から，通訳のできるガーナ人を介して一定の説明を受けるとともに，トラブルが生じたら日本人従業員に報告して指示を受けるべきことを教えられたが，その際，操作盤上の各スイッチの意味やこれに手を触れてはいけない理由（手動式操作となる危険性がある）などについてまったく説明を受けなかったなかで，被災者が当該機械を操作していたところ，何らかの事情によって手動式操作に切り替わり，左上肢を機械にはさまれて左手を圧滅するという事故に被災し，労災保険により後遺障害等級第５級２号該当と認定を受けた事案である。

　裁判所は，会社が，従業員に対して手動操作は危険であるためこれによってはいけないことなどについての説明を一切しておらず，また，従業員が操作を禁止された操作盤のスイッチを誤って操作するような事態を防止するための措置を講じていなかったとして，安全配慮義務違反を認めた（過失相殺３割）。

【３】矢崎部品・テクノサイエンス事件（静岡地判平19・１・24労判939・50）

　日本に在留するブラジル国籍の男性が，A社に雇用されてB社の工場で就労中，射出成形機を使用していたところ，12個あるボタンを押し間違えたため，油圧シリンダーケース部と金型取付け部の間に左手をはさまれ，左手３本の指についての可動域制限と左手握力不足の後遺障害が残存し，労災保険により後遺障害等級第14級９号該当と認定を受けた事案である。

　裁判所は，A社は現場において作業員を管理し指揮命令をするような立場の現場責任者を置いておらず，B社がポルトガル語のできる者をして，被災者らの業務に関する指示や指導をさせていたこと，機械の12個のボタン上の表示は漢字であったが，その横にポルトガル語による表示がなされていたことなどの事実認定をなした。そのうえで，A社やB社は，12個のボタン上にポルトガル語で分かりやすく各ボタンの説明をしたり，色分けをしたり，番号をふるなどの方法によって，ボタンの表示自体を分かりやすいものにするとともに，特定のボタンについては他のボタンとは離れた位置に設けるなど，ボタンの押し間違えを防止すべき措置を講じ，また，安全カバーや安全装置を設けることにより，作業者が機械により危害を被ることのないように配慮すべきであり，さ

らに，機械の仕組みとその危険性を十分に理解させたうえで，機械を安全に扱うための教育をすべき義務を負っていたところ，会社がこれを怠ったとして，安全配慮義務違反を認めた（過失相殺3割）。

【4】徳島地裁阿南支部判平23・1・21判タ1346・192

中国からの研修生で，合計で4か月程度日本語を学習したにとどまり，十分なコミュニケーション能力を有していたとは考えられず，製材業の仕事をしたことがなかった中国人が，会社の工場内で，ギャングリッパという5連の丸鋸を使用して作業を行っていたところ，右腕を巻き込まれ，同日，病院において右腕を切断するに至り，後遺障害等級第5級4号に該当する後遺障害を負った事案である。

裁判所は，上記事実関係を認定したうえで，会社は，ギャングリッパという機械を使用する高い危険を伴う作業を行わせるにあたっては，安全に関する十分な指導，教育を行うとともに，それを十分に理解しているか確認するために，指導したとおり安全に被災者が作業を行っているか監督できる体制を整える安全配慮義務があったところ，会社がこれを怠ったとして，安全配慮義務違反を認めた（過失相殺5割）。

【5】ナルコ事件（名古屋地判平25・2・7労判1070・38）

日本語をほとんど理解できず，外国人研修制度の研修生として来日し，自動車の座席の部品であるパイプの加工に従事していた中国人が，安全装置が設置されていないパイプ曲げベンダーで作業中に右示指を切断するという事故に被災し，後遺障害等級第11級7号に該当する後遺障害を負った事案である。

裁判所は，会社の従業員が，作業開始前，被災者に対し，上記機械を使用して作業手順を数回繰り返して教え，その後，被災者が実際に機械を使用して教えられたとおりの手順で作業を行っていることは認めたものの，当該機械は労働者の身体の一部をはさむおそれのあるものであるから安全装置を取り付ける等の必要な措置を講じる義務があったうえ，日本語をほとんど理解できず，また，研修生として来日した者であることを考慮すると，作業手順や注意事項および事故発生時における対応等について，中国語で記載した書面を交付するか，中国語で説明したうえ，その内容・意味を正確に理解していることを確認する

のでなければ，安全教育としては不十分であるとして，安全配慮義務違反を認めた（過失相殺2割）。

【6】東京地判平27・7・10 LLI/DB（判例番号・L07030767）

日本語を理解できない中国人が，ホテルの改装工事現場において，鏡（高さ170cm，幅170cm，厚さ5mm，重さ100kgくらいのもの）の搬出作業をしていたところ，倒れてきた複数枚の鏡とトラック荷台との間にはさまれ，右総頸動脈損傷，右総頸動脈閉塞症，脳梗塞，頸部挫創，外傷性気胸などの傷害を負うという事故に被災し，労災保険により後遺障害等級第9級7号の2と認定を受けた事案である。

裁判所は，当該鏡は1枚でも重量が重く，成人一人では容易に動かしたり運搬したりすることができないものであって，その運搬作業は相当程度危険な作業であるから，会社は，安全を図るために設計された具体的な作業手順を指導し，作業員以外に監督者を配置するなど作業の安全に配慮すべき義務があったと指摘したうえで，会社は事前に具体的な安全確認作業の手順などを決めておくこともなく，被災者が携わってよい作業とそうではない作業とを具体的に指示するなどしていたわけでもなく，また，監督者がいなくなることに代替する措置を講じることなく作業員のみに作業を委ね，事故発生当時，現場に会社の担当者は不在であったと判断した。朝礼などで従事すべき作業内容を指示していたなどの会社側の主張については，（中国語を話すことができない）現場監督の指示が日本語を理解できない被災者らに正確に伝わっていたのかそもそも疑問であることなどを理由に排斥して，安全配慮義務違反を認めた（過失相殺否定）。

3　裁判例の考察
(1)　安全配慮義務の内容を検討する上での考慮要素

前述のとおり，本稿において取り上げた裁判例は，当該労働者の日本語能力が事故の発生に影響したと考えられる事案であるが，各裁判例では，裁判所が，安全配慮義務の内容を検討するうえで，被災者の日本語能力のほかに，次のような事情を考慮要素としたものと思われる。

①　作業の危険性（使用する機械の安全装置の有無を含む）【1】～【6】
②　機械のボタンの位置や表示等　【2】,【3】
③　作業前の教育の有無および内容　【1】～【6】
④　外国語のマニュアルの有無　【5】
⑤　作業中の指導・監督の状況　【1】,【3】,【4】,【6】
⑥　被災者の当該業務に対する習熟度　【1】,【4】,【5】

(2)　外国人労働者に対して特に配慮すべき事柄

(ｱ)　上で指摘した六つの考慮要素のうち，④についても，外国人労働者の日本語能力の問題といえる（②もボタンの表示については日本語能力の問題といえる）。その余の考慮要素については，日本人労働者の場合であっても，安全配慮義務の内容を判断するうえでは検討されるべきものである。

　もっとも，外国人労働者の場合，こうした日本人労働者の場合と共通する考慮要素であっても，日本語能力の問題から，日本人労働者における場合よりも，安全配慮義務が加重される場合は当然に認められるであろう。

(ｲ)　裁判例のうち，【1】では，被災者の日本語能力について，「日本語は，本件事故当時極く簡単な日常会話を話せる程度であった」と指摘するだけで，このことが具体的に事故とどのように関係したのかまで踏み込んだ認定はなされていない。もっとも，当該日本語能力も含めた事実関係をもとに，被災者が，製本機を用いて中綴じ作業を行うのは本件事故当日がはじめてであり，しかも製本機に安全装置がついていなかったことを指摘したうえで，「少なくとも，雇用者である被告会社は，被用者である原告に対し，安全配慮義務の内容として，中綴じ作業の場合の右の危険性について具体的に注意を行い，更に自ら作業を実践するなどして安全な作業方法を教育すべきであった」と判示している。このことから，使用者側に課せられる安全配慮義務の内容を判断するにあたっては，被災者の日本語能力をも考慮したものであると考えられる。

　【2】では，被災者の日本語能力は直接的には判示されていないものの，現場責任者・監督からの指示は，通訳のできるガーナ人を介してなされていたことが認定されており，作業内容を日本語で理解できるだけの日本語能力を有し

ていなかったものと考えられる。こうした日本語能力が具体的に事故とのように関係したのかまで踏み込んだ認定はなされていないものの、現場責任者・監督からの指示状況を踏まえたうえで、指示が不徹底であったことや、操作を禁止された操作盤のスイッチにカバーをかけるなどの措置を講じていなかったことを指摘して、安全配慮義務違反であったと判断している。

　【3】では、被災者の日本語能力は直接的には判示されていないものの、会社側がポルトガル語のできる者によって被災者らに業務に関する指示や指導をさせていたとか、機械のボタンの表示が問題とされていることなどから、作業内容等を日本語で理解できるだけの日本語能力を有していなかったものと考えられる。当該裁判例では、安全カバーの設置や安全装置の設置、安全教育の必要性も指摘しているが、被災者の日本語能力を踏まえ、「ボタン上にポルトガル語で分かりやすく各ボタンの説明をしたり、色分けをしたり、番号をふるなどの方法によって、ボタンの表示自体を分かりやすいものにする」ことに加え、ボタンの配置を工夫して、「ボタンの押し間違いを防止すべき措置を講ずること」が必要であったと指摘している。使用者側に課せられる安全配慮義務の内容を判断するにあたっては、被災者の日本語能力を考慮したことは明らかであろう。

　【4】では、被災者の日本語能力について、「中国からの研修生で、合計で4か月程度日本語を学習したにとどまることからすれば、十分なコミュニケーション能力を有していたとは考えられない」と指摘されている。これに加え、被災者が製材業に従事したことがなかったことを踏まえ、「ギャングリッパという5連の丸鋸の機械を使用した高い危険を伴う作業を行わせるに当たっては、安全に関する十分な指導、教育を行うとともに、それを十分に理解しているか確認するために、指導したとおり安全に原告が作業を行っているか監督できる体制を整える安全配慮義務があるものと認められる」と判示した。さらに、安全教育を実施していたし、丸鋸が回転中にケース内部に腕を入れることが危険であることは容易に認識できることから、本件事故は予測しえないものであったとの使用者側の主張に対しては、「日本語の能力が十分でなかったため、危険性が理解できていなかった可能性も十分に考えられる」と判断している。こ

のように，当該裁判例では，使用者側に課される安全配慮義務の内容を判断するにあたって，被災者の日本語能力を考慮したことは明らかである。特に，使用者側が容易に危険性を認識できると主張したギャングリッパの危険性について，日本語能力が不十分な外国人労働者の場合，危険性が理解できなかった可能性も十分に考えられると指摘しており，日本人労働者の場合よりも，安全配慮義務が加重されたものと評価できるのではないだろうか。

【5】では，被災者の日本語能力について，「日本語をほとんど理解できず」と指摘されている。これに加え，被災者が研修生として来日したことを踏まえ，会社の従業員が，被災者が機械を使って作業を開始する前に実際に作業を行って作業手順を教えたうえ，被災者に実際に作業を行わせ，教えたとおりに作業を行っていることを確認していることを認定しながら，「作業手順や注意事項及び事故発生時における対応等について，中国語で記載した書面を交付するか，中国語で説明した上，その内容・意味を正確に理解していることを確認するのでなければ，安全教育としては不十分であって，安全配慮義務を尽くしているとはいえないというべき」と判示した。

当該裁判例では，作業手順の教育を行い，そのとおりに作業できたかを作業前に確認しても，なお，被災者の日本語能力を踏まえ，さらなる安全配慮義務を課しているのであり，日本人労働者の場合よりも安全配慮義務が加重されたものといえる。

【6】では，被災者の日本語能力について，「日本語を理解することができない」と指摘されている。これを踏まえ，会社側の現場監督の指示が，「日本語を理解できない原告らに正確に伝わっていたのかそもそも疑問である」と判示して会社側の主張を排斥し，安全配慮義務違反があったものと判断している。当該裁判例は，被災者の日本語能力が労災事故につながったことを認めたものといえる。

(ウ) 以上のとおり，外国人労働者については，その日本語能力により意思疎通に支障をきたすことが，安全配慮義務の内容を検討するにあたって大きく影響しているものと考えられる。

(3) 合理的配慮の考え方を取り入れることができるか

(ア) 外国人労働者の日本語能力が安全配慮義務の内容を検討するにあたって大きく影響するとすれば，外国人労働者に対して，視覚障害や聴覚・言語障害がある労働者を雇用する場合における合理的配慮の考え方を取り入れることはできないだろうか。[*91]

例えば，視覚障害のある労働者に対し，

- 業務指導や相談に関し，担当者を定めること
- 会話とメールの両方で，本人に確認しながら行うこと
- 定期的にアンケートおよび面談を実施し，障害者本人の状況や意見を把握すること
- ピアサポート体制をとり，障害者同士が互いに協力し合う環境を作ること
- 拡大文字，音声ソフト等の活用により業務が遂行できるようにすること
- 処理時間に余裕のある業務を担当してもらうこと

などの合理的配慮が提供されている例があるところ，[*92] 日本語をみても理解できない外国人労働者の場合にも，応用できるものはあるはずである。

同様に，聴覚・言語障害のある労働者に対し，

- 業務指導や相談に関し担当者を定めること
- 業務指示や連絡に際して，身ぶり，口話（読唇＋発語），手話，筆談やメール，ホワイトボード等を活用すること
- 具体的に見本をみせることで指示をすること
- ピアサポート体制をとり，障害者同士が互いに協力し合う環境を作ること

---

*91 外国人の日本語能力の問題と，視覚障害や聴覚・言語障害とを，あたかも類似するものとしてとらえることには，批判的な意見もあるかもしれないが，あくまで，外国人労働者に，合理的配慮概念を取り入れることができるかという視点から検討するものであることをご了承頂きたい。

*92 厚生労働省障害者雇用対策課「合理的配慮指針事例集」【第三版】6頁以下参照。
（http://www.mhlw.go.jp/file/06-Seisakujouhou-11600000-Shokugyouanteikyoku/0000093954.pdf）

・　障害のない労働者が何気なく取り入れている情報を得ることができないことに配慮すること
・　危険が発生した場合の合図・連絡は，視覚で確認できるようにしておき，危険な箇所はあらかじめ目でみて分かるように工夫しておくこと
・　危険を伴わない部署，作業場所での業務を担当させること

などの合理的配慮が提供されている例があるところ[93]，日本語を耳で聞いても理解できず，また，日本語を話すこともできない外国人労働者の場合にも，応用できるものはあるはずである。

(イ)　他方で，留意しておかなければならないのは，外国人労働者の日本語能力の問題と，視覚障害や聴覚・言語障害との間には，当然ながら相違点もあるという事実である。

そもそも，外国人労働者は，一般的には，言葉の壁を承知のうえで，わが国で稼働するという選択を自らなしたものであろうが，視覚障害や聴覚・言語障害の場合は望まずに障害を背負うに至ったという相違点がある。さらに，日本語能力の問題は，教育や訓練次第では，本人の努力によって，日本人と変わらぬ水準を身につけることができる可能性もあるが，視覚障害や聴覚・言語障害の場合，多くは，完全に身体的な障害を除去しうるかはその時点における医療水準の限界次第であって，本人の努力のみでは解決できない問題がある。

また，視覚障害の場合であれば，文字情報以外の視覚情報も収集しえないし，聴覚障害の場合であれば，言語情報以外の聴覚情報も収集しえない。これに対し，外国人労働者の場合，文字情報以外の視覚情報や，言語情報以外の聴覚情報は収集しうるが，文字情報と言語情報はいずれも収集しえないし，発信もできないという相違点がある。

(ウ)　このように，外国人労働者に，合理的配慮の概念を取り入れるにあたっては，視覚障害や聴覚・言語障害との類似性と相違点とを十分に意識したうえで検討する必要があろう。

＊93　前掲注(10)18頁以下参照。

4　小括

これまで検討してきたように，外国人労働者の労災事故に関して，安全配慮義務の内容や，当該義務違反の有無を検討するうえで，合理的配慮の考え方を取り入れることは可能である。

もっとも，他節と同様に，ここでも，そのような必要性があるか否かという点が問題となる。仮に，これまでの裁判例の判断枠組みによって，十分に妥当な解決を図りうるのであれば，あえて合理的配慮の概念を取り入れる意味を見出しえないとも考えられるからである。

この点について，外国人労働者の労災事故に関しては，前述のように日本語能力が問題となる事例は少なくないものと思われ，改正障害者雇用促進法施行下において，合理的配慮に関する事例が蓄積されれば，安全配慮義務の内容を検討する際に，参考にできる部分も少なくないはずである。合理的配慮の概念は，より，具体的かつ現実的な安全配慮義務の内容を措定することに資するものと考えられる。

障害を抱える労働者に対する合理的配慮の提供について，いかなる事例の蓄積がなされるかにかかっているが，前述のとおり，わが国で働く外国人労働者数が増加の一途をたどっている以上，外国人労働者の日本語能力が問題となる労働災害事故も増加することが予想され，こうした事案に合理的配慮概念を展開することに，積極的な意義を見出しうると期待できる。

第10節　本章のまとめ

1　はじめに

本章では，労働法ないし雇用の分野中の各種局面における裁判例を分析することにより，これらの局面への合理的配慮論の展開可能性を検討してきた。本節において，本章における検討の結果を次のとおりまとめるものである。

第1に，障害者差別解消法制定および障害者雇用促進法改正により法文化された「合理的配慮」の概念ないしそれに類似する考え方は，障害者雇用促進法自体が雇用に関する法律であることからも予想されたとおり，労働法ないし雇

用の分野において親和性を有する概念であり，既に以前から，同分野中の各種局面において，採用され育っていることが確認できたということである。

第2に，合理的配慮論は，上記のような土壌のもとで，労働法ないし雇用の分野において展開する可能性は十分に認められ，今後，その有用性，必要性の観点から，検討を重ねる必要が認められるということである。

第3に，従前の裁判例の検討の結果は，規定された合理的配慮の解釈論の参考になりうることが確認できたということである。

2　労働法ないし雇用の分野における合理的配慮論類似の考え方の採用

本章における裁判例の検討の結果，とりわけ，人事をめぐる諸問題(第3節)，安全配慮義務（第4節），セクハラ（第5節），外国人労働者（第9節）の各局面においては，既に合理的配慮論類似の考え方が採用され，発展していることが明らかになった。

すなわち，人事をめぐる諸問題においては，障害者雇用促進法改正以前の裁判例において，労働者の労務提供可能性を考慮して配置転換の可能性を検討することを求め，安易な休職措置や解雇を無効にするという判断がなされたり，配置自体に関しても可能な範囲で適切な措置を求めるものが存在し，これらは，合理的配慮論に類似する考え方を先取りして紛争解決を図ったものと評価できる。また，障害者以外の労働者における配転命令に関する裁判例においても，個別の労働者の労働関係安定への期待により配慮したきめ細やかな判断がなされつつあり，これもまた，合理的配慮論と相通じるものと思われる。

裁判例の蓄積により発展してきた安全配慮義務法理も，健康や障害といった労働者側の問題に対する特別な対応であり，かつ個々人の状況に合わせた個別性の高いものとみることができる点で，合理的配慮論と多くの類似性がみられることは広く認められている。

セクハラについても，環境型セクハラについては，職場環境配慮義務という形で，合理的配慮論類似の考え方によっていると評価可能な裁判例が存在する。外国人労働者についても，安全配慮義務が問題となった労働災害事件において，合理的配慮論類似の考え方を見出すことができた。

3　労働法ないし雇用の分野における合理的配慮論の展開可能性

　以上のように，この分野の多くの局面で，既に合理的配慮論類似の考え方は発展を遂げており，これらの局面において合理的配慮論が親和性を有するといえることはもちろんのこと，いまだ合理的配慮論に類似した視点からの判断がなされているものが見出せなかった局面においても，検討した裁判例にみられる公序法理の適用などを通じて合理的配慮論の考えを取り入れることは可能といえよう。

　今後，各局面における合理的配慮論の展開可能性については，各局面に応じて，合理的配慮論の展開可能性について，その有用性，必要性の観点から，引き続き検討していく余地は十分にあるものと思われる。

4　蓄積された裁判法理の合理的配慮論への参照可能性

　以上述べたとおり，労働法ないし雇用の分野は合理的配慮論の考え方に親和性を有することが明らかとなったが，このことは，これまでに蓄積された裁判法理を参照することが，今後の合理的配慮論の発展に寄与する可能性を持つことも意味する。

　第2節において，労働分野における健康情報の取扱いについての裁判例の検討を行ったが，合理的配慮論においても，労働者のプライバシーに属する個人情報について使用者が取得しようとする場面において問題となる。ここでも，検討の結果判明したとおり，プライバシー保護と情報を取得することの必要性と合理性との対立する利益間の調整という視点で検討をすることが有用である。また，第4節において，安全配慮義務の具体的内容について検討を行ったが，ここでの裁判例の蓄積は，合理的配慮（提供）義務の具体的内容を確立していくうえで参考となるものといえよう。

第5章

その他の法分野への合理的配慮論の展開可能性

第1節　本章の検討課題

1　序章第1節で述べたように，本書の問題関心は，合理的配慮論ないし類似の考え方について，障害者差別解消法および改正障害者雇用促進法が適用されない他の法分野に適用ないし取り入れることができないかについて検討することである。

本章ではそれを受けて，性的少数者（第2節），宗教・信仰（第3節），説明義務・情報提供義務（第4節），約款・消費者契約（第5節）の各分野につき，合理的配慮論ないし類似の考え方（以下，本章ではこれらをまとめて「合理的配慮論」，「合理的配慮義務」という）の適用可能性について検討する。

2　合理的配慮論の適用可能性がある分野は多岐にわたると考えられるが，これらを検討の対象としたのは，次の以下の理由による。

性的少数者については，従来から「差別」[*1]問題として取り上げられてきており，合理的配慮論の本来的適用分野である障害者差別と問題関心が近い。国レベルでは，性同一性障害者の性別の取扱いの特例に関する法律，地方公共団体レベルでは，「渋谷区男女平等及び多様性を尊重する社会を推進する条例」など，性的少数者の人権に配慮した立法例もある。さらに，性同一性障害の労働者の解雇，性同一性障害を有する被留置者に対する処遇が問題となった国家賠償請

---

*1　森戸英幸ほか編『差別禁止法の新展開』（日本評論社，2008）173頁以下〔森戸英幸〕，好井裕明編『排除と差別の社会学』（有斐閣，新版，2016）141頁以下〔小倉康嗣〕，167頁以下〔杉浦郁子〕など。

求と，重要な裁判例も既に出ている。今日の時点において，合理的配慮論の拡張可能性を検討するのに，最もふさわしい分野の一つであると考えらえる。

宗教分野は，もともとアメリカで合理的配慮義務が立法化された最初の分野である。日本では，合理的配慮義務の立法は障害分野から出発したが，その拡張可能性を検討するうえで宗教分野は考察の対象からははずせない分野である。日本でも，カトリック，「エホバの証人」の信者などへの信教の自由の侵害事例として，最高裁判例を含む多くの裁判例の蓄積もある。これらの判例は，従来の憲法，行政法の教科書では，それぞれ信教の自由（憲法20条），裁量統制（審査密度）の項目で取り上げられてきており，合理的配慮論との関連性において議論されることは少なかった。本節では，これらの判例を合理的配慮論の拡張可能性という視点からとらえ直してみたい。

ところで，障害者差別解消法は，その根底には，障害者に対する社会的障壁を除去するために合理的配慮が必要ととらえる「社会モデル」の考え方がある。上記で検討の課題とした性的少数者，宗教の分野は，この「社会モデル」的な発想を適用することで，合理的配慮論の拡張可能性を考えることが可能である。他方，障害者差別解消法と同時に改正された障害者雇用促進法は，必ずしも「社会モデル」の考え方をベースにはしていない[*3]。ここから，必ずしも「社会モデル」的な発想を適用することがなじまない分野であっても，合理的配慮論の拡張ができるのではないか，というアイディアが生まれてくる。

このアイディアから，合理的配慮論の拡張可能性として検討対象としたのが，説明義務・情報提供義務と約款・消費者契約の各分野である。これらの分野には取引当事者間の情報，交渉力「格差」をどう是正するかという共通の課題がある。そこで，本節では，その「格差」縮小にどう取り組むかという視点から，合理的配慮論によって，分野横断的に理論的整理ができないかどうかを検討する[*4]。

---

*2 例えば，野中俊彦ほか『憲法Ⅰ』（有斐閣，第5版，2012）322頁以下を参照。
*3 永野仁美ほか編『詳説障害者雇用促進法』（弘文堂，2016）157頁〔中川純〕。
*4 もちろん，ここで列挙した以外の分野でも，合理的配慮論ないし類似の考え方が採用されており，合理的配慮論を適用することで，新たな整理が可能な分野も存在しうることは，序章第2節で触れているとおりである。

第2節　性的少数者

1　はじめに

(1)　2015（平成27）年4月1日，東京都渋谷区で「渋谷区男女平等及び多様性を尊重する社会を推進する条例」の一部が施行された。

注目されたのはパートナーシップ証明制度である。この制度は，戸籍上，同性同士のカップルを婚姻に相当するパートナーとして渋谷区が公認するという制度である。この制度によっても，当然，相続権等の配偶者に関する法律上の制度が適用されるものではない。しかし，渋谷区の公認があることによって，賃貸借や就業上の不利益等を緩和できるのではないか，ひいては偏見・差別の解消につながるのではないかと期待されているようである。

少なくとも，渋谷区に続いて全国各地で同様の制度が開始され，そのたびにニュースで取り上げられることにより，性的少数者が抱える問題について社会がより認識し始めていることは確かであろう。

(2)　このように制度が変わりつつあるものの，主には地方自治体が中心となって動き始めている。国政レベルでも，まったく動きがないわけではない。[*5]例えば，性的少数者に対するセクシャルハラスメントについても，従前，男女雇用機会均等法が事業者に求めているセクハラ防止措置に基づき対処するよう「セクハラ指針」[*6]が改正された。しかし，法律レベルの動きとなるといまだ動きが鈍いといわざるをえない。

[*5]　なお，2016（平成28）年に「性的指向又は性自認を理由とする差別の解消等の推進に関する法律案」（LGBT差別解消法案）が国会に提出されている。同法案には，合理的配慮をしないことを差別とする規定が含まれていた。もっとも，この法案は成立には至らなかった。同法案の策定の経緯や内容の概略については，神谷悠一「性的指向および性自認を理由とする困難と差別禁止法私案」季刊労働法251号（2015）23頁参照。

[*6]　「事業主が職場における性的な言動に起因する問題に関して雇用管理上講ずべき措置についての指針」（平成18年厚生労働省告示第615号，最終改正平成28年8月2日厚生労働省告示第314号）2，(1)参照。

性的少数者が社会生活において抱える問題により広く対処するには，例えば本書において検討してきた合理的配慮義務を規定することなどが考えられる。

　⑶　そのような考えから司法に目を向けたとき，性的少数者に対する合理的配慮が考慮されたのではないかと評価しうる具体的な裁判例がないわけではない。本節では，そのような裁判例の分析を通じて，制度的保護が不十分な性的少数者が司法的に救済される可能性を検討したい。また，救済事例は，今後の制度化，制度の運営において参考になるものと考える。

　⑷　なお，性的少数者は，LGBT，SOGI等，様々な別称があるものの，その意味するところは共通でない部分が多い。本節では，「性的多数者」を，いわゆる心と体の性が一致し，かつ異性を愛する人と定義したうえで[*7]，「性的少数者」を，性的多数者とは異なる生物学的性，性自認，性的指向の組み合わせを有する者と定義して，程度の問題はあれ，性的に広く社会的障壁に直面している者を検討の対象としたい[*8]。

2　性的少数者に対する合理的配慮義務の規範性

　⑴　前提として，性的少数者が障害者差別解消法または障害者雇用促進法の適用対象となりうるかという点を検討する。具体的には，「障害者」の要件に性的少数者は含まれるかという問題である。「障害者」に性的少数者が含まれるのであれば，同法に基づく合理的配慮を受けることができるようになる。

　性的少数者のなかでも，とりわけ性同一性障害を有する者については，精神医学における代表的な診断ガイドラインであるICD-10やDSMでも取り上げられている障害であるから，法が定める障害者の定義にあたるものと考える。

[*7] より正確には，生物学的性および性自認が男性，かつ，性的指向が生物学的に女性である者，および，生物学的性および性自認が女性で，かつ，性的指向が生物学的に男性である者を指す。この三要素については，内藤忍「性的指向・性自認に関する問題と労働法政策の課題」季刊労働法251号（2015）2頁が分かりやすくまとめている。

[*8] この定義は，性的多数者が性的少数者に対して何らかの優越的関係があるという主張を含むものではない。

他方で，性同一性障害を有する者以外の同性愛者や両性愛者については，障害の枠組みでとらえること自体に批判もあるところである。また，障害者差別解消法や障害者雇用促進法が制定時において性的少数者を念頭に置いて制定されたものであるともいえないであろう。[*9]

(2)　ただ，海外における合理的配慮論や障害者差別解消法の合理的配慮義務については，従前より障害の社会モデルが念頭にあるということは指摘されてきたところである。同法では，社会生活ないし職業生活において社会的障壁や制限等がある者を障害者としており，社会の側の制度が障害を作るのであって，障害者の側の問題になるわけではないので，障害を作った社会の側が同じく障害を解消し，または，障害に対する配慮を与えるべきという考えが前提にある。
　このような考えは，性的少数者一般に対しても同様にあてはまるはずである。同性愛者や異性愛者が，歴史上の様々な社会において正常扱いされたり異常扱いされたりしていることからも分かるように，性的少数者であることの生きづらさも，社会のあり方から発生するものにほかならないからである。[*10] そうすると，性的少数者に対する合理的配慮義務はいまだ法定化されていないとしても，既成の法的規範によって，障害者と同様，性的少数者に対する合理的配慮を法的に義務づけることも正当化することができるだろう。そして，実際に懲戒権濫用法理に乗せて，合理的配慮の有無を考慮したと思われる裁判例がある。

＊9　例えば，アメリカでは，ADA（障害をもつアメリカ人法）上，性的少数者は同法の保護の対象外であると明記されている。なお，性的少数者の性は，公民権法上，差別が禁止される「性」としても判例法上認められていない。もっとも，アメリカでは「性的アイデンティティ・性的指向における少数者に対する差別的取扱いやセクシュアルハラスメントも，それが性的役割に関するステレオタイプに基づくものであれば」，公民権法による禁止対象となりうると解する立場が有力化していることは指摘しておきたい。この点も含めて，アメリカの性的少数者保護の法的解釈については，富永晃一「アメリカにおける性的少数者の現在」季刊労働法251号（2015）39，42頁参照。

＊10　性的少数者が抱える生きづらさの具体例については，LGBT法連合会（性的指向および性自認等により困難を抱えている当事者等に対する法整備のための全国連合会）が「性的指向および性自認を理由として，わたしたちが社会で直面する困難のリスト」を作成している。

3 S社（性同一性障害者解雇）事件（東京地決平14・6・20労判830・13）

(1) 事案

性同一性障害である生物学的には男性である女性（X）が，使用者の配転命令に応じる条件として，女性の服装での勤務並びに女性トイレおよび女性更衣室の使用を求めた（本件申出）ところ，使用者（Y）がこれを拒否ないし禁止したので，Xは配転命令を拒否した。その後，配転命令には従ったものの，女性の容姿で出勤したため，Yは自宅待機命令を出した。自宅待機期間がすぎると，Xは女性の容姿で出勤し，再びYが自宅待機命令を出したり女性の容姿での出勤をしないようにとの業務命令が出されたりする状況が繰り返された。最終的に，YはXについて業務命令違反等を理由にして懲戒解雇した。そこで，Xが解雇無効として仮の地位を定める仮処分を申し立てた事案である。

(2) 裁判所の判断

裁判所は，特に以下の点を判示して，懲戒解雇は無効としてXの申立てを認容した。

(ア) 配転命令の許否について

Xによる配転命令拒否は，本件申出が受け入れられなかったことを主な理由としたと認定できるところ，Xには就業規則により配転命令に従う義務があり，一旦応じたうえでYに対し本件申出を受け入れるように働きかけることも可能であったことを考えると，Xによる配転命令拒否は懲戒解雇事由である「正当な理由なく配転……を拒否したとき」に該当する。

しかし，①Xが後に命令に従う旨の謝罪文をYに送付していること，②本件申出から20日間程度にわたりYが本件申出に対応していないこと，③本件申出に対する拒否回答の理由を具体的に説明しなかったことを考えると，性同一性障害のXが強い不満をもち，配転命令を拒否するに至ったそれなりの理由があることから，本件懲戒解雇事由が懲戒解雇に相当する程重大かつ悪質な企業秩序違反であるとはいえないとした。

(イ) 女性容姿での就業を禁止する業務命令違反について

①Xが突然，女性の容姿で出社し，他の社員がショックと強い違和感を抱い

たこと，②一般に身体上の性と異なる性の容姿をする者に対し，興味本位でみたり，嫌悪感を抱いたりする者が相当数いること，③性同一性障害が最近になって知られはじめたことから，他の社員の相当数が女性の容姿をして就労しようとするXに対し，嫌悪感を抱いたものと認められること，④Yの取引先や顧客の相当数が，違和感，嫌悪感を抱くおそれがあること，⑤本件申出が極めてまれな事例で，Yおよび他の社員に対する配慮を求める内容であることを考えると，Yが影響を憂慮し，当面の混乱を避けるために，Xに対して女性の容姿で就労しないように求めることは一応理由がある。

他方で，性同一性障害であるXが，男性としての行動を要求され，また，女性としての行動を抑制されると多大な精神的苦痛を被る状態にあったといえるから，配慮を求めることに相応の理由があるものといえる。

そうすると，①他の社員の違和感や嫌悪感は，Yが理解促進を図ることで，時間の経過も相まって緩和する余地が十分にあること，②取引先や顧客に与える影響が業務遂行上著しい支障をきたすおそれがあるとまで認めるに足りる疎明がないこと，③本件申出への対応が一定期間なく，拒否回答の具体的理由の説明もなく，Yは本件申出を反映しようとする姿勢を有していないこと，④女性の容姿をして就労させたことがYにおける企業秩序または業務遂行において著しい支障をきたすと認めるに足りる疎明がないことからすれば，業務命令違反が「会社の指示・命令に背き改悛せず」および「その他就業規則に定めたことに故意に違反し」という懲戒解雇事由にはあたりうるが，懲戒解雇に相当するまで重大かつ悪質な企業秩序違反であると認めることはできないとした。

(3) 検討

(ア) 労働契約法15条によれば，「懲戒に係る労働者の行為の性質及び態様その他の事情に照らして，客観的に合理的な理由を欠き，社会通念上相当であると認められない場合」には懲戒解雇権は濫用となる。本件では，懲戒事由として重大なものか，また，悪質なものかという判断をしている。そして，業務命令への拒否・違反が懲戒処分の対象とされる場合，業務命令が正当な権限の行使である必要がある。本件では，配転命令や女性の容姿で就業することを禁じ

る業務命令をさしあたって下すことは，正当な権限の行使であるとの判断のようである。[*11]

　もっとも，さしあたって業務命令が正当であるとしても，対応懈怠と説明懈怠が配転命令を拒否する理由としてそれなりに理由があるものであること，また，女性の容姿での就労を禁止する業務命令違反の理由となっていることからも，悪質な懲戒事由ではないとされている。このことと，実際の企業秩序や業務遂行に著しい支障をきたすとは認められず，懲戒事由として重大でないことから，懲戒権の濫用であるとの判断に至ったものである。

　(イ)　ここで問題視されている対応懈怠と説明懈怠は合理的配慮の欠如ととらえることも可能であろう。すなわち，性同一性障害であるXが，男性としての行動を要求され，また，女性としての行動を抑制されると多大な精神的苦痛を被る状態にあったことから，Xが男性としての勤務をせざるをえない状況は，まさに社会的障壁ということができる。そして，社会的障壁を解消すべきであったのにそれを懈怠したということは，このような社会的障壁が存在するにもかかわらずYが説明も対応もしなかったということになろう。これは合理的配慮の欠如と同視することができる。

　この合理的配慮の欠如自体は，説明も対応も受けられなかった労働者側の業務命令拒否をある程度正当化することに，または，その業務命令拒否を理由とする懲戒を制限する考慮要素の一つになるものと考える。

　なお，合理的配慮義務が課される条件として，合理的配慮を行うことが非過重負担である必要性があると考えられることが多い点には注意を要する。もっとも，本件においては，他の社員の理解を得られる余地があり，また，業務，取引先や顧客のことを考えてもYに著しい支障をきたすものとは認められないとされており，この点も検討されているものといえる。

＊11　ただし，後者の業務命令については，性同一性障害に対する認識・理解が広まり始めたばかりとの時代背景のもとで，さしあたって不当ではないと判断されたにすぎないと考えるべきであり，現在では業務命令自体が不当であると判断される余地はあると考える。
　　　例えば，業務命令自体が労働者の人格的な利益や名誉感情を侵害し，不法行為を構成することもありうるだろうし，性同一性障害に対する嫌悪感を理由とする業務命令がセクハラを構成することもありうる。

(ウ) 以上のように，本件裁判例は，性的少数者に対する合理的配慮がなかったことにより，使用者側の懲戒解雇が無効となったという分析が可能な事案であった。

結局のところ，合理的配慮義務違反が業務命令違反（配転命令を含む）の悪質性を軽減させ，また，合理的配慮義務違反の前提となる合理的配慮義務の発生が過重負担でないとの要件を満たしていると認められている点で，かかる合理的配慮義務に反する業務命令自体に違反したとしても，当該違反は重大なものではないとの判断に至ることになって，そのような業務命令自体に違反したことを理由とする懲戒解雇を無効とする大きな事情として評価できるのではないかと考える。

この裁判例のように性的少数者に対する合理的配慮義務違反を前提とする法的行為を無効とできる可能性が考えられる一方で，同様に不法行為に対する損害賠償請求の可能性は考えられないだろうか。先述の改正セクハラ指針を踏まえると，十分，不法行為を構成する可能性はありうると考えるが，裁判例上もそのことは裏づけられるといえそうである。その点をみるために，また，その可能性を考慮するために次の裁判例を検討したい。

4 東京地判平18・3・29判時1935・84

(1) 事案

同一性障害を有し性別適合手術および豊胸手術を受けている原告（先天的な生物学的性は男性）が，横領事件の被疑者として留置される際，医師または成年の女性の立ち会いなく身体検査を受け（本件身体検査），その後単独留置されていたが，2日後にうつ病が影響して自殺をほのめかすなど精神不安定な状況になったことから雑居に移してほしいと申し出たため共同留置され（本件共同留置），その3日後に再び単独留置されたところ，本件身体検査および本件共同留置の違法性を主張して国家賠償を請求した事案である。

(2) 裁判所の判断

裁判所は，特に以下のように述べて，原告の請求を一部認容し，慰謝料30

万円の支払を命じた。

　(ｱ)　**本件身体検査について**

　留置場の管理者は，関連法規に従い，留置者の身体検査を行うことができるものの，必要最小限度の範囲内において，被検査者の名誉，羞恥心などの基本的人権を不当に侵害することのない相当な方法で行わなければならず，例えば女子に対する身体検査は関連規定の趣旨に照らし，原則として，女子職員が身体検査を行うか，医師もしくは成年の女子を立ち会わせなければ違法になる。

　性同一性障害者に対する身体検査も，直ちに一般の女子と同様に扱うことはできないとしても，内心において女性であるとの確信を有し，外見上も女性としての身体を有する者に対する身体検査においては，特段の事情のない限り，女子同様の扱いをしなければならないと解するのが相当である。

　本件では，特段の事情がないにもかかわらず，女子同様の扱いをしなかったうえに，女子同様の身体検査を行う準備をする余裕は十分にあったはずなので，施設管理権の行使として許される範囲を超えた違法な身体検査であったといわざるをえない。

　(ｲ)　**本件共同留置について**

　関連法規上，警察署留置場においては男女を区分して留置すべく定められていること，単独留置か共同留置かの判断は留置場管理者の裁量事項と考えられることを考慮しても，裁量判断が，法の趣旨・目的に照らし，考慮すべき事項を考慮せず，考慮すべきでない事項を考慮してなされるなど，裁量の範囲を逸脱したと認められるときは，それに基づく措置は違法になる。

　自殺等のおそれが現実に存在し，または現実に存在すると判断する合理的な根拠はなく，自殺等のおそれがあったとしても，共同留置によってそのおそれが解消する十分な可能性が存在し，また解消する十分な可能性があると判断する合理的根拠があったとも認められないうえ，また，共同留置に効果が認められるとしても，性同一性障害で身体的にも女性の外見を有する原告については，自殺解消のおそれのために，監視を強化するとか医療上の処置を講ずるとかの方法によるべきであって，共同留置とするべきではなかった。したがって，性同一性障害者であるとの事情に十分な考慮を払わず，また，自殺のおそれ等を

過大に考慮したことは，裁量の範囲を逸脱した違法がある。

(3) 検討

　性同一性障害者であるとはいえ，戸籍上男性であるから男性と同様に扱えばよい，または，女性と同様の扱いを行う配慮をしなくてもよいということにはならないということが示された裁判例といえよう。まさに，制度上男性とされてしまうがゆえに生じた，女性と扱われるべきであるにもかかわらず女性と扱われないという社会的障壁に原告は直面しているのである。

　具体的には，羞恥心や名誉の侵害，好奇の目にさらされ，強制わいせつや性的いたずらを受けるおそれを抱かざるをえないということも十分社会的障壁である。どのように配慮するかは，原告と留置場の管理者との協議によるのであろうが，女子を立ち会わせること等は非過重な負担といえそうであるし，また，単独留置したうえで監視等を強化することや医療処置を行うことも非過重な負担と考えられる。

　結果として，性同一性障害者である原告に対して十分な配慮をしなかったことが国家賠償法上違法の評価をされるに至ったものであり，この裁判例は合理的配慮義務違反が損害賠償義務を生じさせることを示すものといえよう。

5　まとめ

　以上，紹介したように，性的少数者に対する制度的な保護が始まるより以前から，性的少数者であることによる合理的配慮が司法上の一定の規範となっていたということができるであろう。このような裁判例は，今後，地方自治体および国において制度を構築するうえでも具体的な事例として十分参照されるべきものと考える。そして，制度が構築される前であっても，積極的に性的少数者の保護を図るために参照されるべきであることはいうまでもないものと考える。

第3節　信仰に対する合理的配慮

1　はじめに

　これまでみてきたように，わが国では，「合理的配慮」という概念が，障害者に関する問題のなかで議論されてきた。しかし，これも確認となるが，国際的には，法的な分野で合理的配慮がなされないこと自体を問題としてとらえる歴史は，宗教ないしは信仰に関する問題から始まるのである。ここでは，合理的配慮に法律上の地位を与える最初の明確な立法的成果が，1972年のアメリカにおける公民権法の改正であることのみ押さえておきたい。[*12]

　それでは，わが国において，信仰に対する合理的配慮は，学問的な議論はおくとして，立法的な議論または具体的な事件のなかで，まったく考慮されてこなかったのであろうか。本節の主要な目的は，信仰に対する配慮義務（配慮論）が，実は，最高裁判例としても重要な論点となっていること，そしてある程度規範化されているということを示すことにある。そして，この点を示すための最重要の最高裁判例として，エホバの証人剣道受講拒否事件（剣道受講拒否事件。最判平8・3・8民集50・3・469，神戸地判平5・2・22判タ813・134，大阪高判平6・12・22判時1524・8）を取り上げて検討を行う。

　具体的な検討の流れとしては，まず，剣道受講拒否事件から読み取れるわが国における信仰に対する配慮論の射程と限界を示す。そして，最高裁が定立した配慮の枠組みの輪郭を示すために，アメリカにおける信仰に対する合理的配慮の枠組み，また，わが国における障害者に関する合理的配慮論との比較を簡単に行う。最後に，わが国における信仰に対する配慮論の展望について検討することとしたい。

＊12　永野秀雄「米国における使用者による被用者の宗教に配慮する法理について ― 特に1964年公民権法第7編に基づく宗教上の戒律に起因する服装・身なりに関する雇用上の配慮に関する検討 ― 」法學志林113巻3号（2016）81頁。なお，公民権法701条(j)は，労働者が，使用者に対し，自らの宗教的信念や宗教的慣習に関する合理的配慮を求めたとき，請求に正当な理由があり，かつ，使用者に過重な負担（不当な困難）が生じないにもかかわらず，配慮をしない場合，宗教差別になることを定める。

2 剣道受講拒否事件の検討
(1) 事案の概要
　剣道受講拒否事件は，信仰に対する配慮を求める原告側（X）の請求が認められたという点で重要な判例である。
　同事件は，1991（平成3）年に，剣道の授業を信仰上の理由で受講拒否した神戸高専学生達Xに対して，神戸高専（Y）が留年・退学処分を下したため，X側が当該処分の取消しを求めて提訴した事案である。

(2) 最高裁の判断枠組み・あてはめ
(ｱ) 考慮不尽・他事考慮による裁量権逸脱濫用
　最高裁が採用した大きな枠組みは次のようなものである。すなわち，Yの校長による留年または退学処分は，校長の合理的な教育的裁量に委ねられており，その裁量処分は，「全く事実の基礎を欠くか又は社会観念上著しく妥当を欠き，裁量権の範囲を超え又は裁量権を濫用」（これを「考慮不尽・他事考慮」と呼称する）したといえる場合に限り，違法と判断するという内容である。また，留年・退学処分の重大性を考慮して，「特に慎重な配慮を要する」としている点も重要になる。
　この枠組みでは，具体的に争いとなる評価として，剣道実技への参加を拒否した事実をもって，本件でYが体育科目に単位を与えなかったこと（その結果として留年または退学処分を下したこと）に，考慮不尽・他事考慮がなかったかどうかを検討することになる。

(ｲ) あてはめ──「相応の考慮」
　そこで具体的な事実関係をみるに，剣道実技への参加拒否は，剣道が「宗教的信条と根本的に相いれないとの信念」に基づくものである。この拒否理由は，Xらの「信仰の核心部分と密接に関連する真し」なものであった。このことから，Yは当然に「相応の考慮を払う必要があった」とされている。
　この「相応の考慮」が払われていなければ考慮不尽があったことになる。そこで，次に，この点を確認してみると，Xらは，教員らに対し，剣道実技に参加できない代わりに，「レポート提出等の代替措置を認めて欲しい旨申し入れ

た」ものの、教員らに「即座に拒否」され、以降も顧みられることがなかったという事実が指摘される。教員らは、実際に作成されたXらのレポートを受領拒否し特別救済措置として剣道実技の補講を行うという代替措置となりえない対案を示すにとどまったからである。最高裁は、このような事実関係をみると、Yが「相応の考慮」を払ったとは「到底いうことができない」との評価に至っている。

　(ウ)　あてはめ——配慮を払うことの負担・法的障害

　また、最高裁は、Yが考慮した事項にも評価を加えている。つまり、Y側が主張する、代替措置を講じることによって生じる負担あるいは不利益の主張や法的な障害についても応答している。

　まず、実質的な負担として、代替措置をとることによって「担当教員等の負担が多少増加することはあっても」、Yにおける「教育秩序が維持できないとか学校全体の運営に看過できない重大な支障を生ずるおそれがあった」とは認められないとしている。この点、実際にXらが求めるような代替措置を講じている学校もあったと認定している点は重要な指摘である。また、Yは、信仰を理由に代替措置を講じることが政教分離原則（憲法20条3項）に反すると主張しているものの、最高裁は、目的効果基準に照らして判断し、代替措置をとることが政教分離原則に違反しないと判示している。すなわち、これらの考慮は考慮すべきでない事項の考慮にすぎず、他事考慮と評価できるのである。

(3)　小括——剣道受講拒否事件の意義

　結局、本件の留年または退学処分は、裁量判断過程に考慮不尽・他事考慮があるものであって違法となり、取り消されるべきであるという結論が導かれる。

　これが剣道受講拒否事件の判旨であり、ここから信仰に対する配慮がなされなかったことが、裁量処分の違法性を基礎づける考慮不尽と評価されうること、そして、信仰に対して配慮することの評価を誤れば他事考慮と評価されうることが示されるのである。ひるがえって、裁量処分の合法性を確保するためには、一定の場合に信仰に対する配慮をする義務があるということも示している。剣道受講拒否事件は、この義務を認めたという点で決定的に重要である。

2 アメリカの合理的配慮との比較

(1) アメリカの合理的配慮論の概要

では、この信仰に対する配慮義務をより明確にするために、アメリカの合理的配慮義務と比較してみよう。そのためには、まず、比較対象とするアメリカの合理的配慮義務がいかなるものかを明らかにしなければならない。

アメリカの公民権法は、雇用場面における宗教差別を禁止したものである。アメリカの判例法理では、労働者が、真正な信仰を持ちこれが使用者の課す労働条件と齟齬をきたしていること、労働者が使用者に自らの信仰を告知していたこと、労働者がその信仰と矛盾する労働条件に従わなかったことにより懲戒処分を受けたことを立証する。それに対し、使用者の側が、宗教上の行為等に合理的配慮を行っていること、または、そのような合理的配慮をすると業務に過大な困難を伴うので当該配慮を行わなかったことの反証を求められる。さらに、裁判所によっては、使用者側の抗弁として、労働者と交渉を行ったことを課すところもある。[*13]

本節では、この点につき、アメリカ法の分析から、合理的配慮義務の内容として、次の三つの特徴を有することを指摘したい。第1に、自らの信仰と矛盾する義務を課せられ、その義務違反に対し具体的な不利益処分を受けたこと、第2に、過重な負担を伴わない限度での合理的配慮義務、第3に、合理的配慮の履行にあたって当事者間で協議を尽くしたことである。

(2) 剣道受講拒否事件と合理的配慮論との共通点

剣道受講拒否事件は、以下のとおり、この合理的配慮論と多くの面で整合的に分析することが可能である。

(ア) 信仰と矛盾する義務違反への不利益

まず、Xらが配慮の対象となった理由について、体育科目の不認定による留年・退学処分を避けるために、Xらの「信仰上の教義に反する行動をとることを余儀なくされる」という不利益が生じるからであったという点が確認できる。

---

*13 永野・前掲注(12) 86頁～87頁、97頁。

すなわち，Xらが信仰を貫くこと，より広くとらえれば信仰生活を送ることに不利益が生じるということであり，学校の単位認定制度，進級制度のなかで自らの信仰と矛盾する義務を課せられたといえよう。実際，不利益な処分を課せられている点でもアメリカの合理的配慮義務の内容と整合する。

(イ) **非過重負担と協議**

そして，最高裁は，このような社会的障壁を除去するために，Xらの申し出た代替措置について着目するとともに，この代替措置を中心に過重な負担であるかを検討しているのである。Yの人員や，実際に同じような代替措置を講じている学校があることの指摘は，このような検討がなされたことを示している。

また，Yが代替措置の申出を即座に拒否していること，Yが提示した代替措置が，剣道の補講という剣道自体ができないXらにとってはまったく代替措置とはいえない措置であったことを認定している点は，最高裁がYとXらとが十分に協議できているかを検討するための作業と位置づけることができる。

このように，社会的障壁，過重負担，十分な協議ないし対話という合理的配慮の本質を基礎づける重要な要素は，最高裁においても明示的に検討されているといえる。

(ウ) **小括**

結局，剣道受講拒否事件が示した信仰への配慮義務の枠組みは，かなりの部分をアメリカの合理的配慮義務の枠組みと共有しているといえるのである。

(3) 剣道受講拒否事件と合理的配慮論との相違点

(ア) **不利益の重大性の重視**

その一方で重要になるのが，共有されていない部分である。

まず，不利益の大きさが注目されている点は指摘できる。剣道受講拒否事件では，校長が行うあらゆる処分に対し，すべて相応の考慮をするべきだとはされていない。あくまでも体育科目の不認定による留年または退学処分が重大な不利益処分であって，自己の真しな信仰上の教義に反する行動をとることを余儀なくされるという事態から，「相応の考慮」をするYの校長の義務を導き出しているのである。したがって，最高裁の信仰に対する配慮義務の枠組みは，

留年または退学処分の重大性が考慮されている。

この点，剣道受講拒否事件の控訴審は，「YがXに対し剣道実技に代わる代替措置をとらなかったことによって保持しうる公共的な利益とXが剣道実技の受講を拒否したことによって受けなければならなかった不利益，すなわち本件各処分との軽重を比較考量することとなる」と，利益衡量の手法を採用している点は，処分の重大性を重視することを明確にしており，最高裁の枠組みに影響を与えていると考えられる。

他方で，アメリカ法では，合理的配慮の対象は，「宗教的信仰および宗教的儀式並びに宗教的礼拝のすべての側面を含む」とされ，合理的配慮をしないことによって受ける不利益の程度の大きさは直接には問われていない[14]。

この点は，むしろわが国の障害者差別解消法との共通点であることを述べておきたい。すなわち，障害者差別解消法は，「障害者の権利利益を侵害してはならない」（7条1項）とし，また，「障害者の権利利益を侵害することとならないよう……必要かつ合理的な配慮をしなければならない」（7条2項）と定める。この「障害者の権利利益」とは，当然，法的保護に値する権利利益と考えられるところ，結局，合理的配慮を求めるには，それがなされないことによって当該障害者に対し法的保護に値する権利利益が侵害されることが必要である。

(イ) **Xらの申出の重視**

さらに，不利益の重大さを考慮していることとは別に，Xらが代替措置をとるように求めていたという事実を重視している点についても指摘したい[15]。

最高裁は，「信仰上の理由から格技の授業を拒否する旨の申出をするや否や，

---

* 14 櫻庭涼子「使用者の配慮を導くアプローチ」季刊労働法243号（2013）190頁以下によれば，アメリカ法のアプローチでは，「一定の宗教を信仰する者に一定の不利益な効果が及ぶことに立証を要さない」とされる。それに対し欧州人権裁判所のアプローチでは，「民主主義社会における宗教の重要性を認めており，これに対して制約を課す目的との関連で均衡がとれているかどうかを審査している。制約する理由の性質によっては（患者の安全，機会均等など）宗教を表明する自由への制約の正当化が認められているが，制約を課す目的と，それによる不利益とのバランスをとれているかについて判断するという枠組み」が採用されている。
* 15 櫻庭・前掲注(14) 193頁。なお，最高裁とは異なり，アメリカ法では，使用者は何らかの形で労働者の宗教上の必要に配慮したならば，必ずしもそれが労働者の提案する配慮でなくともよく，さらに労働者の提案する配慮が「過大な負担」を課すことになるという立証を使用者がすることも求められていない点は指摘したい。

剣道実技の履修拒否は認めず，代替措置は採らないことを明言し，X及び保護者からの代替措置を採って欲しいとの要求も一切拒否し，剣道実技の補講を受けることのみを説得した」，「信仰上の理由に基づく格技の履修拒否に対して代替措置を採っている学校も現にあるというのであり，他の学生に不公平感を生じさせないような適切な方法，態様による代替措置を採ることは可能であると考えられる」として，Xらの申し出た代替措置について，それが可能かどうかを判断している。

　このことは，剣道受講拒否事件の事案においては，他に講じる余地のある代替措置は様々あるなかで，Xらが申し出た代替措置案さえも検討しなかったのは考慮不尽であって違法としたとも解釈できるし，様々あるなかで，とりあえずXらが申し出た代替措置案だけでも検討していれば，少なくとも考慮不尽による違法は免れていたとも解釈可能である。この点は，判示からは明らかではない。

　控訴審は，「代替措置をとることについての法的，実際的障害の有無」について詳細に検討している。控訴審は，Y側が予算，教員数等からXに対し代替措置をとることができなかったと主張していたことに対し，「Yがいかなる代替措置を前提として右主張をしているのか必ずしも明らかでない本件においては，仮に右主張の事実が認められたとしても，これをもって，Yが代替措置を講じることに実際上の障害があったということはできない」と判示している。ここでは，X側が提案する代替措置についてそれが可能かどうか判断するというよりは，Y側が提案する代替措置についてそれが可能かどうかを判断する姿勢が示唆される。

　しかし，控訴審および最高裁の両判決においては，Y側が何らかの配慮を示しさえすれば，それで配慮義務を尽くしたというよりは，代替措置が取りうるかどうかについて具体的な検討をする姿勢がうかがえる。

　以上のように，最高裁の枠組みは，かなりの部分について合理的配慮論の枠

＊16　前者であれば，神戸高専側は，仮に原告学生らが申し出た代替措置案が採用できないのであれば，神戸高専側が採用しうる合理的配慮を提案する義務を負っていたと考えられる。

組みでとらえることができると評価することができる。

3　他の判例・裁判例の検討

　ここで、剣道受講拒否事件の事案が単なる事例判断ではないことを示唆するために、すなわち合理的配慮論の枠組みが剣道受講拒否事件以前の下級審裁判例や他の最高裁判例と矛盾しないことを示すために、簡潔にではあるが、三つの事件に言及したい。

(1)　日曜参観事件（東京地判昭61・3・20 判時1185・67）

　ある児童が、日曜日に開かれる教会学校に出席したことによって、同日の日曜日に実施された小学校の日曜参観授業で欠席扱いの記録を残されたことについて、記載処分を取り消すよう児童の保護者が求めたという事案である。

　裁判所は、記載処分は違法ではないという結論を示しているが、この結論に至る過程で最も重要な点は、記載処分が児童に与える不利益の大きさが非常に軽微であるという点である。利益衡量の枠組みを採用するにせよ、不利益の大きさのみを考慮する枠組みを採用するにせよ、軽微な不利益であるという点が、配慮の必要性、すなわち欠席と取り扱わないことや参観授業の日程を変更することの必要性を否定していると考えられる。

　この点、不利益処分の程度の大きさが違法性判断において重視され、それが小さければ違法とされない（あるいは裁量権の範囲が広かったり、合理性が推定されたりするなどして、違法とされにくい）という状況があることが、剣道受講拒否事件以前からの司法の判断枠組みの傾向であることは指摘できよう。

(2)　自衛官合祀事件（最判昭63・6・1民集42・5・277）

　殉職した自衛官の夫を持つキリスト教徒の妻が、夫を護国神社に合祀したことの違法性を争ったいわゆる自衛官合祀事件についても同様のことがいえる。裁判所が、妻は、護国神社の宗教行事への参加を強制された事実、またその不参加により不利益を受けた事実、そのキリスト教信仰およびその信仰に基づき夫を記念し追悼することに対し、禁止または制限はもちろんのこと、圧迫また

は干渉が加えられた事実について何ら主張するところがないと指摘する点は，「人が自己の信仰生活の静謐を他者の宗教上の行為によって害されたとし，そのことに不快の感情を持ち，そのようなことがないよう望むことのあるのは，その心情として当然であるとしても」という前置きと合わせて考えると，程度の大きな不利益処分として認められるのは，いわば外形的，客観的な不利益であって，主観的な不利益があたらないことを示しているものと考えられる。この判例が，宗教的人格権，すなわち「静謐な宗教的環境の下で信仰生活を送るべき利益」は，直ちに法的利益として認めることができない性質のものであるとしていることも，その点を裏づけるものとなる。

また，自衛官合祀事件については，護国神社に対し合祀しないでほしいという配慮を求めるその配慮自体が，誰を合祀し信仰するか自ら決定できる護国神社の信仰に対する本質的変更を求めるものとも評価でき，「かえって相手方の信教の自由を妨げる結果となるに至ることは，見易いところである。信教の自由の保障は，何人も自己の信仰と相容れない信仰を持つ者の信仰に基づく行為に対して，それが強制や不利益の付与を伴うことにより自己の信教の自由を妨害するものでない限り寛容であることを要請しているものというべきである」という判示は，本質的変更を要する配慮は合理的配慮としないという枠組みと整合的なものと考える。[*17]

(3) 輸血拒否事件（最判平12・2・29民集54・2・582）

以上，裁判例や判例をみたが，結論において，信仰に対する配慮義務が一定の場合に発生するとして，その効果はどのようなものとなるのであろうか。剣道受講拒否事件では，配慮義務違反が行政処分の取消しという効果を発生させたが，民法上の不法行為を構成することもあるのではなかろうか。このことを示唆するのがいわゆる輸血拒否事件である。この事件で，裁判所は，説明義務

＊17　護国神社に配慮を求めることが，護国神社にとって過重な負担となるという評価も可能であろう。

違反に着目して不法行為を基礎づけているが[*18]，輸血しないでほしい，もし輸血をするのであれば説明してほしい（と考えるはずだ）という事実関係に着目すれば，配慮を求め，また，配慮する義務があったのに，それに違反したという合理的配慮の枠組みで検討することも不可能ではなかろう。

剣道受講拒否事件でも，Xらが抱えている障壁に「相応の考慮」が必要であったと述べている点は，相応の考慮をする義務があったYに，他の学校ではエホバの証人の信者に対してレポート提出等で代替させていた実例がある以上，剣道の補講以外の代替措置を提案しなかったことへの「過失」が認められる可能性は十分にある。

(4) 小括

上記のとおり，わが国においても，信仰に対する配慮義務（配慮論）は，複数の裁判例と最高裁判例で採用されている規範として重要な地位を占めるものである。

4 信仰に対する配慮の立法的裏づけ

それでは，さらに進んで立法的成果の有無という点に検討を移すと，信仰に対する配慮論は立法的な地位を明確には得ていないというのが実情であろう。

教育基本法15条1項には，「宗教に関する寛容の態度」，「宗教の社会生活における地位」は，「教育上尊重」することが義務づけられてはいるものの，「尊重」という行為としては消極的な表現からすると，配慮義務という作為義務を導くことは困難であろう。また，例えば，労働基準法3条は，信条を理由とす

[*18] 最高裁は，「E医師らは，本件手術に至るまでの約1か月の間に，手術の際に輸血を必要とする事態が生ずる可能性があることを認識したにもかかわらず，Bに対してD病院が採用していた右方針を説明せず，同人及び被上告人らに対して輸血する可能性があることを告げないまま本件手術を施行し，右方針に従って輸血をしたのである。そうすると，本件においては，E医師らは，右説明を怠ったことにより，Bが輸血を伴う可能性のあった本件手術を受けるか否かについて意思決定をする権利を奪ったものといわざるを得ず，この点において同人の人格権を侵害したものとして，同人がこれによって被った精神的苦痛を慰謝すべき責任を負うものというべきである」とする。

る差別的取扱いを禁止し，その信条には当然，信仰を含むと解されているから，信仰を理由とする差別は同条に違反し，違法性を帯びることになる。この場合でも，信仰に対する配慮をしないことも「差別」と解せるであろうか。

なるほど，憲法14条を筆頭とするわが国の法体系における平等概念で「機会の平等」を強調するのであれば，平等原則違反，すなわち差別には，少なくとも機会保障をあえて行わないことが含まれるとの解釈は，それほど突飛なものではないかもしれない。[*19] とはいえ，機会の平等には逆差別等の根深い問題があり，さらに，機会の平等を実現するにあたって差別を訴える側と訴えられる側の間で議論されるべき方法論の問題に対するある程度の明確な回答が立法的に与えられない限り，これを法が明確に定める義務であると考えることは難しい。

5　まとめ

以上，本節で述べてきたとおり，現状では，信仰に対する配慮は，判例が認めてきた，信仰の自由の重要性，行政裁量統制論，比較衡量原則，説明義務といった，従前は信仰独自の議論ではなかった議論を間接的に利用しながらようやく実質的に義務づけることができるというのが実情であろう。このような信

---

* 19　この点，障害者に関してではあるが，障害者差別解消法7条1項で，「障害を理由として障害者でない者と不当な差別的取扱いをすることにより，障害者の権利利益を侵害してはならない」と規定されていることと，2項で，「障害者の権利利益を侵害することとならないよう」，「社会的障壁の除去の実施について必要かつ合理的な配慮をしなければならない」と規定されていることの関係をどう考えるかが問題である。2項を差別概念についての創設的規定と解すれば，障害者差別解消法以外の法令解釈における「差別」に「合理的配慮をしないこと」を含ませて解釈することは困難である。他方，不当な差別的取扱いの禁止（1項）にせよ，合理的配慮をしないこと（2項）にせよ，結果として，法的保護に値する権利利益の侵害が要件である以上，1項と2項は，1項が作為による差別，2項が不作為による差別を規定したものにすぎないと理解することも可能である。この場合，障害者差別解消法2項の射程はせまくなる可能性はあるが，他方，他法における「差別」概念に「合理的配慮をしないこと」を含ませる解釈にも道が開けることになる。

仰に対する配慮論の地位の曖昧さは，今後多様性を増す日本社会においても，[20]深刻な問題となる可能性は十分にある。

そして，この問題は，信仰に対する配慮を真正面から求める事例があまり多くはない現状では，配慮の対象となる行為がどの程度，信仰との関連性があり，配慮されなかった場合の不利益の程度はどの程度の大きさであれば，配慮の対象となるのか等は今後の事例の集積が待たれるところである。そして，それと同時に，諸外国の例を参照しながら，わが国で起こりうる問題に事前に対処する必要性があるものと考える。

第4節　説明義務・情報提供義務

1　検討対象範囲の設定

説明義務・情報提供義務は，情報格差や交渉力格差に由来する問題が存在する。このうち，説明義務はもともと契約締結上の過失を理由とする損害賠償責任の問題の一部として議論されていた。しかし，その後に，金融取引により損失を被った顧客が説明義務違反を理由として損害賠償を請求する訴訟などが相つぐなかで，様々な議論がされるようになった。[21]

そして，現在では，説明義務・情報提供義務について，大きく分けて二つの議論がされている。第1は，知識，情報の収集，分析能力に格段の格差があって，一方当事者が契約の内容に見合った情報，情報を分析する能力，交渉能力を有していない場合，このような事態を解消するための義務として，説明義務・情報提供義務が認められるというものである。第2は，一方当事者が特定

---

* 20　日本人の宗教的多様性が増したという統計資料はみあたらないが，日本国内に在留する外国人の数は増加傾向にある。現在の方法で統計をとりだした2012（平成24）年以降でいうと，2012(平成24)年末時点で在留外国人の数は約203万人，2015（平成27）年末では約217万人である（法務省HPより）。http://www.moj.go.jp/nyuukokukanri/kouhou/nyuukokukanri04_00054.html。最終アクセス2017（平成29）年7月14日。
* 21　説明義務と情報提供義務という二つの用語を使い分けるべきだという考え方もあるが，本節では，特に区別する必要はないと考えられるため，以下では「説明義務・情報提供義務」と併記することがある。

の分野の専門家である場合，その特定分野における専門性に基づく取引や行為が行われる場面において，当該専門家が当該場面で果たすべき役割から，説明義務・情報提供義務が認められるというものである。

　本節では，情報格差や交渉力格差があることを前提に，不動産取引について説明義務・情報提供義務が問題になる場面での合理的配慮論の導入の可能性について考察する。

2　不動産取引における合理的配慮論

　合理的配慮は，様々な意味で用いられることがあるが，少なくとも近年は，障害者などのマイノリティーに対する差別の解消の場面で用いられることが多い。

　しかし，本来は，合理的配慮は上記の場面でのみ用いられるものではない。例えば，不動産取引（賃貸借）では，目的物についての情報が基本的には賃貸人にあることからすれば，合理的配慮とは，賃貸人が資本を投下して賃貸経営を通じて収益をあげる利益の保護と賃借人予定者が目的物の属性についての情報を検討して賃貸借契約を締結するかどうかを決定する利益の保護とが対立する場面において，賃貸人が賃借人予定者に対して個別具体的な事情を踏まえてどのような説明・情報提供をどの程度行うのか（情報等がある賃貸人は情報等がない賃借人予定者の上記の利益にどこまで配慮するのか）という範囲を画定する概念としてとらえることができないわけではない。

　以下では，不動産取引における瑕疵[22]についての説明義務・情報提供義務が問題になる場面において，このような合理的配慮論を導入することができるのかどうかを検討する。

---

* 22　民法（債権法）改正では，「瑕疵」という概念を用いずに，「契約不適合」という考え方を採用しており，本節で検討する「心理的瑕疵」や「環境瑕疵」などは，「種類・品質に関する契約不適合」に含まれる。この点について，潮見佳男『債権各論Ⅰ〔契約法・事務管理・不当利得〕』（新世社，第3版，2017）91頁。したがって，改正民法施行後は，当該事由を説明しなかったこと，あるいは情報提供しなかったことが契約不適合の観点から問題になるものと考えられる。

3 不動産取引において心理的瑕疵が問題になる場面
(1) 自殺等の説明，情報提供

　不動産取引において心理的瑕疵が問題になる典型的な場面として，取引の対象の物件で過去に自殺等（自殺，自然死）があった場合がある。その際，例えば，賃貸人は，賃借人予定者に対して，賃貸借契約締結の際に，取引の対象の物件で過去に自殺等があったことを説明，情報提供する義務があるとされる。

　以下では，賃貸借に関する若干の裁判例を分析し，どのような場合に過去に自殺等を説明があったことを説明し，情報提供する義務があるのか整理していく。

【1】東京地判平19・8・10 WLJ（文献番号・2007WLJPCA08108002）

　賃借人が賃貸アパートで自殺したことから，賃貸人が賃借人の相続人および連帯保証人に対して損害賠償請求をした事案である。

　裁判所は，「自殺があった建物（部屋）を賃借して居住することは，一般的に，心理的に嫌悪感を感じる事柄であると認められるから，賃貸人が，そのような物件を賃貸しようとするときは，原則として，賃借希望者に対して，重要事項の説明として，当該物件において自殺事故があった旨を告知すべき義務があることは否定できない。」，「しかし，自殺事故による嫌悪感も，もともと時の経過により希釈する類のものであると考えられることに加え，一般的に自殺事故の後に新たな賃借人が居住をすれば，当該賃借人が極短期間で退去したといった特段の事情がない限り，新たな居住者である当該賃借人が当該物件で一定期間生活をすること自体により，その前の賃借人が自殺したという心理的な嫌悪感の影響もかなりの程度薄れるものと考えられるほか，本件建物の所在地が東京都世田谷区という都市部であり，かつ，本件建物が2階建10室の主に単身者を対象とするワンルームの物件であると認められることからすれば，近所付き合いも相当程度希薄であると考えられ，また賃借人の自殺事故について，世間の耳目を集めるような特段の事情があるとも認められないことに照らすと，本件では，賃貸人には，賃借人が自殺した本件○○号室を賃貸するに当たり，自殺事故の後の最初の賃借人には本件○○号室内で自殺事故があったことを告知すべき義務があるというべきであるが，当該賃借人が極短期間で退去したと

いった特段の事情が生じない限り，当該賃借人が退去した後に本件〇〇号室をさらに賃貸するに当たり，賃借希望者に対して本件〇〇号室内で自殺事故があったことを告知する義務はないというべきである。」，「他方で，賃貸人には，賃借人が本件〇〇号室内で自殺した後に，本件建物の本件〇〇号室以外の部屋を新たに賃貸するに当たり，賃借希望者に対して本件〇〇号室で自殺事故があったことを告知する義務があるとはいえず，また，本件建物の各部屋は都市部にある主に単身者用の賃貸物件であることからすれば，その賃借人として想定されるのは，本件建物の周辺の住民など本件〇〇号室内で自殺事故があったことを知り得る者に限られず，さらに，賃借人が本件〇〇号室内で自殺したことを本件建物の周辺の住民以外の者も知っていると認めるに足りる特段の事情も認められないから，本件建物の本件〇〇号室内で自殺事故があったことにより，本件建物の本件〇〇号室以外の部屋の賃貸に困難を生じるとは認められない。」と判示した。

　判決の要点は以下のとおり整理できよう。すなわち，原則として，賃貸人は，自殺事故があった部屋についての事故後最初の賃借人予定者に対して，自殺事故があったことを告知する義務を負う。賃貸人は，事故後最初の賃借人がその部屋からごく短期間で退去したという事情がある場合を除き，それ以降の自殺事故があった部屋の賃借人予定者に対して，自殺事故があったことを告知する義務を負わない。賃貸人は，自殺事故があった部屋がある建物その部屋以外の部屋の賃借人予定者に対して，自殺事故があったことを告知する義務を負わない[23]。

【2】東京地判平18・4・7 LLI/DB（判例番号・L06131554）

　5階建建物の1階2階部分を店舗として賃貸したが，賃貸人の長女の夫がビルから飛び降り自殺をしていたという事実を告知しなかったことから，賃借人が賃貸人に対して2000万円の損害賠償請求をした事案である。

　裁判所は，「一般に，賃貸借契約の賃貸人は，契約の締結にあたり，賃貸目的物に関する重要な事項を賃借人に告知すべき信義則上の義務を負っていると

---

[23] 自殺事故があったことが周辺住民以外も知っているかどうか影響がある。

いうべきであり，賃貸目的物に関する重要な事項には，賃貸目的物の物理的欠陥のほか，賃貸目的物にまつわる嫌悪すべき歴史的背景等に起因する心理的欠陥も含まれるものと解される」としつつも，「本件自殺は本件建物の屋上から道路上へ飛び降り自殺したというものであって，賃貸目的物とされた本件建物部分で発生したというものではなく，また，本件賃貸借契約が締結されたのは，本件自殺のあった時点から既に1年6か月もの期間が経過した時期であったというのであるから，原告が主張する本件賃貸借契約の目的や，自殺者の属性，本件建物の所在地の属性等を勘案しても，本件建物で本件自殺があったという事実は，社会通念上，賃貸目的物にまつわる嫌悪すべき歴史的背景等に起因する心理的欠陥に該当するものとまではいえないから，……本件賃貸借契約を締結するに当たり，原告に対して，本件建物で本件自殺のあった事実を告知すべき義務があったものとはいえない」と判示した。

　判決の要点は以下のとおり整理できよう。すなわち，賃貸借の目的物の部屋自体ではなくその部屋のある建物の屋上からの飛び降り自殺は，必ずしも告知義務の対象となる自殺事故にあたらない。賃貸借の目的物の部屋のある建物の屋上からの飛び降り自殺から1年6か月がたてば，必ずしも告知義務の対象となる自殺事故にあたらない。

【3】東京地判平成18・12・6 WLJ（文献番号・2006WLJPCA12060001）
　2階建建物の2階部分の部屋を居宅として賃借したが，その半年以上前に階下の部屋に自然死していた者がいるという事実が告知されなかったことから，賃借人が，賃貸借契約に際して事実を告知しなかった説明義務違反等があると主張して，仲介業者に対しては債務不履行または不法行為に基づき，賃貸人に対しては不法行為に基づき，それぞれ賃貸借契約に際して支出した礼金，敷金，引越費用，慰謝料等についての損害賠償請求をした事案である。なお，賃貸借契約は，賃借人および賃貸人の双方から契約解除の意思表示がなされており，契約が終了していること自体は争いとはなっていない。

　裁判所は，「本件建物の階下の部屋で半年以上前に自然死があったという事実は，社会通念上，賃貸目的物にまつわる嫌悪すべき歴史的背景等に起因する心理的欠陥に該当するものとまではいえないから，かかる事実を告知し，説明

すべき義務を負っていたものとは認め難い」と判示して，賃借人の請求を棄却した。

この判決によれば，賃貸借の目的物の部屋自体ではなくその階下の部屋で起きた自然死は，必ずしも告知義務の対象となる心理的欠陥には該当しないということになる。

(2) 自殺等の説明，情報提供のまとめ

以上のとおり，賃貸借契約については，裁判例は，物件の情報が基本的には賃貸人にあるとしても，原則として（特段の事情がない限り），賃貸人が，最初の賃借人予定者に対して，賃貸借の目的物の部屋自体における自殺事故などの情報のみを説明・提供を行えばよいとすることとして，賃貸人が賃借人予定者の物件の属性についての情報を検討して賃貸借契約を締結するかどうかを決定する利益に対して配慮しなければならない範囲を合理的な範囲に限定しているものととらえることができる。

4 心理的瑕疵が問題になる場面における合理的配慮論

以上のことからすれば，不動産取引（賃貸借）で心理的瑕疵が問題になる場面においては，自殺があった建物（部屋）を賃借して居住することが一般的に心理的に嫌悪感を感じることがらであることから合理的に導かれる範囲，すなわち最初の賃借人予定者に対する賃貸借の目的物の部屋自体における自殺事故などの情報の説明・提供の範囲でのみ賃借人予定者の利益に配慮することが合理的な配慮であるという結論を導く限度で，合理的配慮論の趣旨が導入されているととらえる余地もある。

しかし，一般的に心理的に嫌悪感を感じることがらについての賃借人予定者の利益への配慮は，原則として，合理的配慮論に基づく個別具体的な事情を踏まえた配慮というより，社会通念上の嫌悪感への社会通念上の一般的な配慮ととらえるべきであろう。

5 不動産取引において瑕疵（心理的瑕疵を除く）などが問題になる場面
(1) 瑕疵（心理的瑕疵を除く）などの説明，情報提供

不動産取引において瑕疵（心理的瑕疵を除く）が問題になる典型的な場面として，取引の対象の物件に心理的瑕疵を除いた瑕疵（瑕疵等）がある場合や，対象物件について買主予定者が一般的に重視する事情が隠れている場合などがある。例えば，売主は，買主予定者に対して，売買契約締結の際に，瑕疵等があることを認識している場合（または瑕疵等を認識することができた場合）には，取引の対象の物件の瑕疵等について説明し，情報提供する義務を負うとされている。

以下では，売買に関する若干の裁判例を分析し，どのような場合に瑕疵等や上記事情について説明・情報提供等をする義務があるのか整理していく。

【4】東京高判平2・1・25金商845・19，東京地判平20・6・4判タ1298・174

これらの裁判例では，売主が取引の対象の土地についての事実上の建築規制や建物についての雨漏りなどの瑕疵を認識していたことを一つの理由として，売主は，買主予定者に対して，当該瑕疵について説明・情報提供の義務を負うとされている。

【5】東京地判平20・11・19判タ1296・217，東京地判平10・5・13判タ974・268

これらの裁判例では，売主が取引に関連する土地についての土壌汚染や建物についての雨漏りなどの瑕疵を認識していなかったことを一つの理由として，売主は，買主予定者に対して，当該瑕疵について説明・情報提供義務を負わないとされた。

【6】東京地判平5・11・29判時1498・98

この裁判例では，「リゾートマンションの一室たる本件不動産においては，そこからの眺望にも一定の価値があり，これに重きを置いて購入を決意する顧客がいることは容易に推測することができるから，本件不動産のように現に相当な眺望を有する物件を売却するような場合において，近々にこれが阻害されるような事情が存するときは，これを知っている，又は，悪意と同視すべき重

過失によりこれを知り得なかった売主は，売買契約締結に際し，買主に対し，右事情を告知すべき信義則上の義務を有しているというべく，この義務に違反した売主は買主に対し債務不履行責任を負う」として，売主は買主予定者が一般的に重視する事情を認識していなかった場合でも，売主が悪意と同視すべき重過失により当該事情を知ることができなかったのであれば，買主予定者に対して当該事情について説明・情報提供義務を負うとした。

【7】東京地判平14・2・22 WLJ（文献番号・2002WLJPCA02220012）

この裁判例は，販売されたマンションの居室のリビングルームの窓を変圧器電柱がふさいでいたことがマンションの建設後に判明したという事案において，マンションの売主および売主の代理人も変圧器電柱がマンションの居室のリビングルームの窓をふさいでいたことを知らなかったと認めたうえで，「マンションを販売する者として，当然これを知りうる立場にあったのであるから，その存在を知らなかったからといって，この義務を免れるものではない」として，売主の説明義務違反を認めている。

ただし，この裁判例は，「マンション販売業者に，常に，購入予定者に対し，電柱の存在を説明する義務があるとは解されない」として，売主には一般的な説明義務はないとしたうえで，本件がマンション建設後に売買された事案ではない点に着目し，「マンションの建築前若しくは建築中に締結されるようなときは，マンション購入者は，現場に臨んだとしても，購入する居室と嫌悪施設との位置関係を知ることは容易でないのであるから，これを知り得る立場にあるマンションの販売業者は，購入者に対し，嫌悪施設の存在，その内容，位置関係等をあらかじめ説明する信義則上の義務がある」として，売主に説明義務があるとし，売主の説明義務違反を認めている。

【8】東京地判平13・9・26 WLJ（文献番号・2001WLJPCA09260011）

この裁判例は，売買された土地の地盤沈下が継続しているという事案において，不動産業者が仲介業者として関与しているとしても，「地盤沈下問題の重要性は容易に認識できた」として，売主に説明義務があるとし，売主の説明義務違反を認めた。

【9】東京高判平20・5・29判時2033・15

　この裁判例は，売買された土地の隣地所有者が，売買前から，売主に対しても，脅迫的な言辞をもって，法令の制限のいかんを問わず建物を建築してはならないという「誠に理不尽な要求を突きつけていたのであり，このような脅迫罪や強要罪等の犯罪にも当たり得る行為を厭わずに行う者」であって，「建物を建築，所有して平穏な生活を営むという本件売買土地の宅地としての効用を物理的又は心理的に著しく減退させ，その価値を減ずるであろうことは，社会通念に照らして容易に推測され」，隣地所有者の要求が「一時的なものではあり得ず，今後も継続することが予想される」として，「本件売買土地には，本件瑕疵，すなわち，脅迫的言辞をもって本件敷地部分における建物の建築を妨害する者が本件隣地に居住しているという瑕疵がある」と認めたが，売主には積極的に告知する説明義務はないとした原審（東京地判平19・12・25判時2033・18）の判断を是認した。[*24]

【10】東京高判平15・9・25判タ1153・167

　この裁判例は，売買された土地について冠水被害が生じていることは土地の瑕疵にあたらないと判断したうえで，「瑕疵に当たらないからといって，直ちにその販売業者に，上記のような土地の性状等についての説明義務がないといえるものではない。このような事柄は，その程度いかんにもよるけれども，その性質上，当該土地建物の利用者に，日常生活の面で種々の支障をもたらす可能性があるからである。また，本件のように売主が宅建業者としての地位にある場合，当該業者は，宅地建物の専門的知識を有するのに対し，購入者はそのような知識に乏しく，専門家を信頼して宅地建物を購入するのであるから，売主たる当該業者は，この面からも，売買契約に付随する信義則上の義務として，その取引物件に関する重要な事柄については，これを事前に調査し，それを購入者に説明する義務を負う」と判示して，取引の対象となる土地の瑕疵の範囲

＊24　売主の説明義務違反に基づく損害賠償請求を否定して，瑕疵担保責任に基づく損害賠償請求を一部認容した。

と売主の説明義務の範囲が異なることを明らかにしている。[*25]

(2) 瑕疵（心理的瑕疵を除く）などの説明，情報提供のまとめ

以上のとおり，売買契約については，裁判例は，物件の情報が基本的には売主にあるとして，瑕疵等や買主予定者が一般的に重視する事情を認識していた場合または悪意と同視すべき重過失により知ることができなかった場合，原則として，売主は買主予定者に対して，瑕疵等や上記事情について説明・情報提供等を行う義務を負う。

ただし，裁判例は，瑕疵等や上記事情についての売主の認識だけでなく，瑕疵等や上記事情の性質，内容[*26]（買主が当該目的物を購入するかどうか，購入するとして購入代金をいくらとするかの意思決定に影響を及ぼす重要な事情であるかどうか），売主と買主との瑕疵等や上記事情についての認識可能性も個別具体的に検討して，売主の説明義務・情報提供義務の範囲を画していると評価することができる。

その結果，裁判例では，取引の対象となる物件の瑕疵の内容・範囲と当該物件についての売主の説明義務・情報提供義務の対象，範囲とは必ずしも一致していない。

6　瑕疵（心理的瑕疵を除く）などが問題になる場面における合理的配慮論

売主が瑕疵等や上記事情を認識しているかどうか（あるいは認識していると同視できる事情があるかどうか）によって売主の説明義務・情報提供義務の範囲が画される場合には，合理的配慮論による分析の有益性はあまり認められないと考えられる。

ただし，例えば，【10】の判断を，買主に対する合理的配慮を踏まえた判断

[*25] ただし，結論としては販売業者が冠水しやすいという事情を知らず，また知らないとしてもやむをえなかったとして説明義務違反を否定している。

[*26] 売主が説明義務を負う説明事項となるか否かの基準について，「目的物を購入しようとする者が，購入するか否か，あるいは購入代金をいくらとするかなどの意思決定に影響を及ぼす重要な情報であるかどうか」に求める見解として，渡辺晋『不動産取引における瑕疵担保責任と説明義務』（大成出版社，改訂版，2012）282頁など。

として説明する場合には[*27]，合理的配慮とは，売主の説明義務・情報提供義務を加重ないし重視する方向でもっぱら買主に有利な方向に働く概念として整理することができる。

　すなわち，この裁判例では，①集中的な大量の降雨等の際にその駐車場部分などが冠水しやすいという性状はその性質上土地建物の利用者に日常生活の面で種々の支障をもたらす可能性があること，②売主が宅建業者としての地位にある場合に当該業者は宅地建物の専門的知識を有するのに対して買主はそのような知識に乏しく専門家を信頼して宅地建物を購入することから，売主に説明義務を認めている。このような判断は，売主と買主との間に情報格差や交渉力格差があることを前提に，売主が宅地建物取引の専門家で買主が一般人であることに着目し，冠水しやすいという性状の日常生活への影響という個別具体的な事情を検討し，売主に瑕疵等にあたらない性状について説明義務・情報提供義務を認めているのであって，結果として売主と買主との間の情報格差や交渉力格差による不均衡を修正しており，合理的配慮論に基づく個別具体的な事情における買主に対する合理的配慮ともとらえることができる。

7　小括

　以上のとおり，不動産取引では，当事者間には情報格差や交渉力格差があることが多く，裁判例では説明義務・情報提供義務が問題になって，説明義務・情報提供義務の範囲をどのように画するのかということについては様々な判断がされている。

　このような説明義務・情報提供義務の範囲は必ずしも合理的配慮論を踏まえて画されているわけではなく，現時点では，不動産取引全般の説明義務・情報提供義務の範囲の問題について，合理的配慮論を導入することは困難であるといえる。しかし，【10】の裁判例のように買主に対する合理的配慮を踏まえた判断として説明することが可能と考えられるものもあり，合理的配慮論導入の

＊27　売主に対する信義則（民法1条2項）上の義務として説明することも可能であり，少なくとも不動産売買における売主の説明義務・情報提供義務についての合理的配慮論とは，売主に対する信義則上の義務の存否についての判断という形で考慮されていると考える。

余地がないわけではないと思われる。

第5節　約款・消費者契約

1　検討対象範囲の設定

約款および消費者契約には、いずれも契約当事者間において情報格差や交渉力格差があることに由来する問題が存している。

このうち、約款は、もともとは事業者間でも議論されうるものであり、取引弱者たる消費者を保護するための規律とは同一ではない。もっとも、消費者契約において用いられる定型的契約条件の圧倒的多数が「約款」と評価できるものであることから、契約内容の開示や契約内容とするための要件などについて、ルールとして共通のものが問題となりうる。[*28]

一方で、消費者契約とは異なり、約款は事業者間取引にも適用されものであることから、そこでの過度な契約自由への介入が適当なのかが論じられる可能性が高い。

このようなことから、本節では、契約当事者間に情報や交渉力などの格差が存在する契約形態の問題として、約款および消費者契約を取り上げ、その場面における合理的配慮論の導入の可能性について考察する。

2　約款

(1)　約款論の問題状況

(ｱ)　約款とは、一応、「多数の契約に用いられるためにあらかじめ定式化された契約条項の総体」のことをいうと定義しておく。[*29]

なお、2017（平成29）年5月に成立した債権法に関する改正民法では、新たに「定型約款」が規定されることになったが、「定型約款」に該当しない約

---

* 28　河上正二「約款法と消費者法」民法研究第2集第2号（2017）32頁。
* 29　民法（債権法）改正検討委員会編『詳解債権法改正の基本方針Ⅱ・契約および債権一般(I)』（商事法務、2009）81頁。約款の定義に関する【3.1.1.25】。

款については，従来の約款法理における議論が妥当すると考えられている。[*30]

(イ)　約款による契約の締結は，約款が多数の取引に定型的に用いられていること自体によって当事者間に交渉力の格差をもたらす点で，両当事者が交渉を通じて契約条項を定めて契約を締結する場合とは異なる。このことから，①相手方にとっては，契約を締結するか否かの選択が存在するのみで，個別条項についての実質的な交渉可能性は存在しない場合が少なくないこと，②相手方は，個別の条項の有する意味について十分に認識しないまま，契約が締結される事態が生じうること等が特徴として指摘されている。[*31]

(ウ)　約款が契約において利用される場合の法的問題点としては，①約款の個別契約への採用（組入れ），②約款の解釈方法，③約款の内容的規制・内容の適正化という三つのレベルで議論がなされている。[*32] このうち，②は契約の解釈に関する議論であり，約款規制をめぐる要件論の議論としては，①の「組入要件」と，③の「内容規制」という二元的構造が考えられている。[*33] したがって，本節では，要件論にかかわる①と③に関して検討してみたい。

(2)　約款の個別契約への採用（組入れ）

「約款の個別契約への採用」は，約款の拘束力の根拠と関係するが，判例は，契約当時その約款の内容を知らなくても約款による意思で契約したものと推定するという意思推定説に立つといわれている。ただし，相手方が契約締結時に約款条項の内容を知らず，かつ，適切な仕方で知らされてもいなかった場合において，条項内容が相手方の一般的に有する合理的期待に反するときには，当該条項については意思表示の合致がなく，当該条項は契約の構成部分とならない場合もあると指摘されている。[*34]

---

*30　沖野眞己「約款の採用要件について」高翔龍ほか編『星野英一先生追悼・日本民法学の新たな時代』（有斐閣，2015）543頁。
*31　民法（債権法）改正検討委員会編・前掲注(29)80頁以下。
*32　河上正二「債権法講義・約款による契約」法学セミナー739号（2016）76頁。
*33　森田修「『債権法改正』の文脈・約款規制：制度の基本構造を中心に（その1）」法学教室432号（2016）95頁。
*34　山本豊「約款」内田貴ほか編『民法の争点』（有斐閣，2007）220頁。

具体例として，賃貸借契約において賃借人が負担する補修範囲の関係で契約の有効性等が争われた事件がある（最判平17・12・16裁判集民218・239）。契約終了による建物明渡時に賃借人が補修費を負担する旨の条項が存在し，賃借人が負担する補修費として，ふすま紙・障子紙に関する「汚損・汚れ」，各種床仕上げ材・各種壁および天井等仕上げ材に関する「生活することによる変色・汚損・破損」と定められていたところ，これらによって補修の対象となるものには通常損耗は含まないと主張し，仮に通常損耗を含む場合には，賃借人に不当な負担となる賃借条件を定めるものとして公序良俗に反すると主張した事案である。最高裁は，「建物の賃借人にその賃貸借において生ずる通常損耗についての原状回復義務を負わせるのは，賃借人に予期しない特別の負担を課すことになるから，賃借人に同義務が認められるためには，少なくとも，賃借人が補修費用を負担することになる通常損耗の範囲が賃貸借契約書の条項自体に具体的に明記されているか，仮に賃貸借契約では明らかでない場合には，賃貸人が口頭により説明し，賃借人がその旨を明確に認識し，それを合意の内容としたものと認められるなど，その旨の特約が明確に合意されていることが必要」と判示した。

　ここでは，意思表示の合致が認められるための要件等が指摘されているのであり，したがって，約款の個別契約への採用というレベルで合理的配慮という概念を取り入れることは難しいと考えられる。

　もっとも，約款においては，契約内容を知ることについての当事者の利益と取引事務の合理的処理の要請との調和点を探るという課題があるとの指摘もあり[35]，この観点からは，合理的配慮という考えを何らかの形で考慮することも検討の余地がないわけではないと思われる。

(3)　約款の内容的規制・内容の適正化

(ア)　裁判例の傾向と合理的配慮

　不当な条項をいかにして排除し，適正化に向かわせるかという約款の内容的

＊35　山本・前掲注(34)220頁。

規制は，今日の重要な課題の一つとされているものの，[*36]判例は，不当な内容の条項の規制を行う際に，一般的な枠組みを設定することには謙抑的で，むしろ公序良俗・信義則といった一般条項を活用し，また，契約条項の解釈等の手法を活用してきたと指摘されている。[*37]

その具体例として，宿泊客がホテルのフロントに預けなかった物品の盗難による紛失等について，ホテルに損害賠償を求めた事案が挙げられる（最判平15・2・28裁判集民209・143）。盗難当時のホテルの宿泊約款には，宿泊客がホテルに持ち込み，フロントに預けなかった物品，現金，貴重品のうち宿泊客から事前に種類および価額の明告のなかったものが滅失，毀損などした場合には，ホテルは15万円を限度として損害賠償をする旨の定め（本件特則）があった。最高裁は，宿泊約款の定めに一定の合理性を認めつつも，「このような本件特則の趣旨にかんがみても，ホテル側に故意又は重大な過失がある場合に，本件特則により，Yの損害賠償義務の範囲が制限されることは，著しく衡平を害するものであって，当事者の通常の意思に合致しないというべきである。したがって，本件特則は，ホテル側に故意又は重大な過失がある場合には適用されないと解するのが相当」と判示した。

ここでは，「衡平を害する」ことを理由に「当事者の通常の意思に合致しない」と判示しており，公序良俗や信義則などの一般条項による判断と同様の扱いがなされているものの，これに加えて，特に合理的配慮のような考え方を取り入れる必要性があるとまではいえないであろう。

(イ) 学説の議論状況と合理的配慮

他方，学説では，約款内容の適正化を図るための理論的基礎として，次のような議論がなされている。

まず，不当な条項の一方的押しつけに反社会性を見出し，公序良俗を弾力的に運用することで問題を処理する立場がある。[*38]公序良俗に関しては，従前の理解とは異なった新たな理解が提唱されているが，こうした新たな公序論もこ

---

*36 河上・前掲注(32)81頁。
*37 山本・前掲注(34)221頁。
*38 谷口知平ほか編『新版注釈民法(13)・債権(4)』（有斐閣，補訂版，2006）206頁〔潮見佳男〕。

こに位置づけることが可能である。具体的には，公序良俗は，契約における公正さ（契約正義）を確保するとともに，取引における当事者の利益や競争秩序（経済的公序）をも保護しているとし，公序良俗違反の判断については，契約内容だけでなく契約締結の態様や法令違反の有無も合わせて総合的に判断すべきとする立場[39]や，私人は国家に対して基本権保護請求権を有しており，基本権を侵害する契約は公序良俗違反になるとしたうえで，公序良俗の内容を，「法令型公序良俗」と「裁判型－基本権保護型公序良俗」に類型化し，契約自由の侵害は後者にあるとする立場[40]などがある。このような公序論においては，約款の条項規制も民法90条の本来の射程に入ってくるとされている[41]。

また，信義則を理由として内容的規制を論じる立場がある[42]。例えば，契約内容の策定を委ねられた者が負う相手方への利益顧慮義務として，約款設定者に対する適正な約款策定の義務や任意法からの逸脱を正当化する説明義務を認める見解である[43]。

このような学説の議論に立てば，約款内容の適正化としては公序良俗や信義則を通じて約款内容の合理性判断がなされることになる。また，相手方の利益顧慮義務としての約款策定義務や説明義務等を想定する立場では，約款設定者に対して一定の積極的行為を求めることになる。したがって，この合理性判断や利益顧慮義務の判断のなかで，合理的配慮論を取り入れることも考えうるのではないかと思われる。もっとも，約款は，基本的には，具体的契約当事者における個別対応というよりも，一般的な取扱いが問題となる場合が多いことからすると，個別対応の場面における合理的配慮の問題とは異なってくる。この点にかかわる議論として，約款条項の不当性の判断において信義則判断を介在

---

* 39　大村敦志『もう一つの基本民法Ⅰ』（有斐閣，2005）16頁，同『新基本民法１・総則編』（有斐閣，2017）90頁。
* 40　山本敬三『民法講義Ⅰ・総則』（有斐閣，第３版，2011）268頁以下。
* 41　森田・前掲注(33)96頁。もっとも，約款の内容的規制は，自己決定支援的な公序による条項規制ではカバーされないものもあるとして，公序良俗の現代化とは別に，約款の内容的規制は検討されるべき独自の課題であるとする。
* 42　谷口ほか・前掲注(38)207頁〔潮見〕。
* 43　河上・前掲注(32)82頁。

させる場合には個別的判断になるとの指摘があり[*44]，その場合には，個別対応が問題となる合理的配慮の考えと同様の場面での問題となりうる。

ただし，こうした議論は今後の課題であり，また，合理的配慮論を取り入れるまでもなく，従前の判断枠組みで解決できるのではないかという点については十分な検討が必要であろう。

(ウ) 不意打ち条項規制

約款の内容的規制の問題には，これまで論じてきた不当条項規制の問題のほかに，「不意打ち条項規制」という問題がある。

約款の条項が組入要件を満たしていれば，その条項の内容が当該約款中に含まれていることが通常想定されないものである場合であっても，内容が不当性を帯びていなければ相手方を拘束することになりそうである。しかし，このような場合には，他の契約条項の内容，約款使用者の説明，相手方の知識経験等に照らして，相手方が一般に合理的な予測をしえないような条項には拘束力を認めるべきでないと指摘されている[*45]。

これについては，内容的規制における不当性の判断において，相手方の合理的期待に反する内容の条項が組み入れられることの不当性についても判断対象とされる場合には，不意打ち条項規制は内容的規制の特則として位置づけることができるとする見解がある[*46]。その場合には，合理的配慮との関係も，内容的規制で述べたところと同様に考えてよいであろう。

(4) 民法（債権法）改正と合理的配慮

改正民法は新たに定型約款という規定を設けた。ここでは定型取引合意があれば，定型約款の個別条項について合意したものとみなされるとしつつ，他方で，不意打ち条項規制として，①相手方の権利を制限し，または相手方の義務を加重する条項であって，②その定型取引の態様，実情や取引上の社会通念に照らして民法１条２項に規定する基本原則に反して相手方の利益を一方的に害

---

* 44 森田・前掲注 (33) 97 頁。
* 45 森田・前掲注 (33) 98 頁。
* 46 森田・前掲注 (33) 99 頁。

すると認められるものについては，合意しなかったものとみなすと定めている（548条の2第2項）。

　この不意打ち条項規制では，特に，信義則に反するかどうかの考慮事情の一つとして「その定型取引の態様」が挙げられている点を注目する見解がある。これは定型約款に特有の考慮事情であるところ，定型取引合意によって契約内容を具体的に認識しなくても定型約款の個別条項について合意をしたものとみなされるという定型約款の特殊性を考慮するというものであり，「この特殊性に鑑みれば，相手方にとって予測し難い条項が置かれている場合には，その内容を容易に知り得る措置を講じなければ，信義則に反することとなる蓋然性が高い」と指摘する。[47]

　ここでも約款の内容的規制と同様に信義則判断がなされ，しかも，相手方に内容を容易に知りうる措置を講じたか否かが問題とされており，この点で合理的配慮の考え方を取り入れることのできる余地がありうると思われる。

3　消費者契約
(1)　消費者契約法の不当条項規制

　消費者契約法は，消費者と事業者との間の情報の質・量・交渉力の格差にかんがみ，消費者の利益を不当に害することとなる条項の全部または一部を無効とすることによって，消費者の利益の擁護を図ることを目的の一つとしている（1条）。これを具体化するいわゆる不当条項リストに関する規定は，8条（事業者の損害賠償の責任を免除する条項の無効）と9条（消費者が支払う損害賠償の額を予定する条項等の無効）の2か条のみであるため，多くの消費者契約の条項の不当性判断は，10条（消費者の利益を一方的に害する条項の無効）の解釈適用に委ねられている状況にある。[48]

　消費者契約法10条は，第1の要件として，「民法，商法その他の法律の公の秩序に関しない規定（任意規定）の適用による場合に比し，消費者の権利を制

---

[47]　沖野・前掲注(30)570頁。部会資料83-2における説明である。
[48]　大澤彩「消費者契約法における不当条項規制の在り方について」金融法務事情2019号(2015) 32頁以下。

限し，又は消費者の義務を加重する消費者契約の条項であること」を挙げ（前段要件），第２の要件として，「民法第１条第２項に規定する基本原則（信義則）に反して消費者の利益を一方的に害すること」を挙げており（後段要件），多くの裁判例において，この二つの要件は別個に判断の対象とされている。[49]

そこで，以下では，信義則という一般条項を取り入れた第２の要件（後段要件）の判断において，合理的配慮論ないしこれに類する考え方を導入することが可能か否かについて検討を加える。

(2) 消費者契約法10条後段要件の判断基準

(ア) 消費者契約法10条後段要件と具体的事情の考慮

信義則違反の有無が問われた既存の裁判例では，ある契約条項に基づく権利の行使が問題になるときでも，その契約条項自体を無効とするのではなく，当該契約条項に基づく個別の権利の行使を主張することを封じる方法で，事案に即した妥当な解決が図られてきた。[50] これに対し，消費者契約法10条は，契約条項に基づく個別の権利行使を抑制するものではなく，契約条項自体の無効を導くものである。この点を過度に強調すると，消費者契約法10条後段に該当するかどうかは，当事者間における個別の事情を捨象して，当該条項の当否のみによって抽象的に判断することになりかねない。[51] 実際にそのような判断をしたのが，保険約款の無催告失効条項の有効性について判断した東京高判平21・9・30判タ1317・72であった。こうした抽象的な判断枠組みを採用する場合には，個別の事情に応じて調整を図るという合理的配慮論の考え方を消費者契約法10条後段要件の判断に取り入れることは困難になると思われる。

しかし，消費者契約法10条後段要件該当性を判断するにあたって，約款外の事情を一切考慮に入れないのは，情報や交渉力の格差を前提にして消費者の保護を図ることを定めた消費者契約法の趣旨・目的（１条）に必ずしも合致し

＊49　道垣内弘人「消費者契約法10条による無効判断の方法」民法研究第２集第２号（2017）45頁。
＊50　道垣内・前掲注(49)47頁以下。
＊51　道垣内・前掲注(49)48頁。

ない。そのため，前掲東京高裁判決には学説から強い批判があった。[52]

(イ) **最高裁が示した判断基準**

最高裁は，不動産賃貸借契約の更新料条項が消費者契約法10条に違反するか否かが問題になった事案において，消費者契約法の条項が信義則に反して消費者の利益を一方的に害するものであるか否かは，「消費者契約法の趣旨，目的……に照らし，当該条項の性質，契約が成立するに至った経緯，消費者と事業者との間に存する情報の質及び量並びに交渉力の格差その他諸般の事情を総合考量して判断されるべきである」との判断基準を示した（最判平23・7・15民集65・5・2269）。ここでは，契約条項の内容だけではなく，契約成立に至る経緯や，当事者双方の情報格差，交渉力の格差も総合考量の対象になることが明示されている。

その後，前掲東京高裁判決の上告審において，最高裁は，「契約失効前に保険契約者に対して保険料払込みの督促を行う」という「実務上の運用が確実にされていたとすれば」，無催告失効条項は，「信義則に反して消費者の利益を一方的に害するものに当たらない」と判示し，事件を原審に差し戻した（最判平24・3・16民集66・5・2216）。この最高裁判決は，約款外の「実務上の運用」いかんによって，消費者契約法10条後段にあてはまるか否かが左右されることを明らかにしたものといえる。

このほか，最判平23・7・12裁判集民237・215は，いわゆる敷引特約に関して，敷引特約を賃借人が明確に認識していたかどうかなどの消費者側の具体的事情を考慮したうえで消費者契約法10条後段要件の判断を行うことを明らかにした。

学説では，「当事者の情報力・交渉力の格差の程度・状況」，「消費者が当該条項に合意するように勧誘されたか」，「当該物品・権利・役務が当該消費者の方から特別に求めたものか」，「消費者に当該条項の基本的内容を知る機会が与えられていたか」などの事情が考慮要素として挙げられており，これに対して，[53]

＊52　道垣内・前掲注(49)43頁。
＊53　落合誠一『消費者契約法』（有斐閣，2001）151頁以下。

契約条項の性質や内容のみによってその不当性を判断するとの立場は見当たらない。

(3) **下級審裁判例**

下級審裁判例において、消費者契約法10条の適用の有無が争点になったものは多数存するが、実際に同条の適用を肯定したものは少ない。以下では、消費者契約法10条後段要件の判断基準を示した最高裁判決（前掲最判平23・7・15）以後になされた下級審裁判例を素材に、同条後段の適用が問題になった事案において、どのような事情が考慮の対象とされているかを概観する。

(ア) **適用肯定例**

名古屋高判平26・8・7金商1486・44は、介護付有料老人ホームの入居一時金の初期償却を定める条項の有効性が問題になった事案であり、入居時の初期償却は消費者契約法10条により無効にならないとする一方で、居室を転居する際に締結した転居契約における入居一時金についての再度の初期償却については、消費者契約法10条により無効であると判示した。これは、終身利用の対価という入居一時金の法的性質からすると、転居の際に終身利用の対価を二重に負担させることは不合理であるという一般的な価値判断によって結論を導いたものであり、消費者の個別事情が考慮されているわけではない。

大阪地判平24・11・12判時2174・77は、建物賃貸借契約の解除条項のうち、後見開始審判やその申立て等を解除事由とする部分について、消費者契約法10条によって無効になると結論づけた。ここで重視されたのは、後見開始等の事情が賃借人の資力とは無関係で、むしろ財産管理が行われることによって賃料支払債務の履行確保につながるという点である。ここでも、消費者の個別事情は考慮されておらず、一般的な価値判断によって条項の不当性が判断されている。

京都地判平24・7・19判時2158・95は、2年間の契約期間の定めのある携帯電話通信契約を中途解約する際に、解約金として9975円の支払義務があることを定める契約条項について、解除に伴い事業者に生じる損害を超過する解約金の支払義務を定めており、その内容は合理性を欠くとして、消費者契約

法10条により一部を無効とした。ここでは解約金の額が平均的損害を超過しない合理的な範囲の額であるかどうかが問題とされており，消費者の個別事情は考慮要素とされていない。なお，控訴審（大阪高判平25・3・29判時2219・64）は，解約金の額が平均的な損害を超過しないという画一的判断に基づいて原判決を変更しており，やはり消費者の情報力・交渉力等の個別事情は捨象されている。

(イ) **適用否定例**

東京地判平28・6・15LLI/DB（判例番号・L07131456）は，建物賃貸借契約終了後の違約金として，賃料の2倍に相当する金額を定める内容の違約金条項につき，信義則に反し不相当に高額であるとはいえないと判示した。ここでは，損害の填補の側面からも，明渡義務の履行促進の側面からも，違約金条項に合理性があるという一般的な価値判断を論拠としており，当事者の個別事情は考慮要素とされていない。

東京地判平28・2・25LLI/DB（判例番号・L07130405）は，有料老人ホームの入居契約において，利用者が支払う入居一時金にかかる返済保証期間を想定入居期間の3分の1にあたる5年間と定めた条項の有効性が問題になった事案である。裁判所は，当該条項が厚生労働省の指導指針に適合していたこと，返済保証期間を想定入居期間よりも短く設定する代わりに入居一時金の額が低く設定され，入居者の経済的負担軽減につながっていたことを根拠に，消費者契約法10条後段の適用を否定した。ここでも入居者の個別事情は度外視され，条項の妥当性が画一的に判断されているといえる。

福岡高判平27・11・5判時2299・106は，冠婚葬祭互助会契約において，契約の解約時に払戻金から解約手数料が差し引かれることを定める条項について，平均的な損害の額を超える解約手数料定めたものではないとして，信義則に反する程度の任意規定違反はないと結論づけた。ここでは解約手数料が会員管理に要する費用に相当するという画一的な判断がなされたものであり，当事者の個別事情を踏まえた検討はなされていない。

(4) 若干の検討

下級審裁判例の傾向をみてみると，消費者契約法10条後段要件について判断基準を示した最高裁判決（前掲最判平成23・7・15）以後の多くの裁判例では，もっぱら契約条項の性質や内容に着眼する画一的な判断が行われており，契約当事者ごとの個別具体的な事情は必ずしも重視されてはいないようである。

しかし，最高裁判決が例示した考慮要素の内容等からすると，各契約における消費者への勧誘の状況や，消費者に与えられていた情報の内容等の個別具体的な事情を吟味したうえで，消費者契約法10条後段要件該当性を判断することが否定されているわけではない。したがって，今後の実務において，消費者契約の条項が信義則に反して消費者の利益を一方的に害するかどうかを判断する際に，合理的配慮論ないしこれに類する考え方を活用する余地はあると思われる。[54]

4　小括

約款および消費者契約法10条では，いずれも契約当事者間における情報格差や交渉力格差について，公序良俗や信義則の観点から契約内容や権利行使を一定程度修正すべきか否かが議論されることになる。したがって，個別具体的な事情による判断が可能であり，合理的配慮論ないしこれに類する考え方を取り入れる余地はありうるものといえる。

しかし，現在まで，こうした視点に立った裁判例や議論は見当たらず，このような考え方を導入することなく適正な問題解決がなされているという評価もありえないわけではない。また，個別具体的な事情を考慮して判断するといっても，その際に，合理的配慮ないしそれに類する考え方に立って当該事情を判断する必要があるのはいかなる場合なのかという点も問題となってくる。その

[*54] ただし，個別具体的な事情を考慮することは，必ずしも消費者保護に傾くとは限らないことに留意する必要がある。実際，最判平24・3・16民集66・5・2216の事案では，原審（東京高判平21・9・30判タ1317・72）は，無催告失効条項の内容の当否のみによって抽象的に判断をした結果，消費者契約法10条の適用を肯定していたが，最高裁は，事業者側の実務上の運用によって契約条項の不当性が否定されうることを念頭に事件を差し戻している。

ため，合理的配慮論の導入に関しては，その必要性も含めて，今後の十分な議論が必要となろう。

第6節　本章のまとめ

　本節では，本章で触れた障害者差別解消法および改正障害者雇用促進法の施行前にみられる裁判例を踏まえて，以下のとおり，本章のまとめを行う。
　第1に，本章における検討の成果と，その成果を踏まえ，合理的配慮論が障害以外の他の法分野にも展開・拡大可能性があることを確認する。
　第2に，合理的配慮論の障害以外の他の法分野への展開・拡大可能性を検討する前提作業として，障害者差別解消法等が実定法として制定されたこととの関連で，それら制定法とこれまで蓄積されてきた裁判例との関係を整理する。
　第3に，合理的配慮論の展開・拡張可能性を検討するが，ここでは「社会モデル」的発想に基づいて合理的配慮論の射程を検討する。
　第4に，「社会モデル」を前提としないで，合理的配慮論の展開・拡張可能性がないかついて，将来の課題を指摘したい。

1　本章における検討の成果と合理的配慮論の拡張可能性
(1)　障害者差別解消法以前の合理的配慮論

　本章の各節で検討した裁判例は，いずれも障害者差別解消法および改正障害者雇用促進法が施行される以前のものである。それらの裁判例を横断的に検討すると，意外にも合理的配慮論は広く採用されてきたことが分かる。
　性的少数者への差別的取扱いが問題となったのはS社事件である。同事件では，性同一性障害の労働者（生物学的性は男性）に対して男性としての行動を要求し，女性としての行動を抑制した使用者側の対応が問題となった。この裁判例は，使用者側の対応を社会的障壁ととらえれば，当該労働者への合理的配慮義務が問題となった事例として再定義できる。
　さらに，性同一性障害の被留置者（生物学的には男性だが，性転換手術を受けている）への差別的取扱いが問題となった裁判例もある。これは，当該被留

置者が，他の女性と同等の取扱いがされなかったことを違法として国家賠償請求を求めた事案である。かかる性同一性障害のある被留置者に対して，他の女性と同等の扱いをしなかったことを社会的障壁ととらえれば，やはり同様に，当該被留置者への合理的配慮が問題となった事例として再定義できる。

エホバの証人を信仰する高専学生への差別的取扱いが問題となったのは，剣道受講拒否事件である。この事件で，剣道の実技受講を要求し，それ以外の代替措置を認めなかった高校側の対応を社会的障壁ととらえれば，当該学生への合理的配慮が問題となった事例として再定義できる。しかも，これは最高裁判例である。

以上から，判例上は，障害者差別解消法などで法定された合理的配慮義務が，まったく新しい考え方として，障害者権利条約への署名，批准を機に導入されたものではないことが分かる。日本の判例上は，障害者差別が問題になった場面だけでなく，それ以外の場面においても，実定法はなかったにもかかわらず，判例法理として合理的配慮論が蓄積されてきた歴史を持っているのである。このことは，本章で確認できた重要な成果である。

これら裁判例の蓄積，判例法理の形成は，今後，制定法における合理的配慮義務を適用するにあたって，あるいは，その考え方を他の法分野へ展開・拡大していくにあたって，合理的配慮義務の適用をより説得的に論証する根拠となるものである。

(2) 合理的配慮義務違反の効果ないし影響

障害者差別解消法は，行政機関等に対しては合理的配慮を法的に義務づけており，事業者に対しては努力義務を課している。改正障害者雇用促進法は，公法上の効果しかなく，私法上の効果はないとされる。では，本章で検討したこれまでの裁判例では合理的配慮論にどのような法的効果が付与されているであろうか。

S社事件では，性同一性障害の労働者に対する解雇が問題となった。ここでは，解雇権濫用法理（現労働契約法16条）の適用にあたって，客観的合理的理由，社会的相当性の有無を判断する際の考慮要素として，合理的配慮論が援用され

ている。したがって，この裁判例は，解雇権濫用法理の適用を通じて，合理的配慮論が私法上の効果に影響することを示した事例と考えることができる。

性同一性障害の被留置者に対する差別的扱いが問題となった事例は，国家賠償法に基づく損害賠償請求である。この事例では，国家賠償法上の違法性判断のなかで，考慮要素として合理的配慮論の考え方が援用されている。したがって，この裁判例は，国家賠償法上の違法性判断を通じて，合理的配慮が法的効果に影響することを示した事例と考えることができる。

剣道受講拒否事件では，行政処分である高専校長の留年・退学処分の適法性の有無を判断するにあたって合理的配慮論の考え方が採用された。高専校長の留年・退学処分は行政の裁量行為であるから，行政裁量を拘束する考慮要素として合理的配慮論が援用されているといえる。

ここから分かるように，障害者差別解消法などの法規定が施行される以前の裁判例では，合理的配慮論は，契約に基づく行為の有効・無効の判断，国家賠償法の適法・違法の判断，行政処分についての裁量逸脱の有無の判断と，幅広く法的効果に影響することが認められていると確認できる。これも本章で確認できた重要な成果である。

(3) 合理的配慮論の展開・拡大可能性

本章では，説明義務・情報提供義務（第4節）や約款・消費者契約（第5節）という法分野において，合理的配慮論やそれに類似した考え方がみられないかも検討した。その結果は，各節でまとめたとおり，これまでの裁判例を合理的配慮論で説明しようとしても，少なくとも現状では，必ずしもそれによりこれまでの判例理論が再整理されるとの結論は得られなかった。

他方，本章の検討で，障害以外の法分野で，最高裁判例も含め合理的配慮論ないし，それに非常に近似した考え方が採用されていたことも明らかとなった。実は，合理的配慮論は，法的な思考枠組みとして普遍的なものを含んでおり，さらに検討すればもっと幅広い分野で合理的配慮論を確認できる可能性も十分にある。

では，合理的配慮論が障害以外の法分野において展開・拡大可能性があると

して，それがいかなる法分野に対して可能であり，またそれがふさわしいといえるのだろうか。以下では，本章で確認したことを踏まえ，障害以外の他の法分野への展開・拡大可能性を検討する。

2　これまでの裁判例と障害者差別解消法等との関係

　合理的配慮論の障害以外の他の法分野への展開・拡大可能性を検討するにあたり，まず，障害者差別解消法等が実定法として制定されたこととの関連で，それら制定法と，これまで蓄積されてきた裁判例との関係を整理しておきたい。

　前述したとおり，これまでの裁判例では，合理的配慮論について，既存の様々な法理の適用を通じてではあるものの，契約に基づく行為の有効・無効の判断，国家賠償法上の適法・違法の判断，行政処分についての裁量逸脱の有無の判断と，様々な判断過程で考慮事情の一つとして取り上げられてきた。これに対し，障害者差別解消法でいえば，事業者は合理的配慮義務を尽くす努力義務しか負っていないし，改正障害者雇用促進法では私法上の効果は認められておらず，公法上の効果しかない。では，これまでの裁判例と，障害者差別解消法等との効果の違い，それらの関係はどう理解したらいいのであろうか。

　この点，純粋な裁判規範として確立してきたこれまでの裁判例と，行政の責務，施策の指針となる規定を含み，行為規範としても機能することが予定されている障害者差別解消法等とは，異なった適用場面がありうるのであり，両者は別個独立のものとして整理することができる。お互いの効果について，干渉したり，制限するものではない。したがって，障害者差別解消法等が制定されたとしても，これまで蓄積されてきた障害以外の法分野における合理的配慮論の展開可能性・拡大可能性が制限・制約されることはない。

　ただし，裁判例で認められてきた合理的配慮論は，制定法を踏まえて，それが公法上の効果しかないとしても，さらに発展していかなければならない。この関係は，高年齢者雇用安定法の改正と，その後の判例法理の発展との関係と近似的に考えることができる。

　高年齢者雇用安定法は，2004（平成16）年の改正で，65歳未満の定年を定める事業主は，①定年の引き上げ，②定年者が希望するときは定年後も引き続

き雇用する制度（継続雇用制度），③定年規定の廃止，のいずれかの措置をとらなければならないとした。ただし，これらの義務はあくまで公法上の義務であり，私法上の効果はない。

この法改正により，定年後の再雇用制度は，就業規則等で欠格事由を列挙し，これに該当しない定年退職者を一定の手続を踏んだうえで再雇用する取扱いが多くなった。このような企業側の取扱いに対し，裁判所は，高年齢者雇用安定法には公法上の効果しかないものの，既存の法理を通して，同改正法の趣旨を踏まえた新たな判例法理を確立してきている。[55] すなわち，①欠格事由該当性が認められず，かつ再雇用後の賃金・労働条件が特定できる場合は，黙示の再雇用の合意が認められると判断したり，[56] ②定年到達者を1年嘱託雇用した後に継続雇用を拒否した事案において，継続雇用の成績基準を満たしていることを認め，継続雇用の合理的期待があり，拒否には相当な理由がないとして継続雇用拒否を無効と判断したりしている。[57]

このような高年齢者雇用安定法の改正，その改正を受けての判例の展開は，障害者差別解消法および改正障害者雇用促進法の制定・施行と，これまで判例上認められてきた合理的配慮論の関係にも十分に参照されるべきである。つまり，障害者差別解消法および障害者雇用促進法が規定する合理的配慮義務には公法上の効果しかないとしても，その趣旨を生かした判例法理の発展は当然ありうるし，それが望ましい方向であると考える。

3　合理的配慮論の射程——「社会モデル」，「社会的障壁」との関係

次に，合理的配慮論は，いかなる分野にさらに展開・拡大することが可能であり，またふさわしいといえるのかを検討する。

本章の検討では，性的少数者（第2節），宗教・信仰（第3節）の分野で合理的配慮論が採用されていることが確認できた。このことと，合理的配慮論が，

---

[55]　菅野和夫『労働法』（弘文堂，第11版補正版，2017）712頁以下。
[56]　東京大学出版会事件（東京地判平22・8・26労判1013・15）。
[57]　津田電気計器事件（最判平24・11・29裁判集民242・51）。

障害の定義についての社会モデルをベースにするものであることを合わせて考えると、「社会的障壁」ということがキーワードとして浮かび上がってくるように思われる。社会的障壁とは、障害者基本法の定義でいえば、「障害がある者にとって日常生活又は社会生活を営む上で障壁となるような社会における事物、制度、慣行、観念その他一切のもの」のことである（3条2号）。

　この定義が具体的に何を指すかは必ずしも一義的ではないが、人が社会生活を送るうえで何らかの抵抗となるもので、かつ、これが社会構造的なものととらえられるとき、これを社会的障壁と呼ぶことが考えられる。この意味は、人が社会生活を送るうえでの何らかの抵抗が、個人と個人の関係を超えて、個人と個人の関係をいかに変えようとも変えられないような特性を持つとき、それを社会構造に由来する社会的障壁と定義するということである。[*59]

　そして、合理的配慮とは、このような社会構造となっていると一見考えられている事物、制度、慣行、観念に対して、「視点を変える」、「見方を変える」ことで（ただし、非過重負担、非本質変更の範囲である）、これまで、「当然」、「当たり前」、「常識」と思われてきたことを、必ずしもそうではない（当たり前ではない、当然ではない、常識ではない）として、社会通念の側の変更を迫ることではないだろうか。性的少数者のS社事件の例でいえば、生物学的男性は、社会内で男性として振る舞うことが当然であり、またそれを強制しても何ら問題はないという社会通念に対し、その変更を迫ることである。剣道受講拒否事件の例でいえば、高専の体育の授業で、剣道という日本古来の武術を習得させることは当然のことであり、それを強制しても何ら問題はないという社会通念に対し、その変更を迫ることである。この変更を迫る際のポイントは、非過重

＊58　「障害は社会によって生み出されているという社会構築主義的認識」であるとされる。この点につき、川越敏司「障害の社会モデルと集団的責任論」川越敏司ほか『障害額のリハビリテーション － 障害の社会モデルその射程と限界』〔生活書院、2013〕52頁。
＊59　社会学でいうところのマクロ社会の一つの見方をベースにした記述である。すなわち、マクロ社会は「（個人の〔引用者注〕）相互行為の持続としての社会関係の集積から構成され、個人を超える客観的実在として、それ自体の構造とかメカニズム」を持っており、その構造やメカニズムは、「複数個人の諸行為の相互関係の結果として、それらの個々の行為要素にはない一つの全体特性 －これを『創発特性』という」を有している、という考え方を基礎としている。この点について、富永健一『社会学講義――人と社会の学』（中公新書、1995）110頁、115頁。

負担，すなわち「大きな負担がない範囲」で，かつ，非本質変更，すなわち「本質的な機能，効能，役割を変更することなく」社会において常識的と考えらえている制度，慣行，観念など（社会通念）を変えることをうながす点にある。

　合理的配慮論は，以上のような意味において，社会的障壁の除去をうながす法理として有効な理論であり，それを合理的配慮論の一つの適用範囲と位置づけることができるのではないだろうか。そして，合理的配慮論が拡大・展開していくには，実定法は必要不可欠ではない。このことは，これまでの裁判例の蓄積で合理的配慮論が認められてきたことから明らかである。

4　合理的配慮論の射程──「社会モデル」を前提としない合理的配慮論

　以上は，「社会モデル」的発想を前提にして，「社会的障壁」と合理的配慮論との親和性をもとにした，合理的配慮論の射程の検討であった。

　他方で，本章の第1節でも触れたように，障害者差別解消法は「社会モデル」をベースとした法律であるが，改正障害者雇用促進法は，必ずしも「社会モデル」をベースとした法律ではない。ここから，必ずしも「社会モデル」を前提としないで，合理的配慮論が展開・拡張できないかというアイディアが生まれる。

　障害者差別解消法の適用範囲から労働分野が除かれた立法的な経緯は，もともと雇用分野においては，障害者権利条約に批准した直後から，同条約批准に向けての準備作業が厚生労働省内において先行していたことが背景にある。[60] しかし，障害者差別解消法から労働分野が除かれた理由は，そのような単なる立法にあたっての経緯的な部分だけにとどまらないと考えられる。その理由の一つは，先に指摘したとおり，改正障害者雇用促進法が「社会モデル」を前提にしていないため，障害者差別解消法とは，その発想において根本的に異なっていることである。こう指摘すると，障害学からは，改正障害者雇用促進法が「社会モデル」ではなく，「医学モデル」に立脚している部分があるのは，改正障害者雇用促進法の考え方が「単に遅れているからである」との反論が考えら

＊60　永野ほか・前掲注(3) 17頁〔長谷川珠子〕。

れる。しかし，それは本当にそうだろうか。雇用分野における合理的配慮論が，障害者差別解消法の枠内におさまらなかったのは，より積極的理由があるのではないだろうか。

　第4章で検討したことから分かるように，雇用分野では，アメリカで合理的配慮論が発展したり，国連で障害者権利条約が検討されるずっと以前から，使用者の労働者に対する配慮義務という法理が検討され定着してきた。労働の分野では，「社会モデル」，「医学モデル」という発想や，「障害の定義」の議論に関係なく，使用者と労働者，それぞれ個別の場面における個別の関係性から一定の配慮義務が導き出されていることが確認できる。そして，それらの判例法理は，改正障害者雇用促進法の施行にかかわりなく，今後とも維持され，また展開されていくものと予想される。また，そうであるべきである。

　本章では，「社会モデル」を必ずしも前提としないで，合理的配慮論が展開・拡張の可能性がある法分野として，説明義務・情報提供義務(第4節)や約款・消費者契約（第5節）の法分野を検討した。しかし，これらの法分野以外の分野でも，「社会モデル」的発想を前提としないで，合理的配慮論の展開・拡張可能性がある法分野は考えられる。今後，将来にわたって，合理的配慮論は，様々な法分野に応用可能な広い射程を持つものとして議論が深められていかなければならないと考える。

終章

総括

第1節　本書の検討結果のまとめ

1　わが国の障害分野における合理的配慮論
(1)　合理的配慮への対応の現状と課題

(ア)　障害者基本法の改正に始まって，障害者差別解消法の制定，障害者雇用促進法の改正において障害者に対する合理的配慮義務が明文で規定されるに至ったことにより，これを受けて，国や地方公共団体の行政機関等は，合理的配慮が求められる具体的な場面を想定したガイドラインやマニュアルの整備を進めている状況にある。こうしたなかでも，地方公共団体における条例づくりは，障害者側からの具体的なニーズを取り入れた形で条例制定がされている例もあって，合理的配慮論の定着のために果たすべき意義は大きいものがある。

しかし，このような合理的配慮の提供に向けた体制整備とは別に，障害者に対する個別の対応としての合理的配慮の提供がどの程度実践されているのかについては，統計的把握が困難という事情もあってか，具体的内容は明らかとなっているわけではない。

(イ)　一方で，民間企業では，障害者から合理的配慮の申出をしやすいような工夫をするなど一定の対応はなされているものの，少なくない企業で対応が事前的改善措置にとどまっており，合理的配慮の内容の理解が進んでいない側面もうかがえる。そのことが，合理的配慮を提供することについての費用の懸念にも影響しているものと考えられる。

(ウ)　こうした合理的配慮への取組みの現状を踏まえると，今後の課題についての詳細は第1章で論じているが，合理的配慮論を定着させるためには，当面，

以下のような点の検討が必要であると考えられる。

　第1に，合理的配慮への取組みや実践例の集積を行い，その内容について検証することが有益である。その過程で，取組みにあたっての問題点や改善すべき点等を確認する作業を行うことになるものと考えられる。

　第2に，合理的配慮の内容と意義について，事業者等に対して内容の周知や理解への取組みを行う必要があるということである。特に，民間企業に対しては，合理的配慮の提供による企業への負担の懸念を払拭するためにも，企業が合理的配慮の正しい内容を理解する必要がある。

⑵　障害者差別解消法および障害者雇用促進法と合理的配慮論

　㈦　合理的配慮義務は，障害者差別解消法および障害者雇用促進法に公法上の義務として規定されているが，これらの法規定が施行される以前から，障害者に対する不利益取扱いが争われた裁判例では，合理的配慮論と同様の視点から当該取扱いの有効性判断を行っているものがみられる。

　例えば，障害者差別解消法の対象となるものとして，公共交通機関による障害者への対応，教育の分野での障害者への対応等が争われた裁判例で，当該対応の違法性判断に際して，合理的配慮論と類似の考え方と位置づけることの可能な判断がなされている。また，障害者雇用促進法の対象となる雇用分野では，採用段階，採用後の職務上の配慮の問題，人事上の措置の問題，さらには，安全配慮義務の場面など，労働契約の様々な局面において合理的配慮論に類似した判断がなされている。

　㈦　こうした裁判例の状況を踏まえると，障害者差別解消法および障害者雇用促進法と合理的配慮論とに関連して，次の二つの点を確認しておくことが有益と思われる。

　第1に，障害者差別解消法および障害者雇用促進法で規定された合理的配慮義務の内容の解釈にあたって，法規定の施行前の裁判例の判断を参考にすることが可能であるという点である。本書では，こうした視点も考慮して，制定法の合理的配慮義務の解釈上の問題についても可能な範囲で検討を加えている。

　第2に，法規定の施行前の裁判例において，行為の違法性判断等に際して合

理的配慮論に類似の判断がなされていることからすれば，障害者差別解消法や障害者雇用促進法における合理的配慮義務の規定の有無にかかわらず，障害者に対する不利益取扱いの違法性判断においては合理的配慮と類似の考え方を取り入れることができるという点である。このことからすれば，障害者差別解消法および改正障害者雇用促進法が施行された時点においても，これらの法律に該当しない場合がないわけではないが（例えば，法律に規定する「障害者」に該当するとはいえない場合など），そのような場合であっても，なお合理的配慮論と類似の考え方に基づいて解決を図ることが考えられうる。

そして，この点をさらに推し進めれば，本書の中心的問題関心である「その他の法分野への合理的配慮論の展開可能性」の問題にもつながりうるものといってよい。

2 合理的配慮論の展開可能性

(1) 合理的配慮概念は，もともとはアメリカにおける宗教差別の文脈で認められたものである。現在では，公民権法第7編，リハビリテーション法，ADAなどに規定されているが，合理的配慮論の起源からみても障害差別にのみ妥当する法理というわけではない。アメリカ以外の諸外国でも，合理的配慮論が障害分野以外の差別の場合にも妥当するという扱いや（カナダ），合理的配慮論が明文で規定されていないものの，平等取扱いを求める法律のもとで民法上の解決として合理的配慮の不提供が違法判断に影響するとされている扱いもある（ドイツ）。

諸外国で定められた合理的配慮論について，わが国の法制度上でも妥当するかという観点からの議論があるが，この議論は，障害者差別解消法および改正障害者雇用促進法が施行される以前になされている。したがって，論者は，これらの法律が施行される以前の段階でも合理的配慮論が妥当する可能性を認めているといえる。

また，実際の裁判例のなかには，改正障害者雇用促進法が施行される以前の段階において，使用者の障害者に対する配慮義務を認めたと考えられるものもある。このような裁判例では，障害分野に関するものではあるが，使用者の配

慮義務は個別の法律ではなく信義則などを根拠にするものと考えるほかない。そうすると，合理的配慮論に限らず，これまでにも一方当事者に信義則上の義務（配慮義務）が認められたうえで，その義務違反ないし行為の違法性が判断される場合があるのであって，このような問題分野と合理的配慮論との間には一定の親和性が認められると理解することも可能であろう。

(2)　しかも，わが国の障害者差別解消法および障害者雇用促進法で規定された合理的配慮義務には私法上の効力は認められておらず，合理的配慮義務違反に対する救済は，公序良俗，信義則などの民法上の法理を理由として当該行為について無効ないし権利濫用を主張するか，あるいは債務不履行ないし不法行為を理由とする損害賠償請求によって解決するほかない。この点は，合理的配慮の不提供に対する一種の履行請求が認められるアメリカなどと大きく異なる点である。そうだとすれば，ここでも不利益取扱い等の行為の有効性判断において公序良俗，信義則の法理を用いて判断することや，一定の配慮義務を認めたうえで義務違反や行為の違法性判断がなされることは合理的配慮論に限らずに認められており，この点では合理的配慮論の判断と大きく異なるというものでもない。

(3)　このような検討を踏まえると，合理的配慮論を障害分野以外の法分野に適用ないし展開することは不可能ではないと考えられる。

　なかでも，合理的配慮論が差別禁止法理に由来するものであること等からすると，差別・格差が問題となる分野，均衡取扱法理ないし比例原則の考え方が妥当する分野などについては，合理的配慮論の考え方についての適用ないし展開可能性を検討することに一定の意義も認められよう。

　このようなことから，本書では，労働分野およびそれ以外で個別に差別・格差等が問題となりうる分野について，裁判例等をもとに合理的配慮論の適用ないし展開可能性の視点から検討を加えた。検討内容は，第4章，第5章で詳述したところであるが，そこでの考察を要約すると，以下のような指摘が可能と思われる。

3 労働法分野についての裁判例の検討

(1) 労働契約における健康情報の取得

　労働分野における情報の取扱いについては，その「情報」としていかなる内容を検討の対象とするかによって種々の場面が考えられる。例えば，企業の秘密情報と労働者との関係が問題となる場面も「情報の取扱い」の問題となりえないわけではない。しかし，合理的配慮論との関係では，労働者の個人情報について使用者が取得しようとする場面を検討することが有益であり，本書では，そのなかでも労働者のプライバシーにかかわる健康情報を使用者が取得する場面の問題を検討した。

　裁判例では，プライバシーに属する情報の取得については，特に，採用段階では労働者の同意等を中心とした合理的な理由と手続が要求されるが，採用後の一定の場合には，使用者に情報等についての調査などの積極的措置を要求していると思われるようなものもみられる。裁判例が使用者に対して情報の調査等を要求しているのは，安全配慮義務の内容としての措置であると指摘されているようである。裁判例の傾向からすれば，使用者の配慮義務として，一定の場合には情報取得に努めるような配慮措置を講じることが求められるが，このような使用者側の措置について合理的配慮の観点から位置づけることは可能であるといえよう。そのうえで，使用者が情報取得を行おうとしたものの労働者がこれに同意しなかったというような場合には，そのような事情も含めて，使用者の配慮が合理的なものであったか否かが判断されることになるものと考えてよいのではないだろうか。

(2) 人事をめぐる諸問題（休職・配転等）

　人事上の措置として，合理的配慮論との関係から裁判例として検討することが有用ではないかと考えられるものとして，休職後に人事上の一定の措置（解雇や配転など）を行う場合に，その措置の有効性の判断において，合理的配慮論のような考え方を取り入れることができるかどうかという問題がある。

　労働契約の内容として，採用時に職種限定等がなされていたか否かによって結論も異なりうるが，休職後の復職拒否や雇用終了措置については，そうした

判断に至るまでに使用者が一定の配慮措置を行ったか否かを，使用者の行為についての違法性判断で考慮しているとみられる裁判例がある。その際に，使用者の行った配慮が合理的なものであったか等の判断においては合理的配慮論の考え方を取り入れる余地があるものと思われる。

　人事上の措置として，上記の問題とは別に合理的配慮論との関係で検討の余地があるのは，配転命令の有効性に関する判断についてである。従前の裁判例では，使用者の人事権行使としての裁量が広く認められる傾向にあったが，ワーク・ライフ・バランスへの配慮の要請などから，職種や勤務地についての労働者の期待が合理的である場合などでは，使用者にはその期待に応じた一定の配慮を求める裁判例がみられる。したがって，このような配慮が合理的か否かを判断するにあたっては，そうした配慮が使用者にとってどの程度の負担となるか否かが問題となりうるのであって，合理的配慮論の考え方を取り入れることは可能であろう。

(3) 安全配慮義務

　安全配慮義務は，現在では労働契約法５条に規定された法律上の義務であるが，労働契約法に規定される以前は，「ある法律関係に基づいて特別な社会的接触の関係に入った当事者間において，当該法律関係の付随義務として当事者の一方又は双方が相手方に対して信義則上負う義務として一般的に認められるべき」ものと解されていたのであり[*1]，このような理論的根拠は現在でも妥当する。そのうえで，労働契約における使用者の安全配慮義務は，「労働者が労務提供のため設置する場所，設備もしくは器具等を使用し又は使用者の指示のもとに労務を提供する過程において，労働者の生命及び身体等を危険から保護するよう配慮すべき義務」であると解されている[*2]。

　このように，安全配慮義務は，信義則上の義務として使用者に一定の配慮措置を求めるものであり，いかなる配慮措置が求められるかは信義則の観点から

---

*1　陸上自衛隊八戸車両整備工場事件（最判昭 50・2・25 民集 29・2・143）。
*2　川義事件（最判昭 59・4・10 民集 38・6・557）。

判断され，それを踏まえて義務違反の有無や違法性判断がなされることになる。こうした安全配慮義務についての理論的根拠や判断構造は，合理的配慮論の考え方との間に親和性が認められうる。

また，安全配慮義務が問題となるのは二つの場面が考えられる。一つは，体制整備としての安全配慮義務であり，もう一つは，個別の事案への対応としての安全配慮義務である。前者は，労働者の生命や身体等を危険から保護するなどの一定の体制やシステムの構築を求めるものであり，個別の事案への対応というよりも一般的な対応が問題とされる。これに対し，後者は，個別の事案において，その事案に応じた配慮が求められることになる。このような個別の事案に応じた配慮が問題となるという点でも，合理的配慮論の考え方との間に親和性が認められうる。

こうした安全配慮義務の問題として，昨今の労働法分野で大きく問題となっているのが，雇用に伴う労働者の心身の不調（メンタル不全）にかかわるものである。労働者が心身の不調に至った場合に使用者の責任の有無が問題となりうるが，このような問題は，使用者の不法行為責任という形だけでなく，安全配慮義務とか職場環境配慮義務という形で論じられている。このようなことから，本書では，安全配慮義務のうち，特に，心身の不調に関する裁判例を中心に検討した。

裁判例では，労働者の個別事情が相当程度考慮されたうえで，義務違反の有無が判断されている。したがって，労働者の個別事情に応じて使用者がなすべき配慮も異なってくることが考えられる。その際には，そうした配慮の内容とその義務違反の判断にについて合理的配慮論の考え方を取り入れることは可能ではないかと思われる。

(4) セクハラ

セクハラは，ハラスメントの一つであるとともに，性差別としても位置づけられている。ハラスメントの側面からすれば，ハラスメントは人格権侵害の問題であるとともに，最近では，配慮義務の問題としても構成されている。また，性差別の側面からすれば，女性を理由とする不利益取扱いなどに対しては，「不

利益取扱い禁止」という問題であるとともに，最近では，ハラスメントの防止措置義務といった観点からの指摘もなされている[*3]。一方，セクハラには，対価型セクハラと環境型セクハラという類型があるとされているところ，このうち環境型セクハラについては，職場環境配慮義務との関連でも論じられている。

このような状況を踏まえれば，特に，環境型セクハラの場合には，配慮義務の問題として位置づけて義務違反の有無や行為の違法性を判断することが可能となるが，そうした判断においては，安全配慮義務と同様に，合理的配慮論の考え方を取り入れる余地はあるといえよう。

裁判例では，女性労働者から就労環境の改善の申出がなされたにもかかわらず適切な対応をしなかったことについて不法行為の成立を認めているものがあるが，これは労働者の申出に応じた配慮の不提供を違法と判断したとも考えられる。これとは逆に，女性労働者からのセクハラとの申立てに対して，相応の対応をしていることを指摘して義務違反を否定した裁判例があり，ここでは申出に応じた配慮ないし対応が不合理とはいえないとの判断がなされたものとも解しうる。

(5) 雇用平等

性差別にかかわる雇用平等の問題については，「男女同一賃金原則」，「男女平等取扱いの公序法理」が問題となった裁判例をそれぞれ検討したが，これまでの裁判例をみてみると，合理的配慮論に類似した視点からの判断がなされているものはまだ見受けられない。

しかし，男女平等取扱いの公序法理に関する裁判例のなかには，使用者の行った措置の合理性を判断するものや，使用者に一定の措置義務があることを指摘するものがあり，こうした使用者の措置（配慮）について，合理的配慮の観点から違法性判断の考慮事情と位置づけることも可能ではないかと考えられる。

[*3] 柳澤武「労働法上の権利行使に対する抑制と報復」法律時報 89 巻 1 号（2017）80 頁以下。

(6) 母性保護・育児休業

　母性保護制度との関係で不利益取扱いが問題となった裁判例では，法制度の趣旨に実質的に反する場合に，そうした取扱いを公序に反すると判示するものがある。その場合には，制度の趣旨に実質的に反するか否かは「諸般の事情」を総合して判断されることになるものと考えられる。そのうえで，諸般の事情の総合判断において，使用者の一定の配慮を考慮事情の一つとして取り入れることは可能と思われる。

　また，マタハラなどのハラスメントが問題となる事案では，セクハラと同様に職場環境配慮義務の問題となりうる。したがって，合理的配慮論の考え方を導入することについても，セクハラの場合と同様に考えることが可能であろう。裁判例では，当該事案の状況のもとにおいて使用者に具体的措置を行うべきことを判示したものがあり，このような判断過程は合理的配慮論の考え方に類似するものといえる。

　育児休業との関係で不利益取扱いが問題となった裁判例でも，母性保護の場合と同様に，制度の趣旨を実質的に失わせる場合には公序に反すると判示するものがある。このような裁判例では，母性保護に関して指摘したところと同様のことが妥当する。

　また，使用者の不利益回避措置をとるべき義務について言及した裁判例があるが，ここでは使用者がとるべき不利益回避措置の内容や，使用者が行った不利益回避措置の合理性が問題となりうる。その場合には，このような使用者の措置（配慮）を当該取扱いの有効性判断の考慮事情としていると考えられる。したがって，合理的配慮論に類似した考え方を取り入れたうえで当該取扱いの有効性判断などがなされていると解することも可能といってよい。

(7) 非正規雇用（非正社員）

　非正規労働者の問題としては，最近では，有期契約労働者と無期契約労働者（正社員）との労働条件の相違について労働契約法20条違反の有無が争われる裁判例がみられるようになった。しかし，現段階では，労働契約法20条の不合理性の判断枠組みが確立していない状況でもあり，この不合理性の判断にお

いて合理的配慮論の考え方を取り入れることができるかという点に関しては，今後の裁判例の動向を見守る必要があろう。

　もっとも，同条の不合理性の判断において，使用者が一定の配慮をしている点を指摘する裁判例もみられるところであり，合理的配慮論の考え方を踏まえた判断を行うことも可能と考えられる。

　また，非正規労働者と正社員との労働条件の相違は，一定の場合には公序良俗違反となる場合もありうるのであって，このような公序良俗違反の判断においては合理的配慮論に類似した考え方を取り入れることは不可能ではない。そして，この公序良俗違反の判断は，労働契約法20条が規定された後も妥当するものと考えられる。

(8)　外国人労働者

　外国人労働者については，外国人に対する日本人と比較した場合の不利益取扱いの問題と，これとは別に，外国人労働者に対しては，日本人の場合と異なった配慮を行うべきか否か（異別取扱い）という問題がある。本書では，合理的配慮論の展開可能性を考察する対象として，安全配慮義務が問題となった外国人労働者の労働災害事件を取り上げたが，これは後者の問題といえる。

　裁判例には，安全配慮義務違反の有無の判断についての考慮要素として，「外国語のマニュアルの有無」や「被災者の言語能力」を指摘するものがあり，こうした考慮要素は外国人労働者に特有のものである。安全配慮義務と合理的配慮論との関係においても，義務違反の有無や行為の違法性判断において合理的配慮論の考え方を取り入れることは可能であると考えられるが，外国人労働者に対して安全配慮義務が問題となる場面では，外国人労働者に特有の配慮が問題となりうる。このような配慮は，個々の労働者の事情ごとの個別対応としての配慮というべきものであり，合理的配慮論の考え方に親和性を有すると考えられよう。

4 その他の法分野についての裁判例等の検討

(1) 性的少数者

　性的少数者については，性同一性障害のように「障害者」に該当すると考えられる場合と，障害者差別解消法および障害者雇用促進法に規定する「障害者」には該当しないと考えられる場合とがある。しかし，「障害者」に該当しない場合であっても，性的少数者であることを理由として不利益取扱いがなされうるのであって，そのような不利益取扱いの違法性が問題となりうる。

　裁判例では，性同一性障害の事案を取り上げたが，いずれも障害者差別解消法および改正障害者雇用促進法が施行される前の時期のものであり，裁判例の判示は，性同一性障害の場合だけでなく，広く性的少数者の場合に妥当すると考えてよいであろう。

　裁判例では，性的少数者が労働者である場合の懲戒事由該当性の判断において，労働者が求めた配慮に対する使用者側の対応を考慮しており，その際，使用者側に一定の配慮措置を実施することが可能か否かの観点からの指摘がなされている。また，雇用分野ではない場合であっても，性的少数者に対する対応に際して，一定の配慮措置についての不作為を問題としているものがある。裁判例は，拘禁関係における処分の違法性が争われたものであり，国家賠償請求における違法性に関して，行政行為の裁量権の逸脱の有無という判断として，こうした性的少数者であることについての配慮の必要性を指摘している。その判断過程では，「過重な負担」か否かといった視点として位置づけることも可能といえる事情も指摘されており，合理的配慮論における判断と類似している。

(2) 信仰に対する合理的配慮

　宗教や信仰を理由とする不利益取扱いに対しては，アメリカでは公民権法第7編において宗教差別の判断にあたって合理的配慮論が採用されており，こうした点からしても，不利益取扱いの違法性判断等において合理的配慮論が妥当する素地が存しているともいえる。

　信仰を理由として特定の授業を拒否したことに対する不利益処分の違法性を判断した事案では，行政行為の裁量権の逸脱または濫用の有無の判断において，

合理的配慮論に類似した考え方を採用して違法性の有無の判断を行っている。すなわち，行政行為の主体に対して，一定の配慮（相応の考慮）を求めたうえで，配慮を払うことの負担について言及しており，こうした判断過程は合理的配慮論での判断とほぼ同様といえる。この事案では，当該行政行為の取消しを求める形での抗告訴訟において，行政行為の違法性の有無を判断する際に，合理的配慮論に類似した考え方と位置づけられる判断を行っているが，当該行為の違法性判断という意味では，不法行為の違法性や義務違反の有無を判断する場合にも同様の判断が妥当すると考えることが可能であろう。

(3) 説明義務・情報提供義務

説明義務・情報提供義務は，情報格差や交渉力格差を理由として，結果的には情報量や交渉力におとる一方当事者にとって不利益な内容の取引を行った場合などに問題となりうる。その意味で，格差を原因とする不利益取扱いと位置づけることも不可能ではない。こうした観点から，取引場面における説明義務・情報提供義務に関する裁判例の検討を試みた。

説明義務や情報提供義務は，信義則上の義務，契約上の義務，法令上の義務など様々な理論的根拠をもって論じられており，しかも，この問題を扱った裁判例は非常に多数のものが存している。そのため，これらの裁判例を網羅的に検討することは困難であり，本書では，そのうちの不動産取引を取り上げて検討した。

裁判例の検討の結果，これらの分野では，既に説明義務・情報提供義務の範囲や内容の理解についてほぼ確立されている感がある。また，説明義務・情報提供義務違反の判断方法や考慮事情に関しても，多数の裁判例や学説等の議論が存在しており，これに加えて合理的配慮論の考え方を取り入れることの必要性があるかといった点についても疑問がないわけではない。合理的配慮論の考え方を取り入れる余地が否定されるわけではないと位置づけることのできる裁判例も存するが，そのような積極的評価が可能か否かという点も含めて今後の裁判例の集積や検討が待たれるといえよう。

⑷　約款・消費者契約

　約款・消費者契約は，契約当事者間において情報格差や交渉力格差があることを前提として，そうした格差の是正が議論されてきた分野である。

　しかし，約款については，そもそも個別対応等が問題となった裁判例が多いわけではなく，合理的配慮論の観点から裁判例を検討するということはできなかった。そのため，約款の要件論に関する学説等の議論状況をもとに合理的配慮論の導入の可能性を検討した。約款の要件論のうち，約款の内容規制の面では合理的配慮論の考え方を取り入れることの可能性は否定できないものの，そうした判断手法を導入する必要性も含めて今後の検討が必要と思われる。

　消費者契約では，消費者契約法10条に関する裁判例を取り上げて合理的配慮論の導入の可能性を検討した。ここでも契約当事者ごとの個別具体的な事情を考慮したうえでの判断を行っている裁判例は見受けられない。

　しかし，消費者契約法10条の後段要件は，信義則に反するか否かという実質判断であり，また，消費者側の具体的事情を考慮したうえで後段要件の判断を行うとことを指摘した最高裁判例の趣旨をも考慮すれば，後段要件の判断において，合理的配慮論の考え方を取り入れることも可能ではないかと考えられる。ただし，ここでも約款の場合と同様，導入の必要性を含めて今後の検討課題としたい。

5　小括

⑴　合理的配慮論について障害分野以外の法分野へ適用ないし展開することができるかという点に関しては，理論的にみれば，他の法分野に適用ないし展開できる可能性は認められうるといってよい。

　ただし，障害者差別禁止法および障害者雇用促進法に規定されている合理的配慮義務は公法上の規律であることから，そうした行為規範の側面を他の法分野に適用ないし展開することは難しい。しかしながら，合理的配慮の不提供ないし合理的配慮義務違反が問題となる場面において，行為の有効性判断や不法行為の成否などの判断過程で合理的配慮論の考え方を取り入れることは可能と考えられる。

⑵　本書では,「その他の法分野」について, 主として, 労働法分野と民法分野を中心とした個別問題という形で検討分野を設定したうえで裁判例を検討した。したがって, 障害分野以外の法分野といっても, これを網羅的に検討したわけではなく, 本書の考察結果を一般化することができるかどうかは, なお検討を要するであろう。

　そのような限られた範囲での検討ではあるが, 裁判例を検討した結果からは, 以下のような点を指摘することが可能ではないかと考えられる。

　第1に, 労働法の分野では, 労使間の交渉力格差, 性差別, 労働条件の格差など, 差別・格差にかかわる問題が少なくない。また, 解雇権濫用などをはじめとして, 従前から, 濫用規制などを用いて行為の有効性判断において規範的要件が取り入れられてきた。このようなこともあってか, 合理的配慮論ないしこれと類似した考え方に親和的な判断をした裁判例がある程度みられる。

　第2に, それ以外の法分野のうち, 差別としても位置づけが可能とも考えられる分野（LGBTなどの性的少数者, 宗教ないし信仰）についても, 合理的配慮論ないしこれと類似した判断過程をしているものがある。合理的配慮論が, 諸外国でも性差別や宗教差別などの場面では適用されている例があることを踏まえると, この分野では, わが国でも合理的配慮論を適用ないし展開する可能性は認められる。

　第3に, 民法分野では, 情報格差や交渉力格差が問題となる分野は存するものの, 合理的配慮論に類似した判断を示した裁判例は見受けられない。これらの分野では, 既に民法および消費者法での議論が精緻化し, 裁判例も多数存して判断方法についても一定の枠組みが認められることから, これらの議論や裁判例が示す判断方法に加えて, 合理的配慮論の考え方を取り入れることの必要性も含めて今後の検討が必要である。

　もっとも, 民法分野でも, 本書では検討できなかった問題として, 例えば, 高齢者にかかわる問題などでは, 合理的配慮論の適用ないし展開可能性を改めて検討することも有用ではないかと思われる。

第2節　合理的配慮論の展望

1　合理的配慮義務の行為規範としての意義

(1)　障害者差別解消法および障害者雇用促進法に規定されている合理的配慮義務（合理的配慮提供義務）は，それが法的義務であれ努力義務であれ，公法上の義務として規律されており，行為規範としての機能に実効性をもたせることが重要である。

そのためには，法律に規定されている合理的配慮義務の意味内容について，義務を負う行政機関等や事業者，使用者が容易に理解し，合理的配慮としての対応をとれるように，できる限り明確な形にすることが望ましい。もちろん，合理的配慮は障害者に対する個別の対応であるので，すべての場合に妥当する説明は困難であるが，個別に対応する際に参考に資するような考え方を示すことが必要である。

(2)　そうした具体的方策として，当面，以下のような作業が重要であることを指摘しておきたい。

第1に，法律に定められた合理的配慮義務の意味内容について，解釈上の問題点を含めた議論を行い，解釈上の疑義をできる限り少なくするという作業が必要である。

第2に，合理的配慮への取組みなどの実践例を検証したうえで，有益な取組み事例については，合理的配慮義務の意味内容の説明にフィードバックさせるという作業が有用である。これによって，合理的配慮がより実質化し，さらには，合理的配慮義務違反に対する救済に際しての判断にも影響することが考えられる。

2　合理的配慮論の展開と課題

合理的配慮論を障害分野以外の他の法分野へ適用ないし展開できるか否かという点に関しては，理論的には可能であるといえるものの，今後の検討を要す

る分野がほとんどである。そのため，まずは，障害分野での合理的配慮論の定着状況や議論状況を踏まえる必要がある。また，本書では，障害分野以外の他の法分野の裁判例の検討については，障害分野以外の法分野を網羅的に行っているわけではない。したがって，いかなる法分野への適用ないし展開が有用であるかという点に関しても検討する必要があろう。

そのうえで，合理的配慮論を他の法分野に展開するにあたって，さらに検討すべき視点として考えられる事項を指摘して今後の課題としたい。

(1) 取引行為の有効性判断と合理的配慮論

契約による取引行為に関する分野では，一方当事者の行為の有効性判断にあたって，公序良俗，信義則などの法理によって行為の有効性が判断される場面がある。このような公序良俗，信義則などの法理が妥当する場合には，その判断の考慮事情として合理的配慮論の考え方を取り入れることは可能である。したがって，当該行為の有効性判断において，公序良俗，信義則などの規範的判断がなされうる場合か否かを検討する必要がある。

また，公序良俗，信義則などの判断については，近時，公序良俗に関する新たな理解との関係で，合理的配慮論の考え方を考慮事情として取り入れることが可能か否かを検討することも有益であろう[*4]。

さらに，このことは契約内容の確定の問題とも関係しないわけではない。契約内容の確定にあたっての考え方としては，自律的な合意の確定と信義則などの他律的な規範による補充がなされるとする二元論と呼ばれる伝統的な立場のほかに，契約という行為が契約制度を利用している制度的行為であるという視点から自律的な合意の確定と他律的な規範による補充を融合的にとらえる立場[*5]や，一定の契約関係によって信義則を通じた社会規範などが契約規範を構

---

*4 公序良俗論の学説の状況については，吉田克己「公共の福祉・権利濫用・公序良俗」内田貴ほか編『民法の争点』（有斐閣，2007）50 頁以下，大村敦『もう一つの基本民法Ⅰ』（2006）15 頁以下などを参照。
*5 山本敬三「契約の拘束力と契約責任論の展開」ジュリスト 1318 号（2006）101 頁以下。

成するとする関係的契約理論[*6]などが議論されている[*7]。しかし，いずれの立場であっても，契約内容の確定において信義則などの観点から社会規範によって契約内容が確定される場合が認められる。そうだとすれば，そうした視点から確定された契約内容として，合理的配慮の提供が考慮される可能性がないわけではないと思われる。

(2) 損害賠償請求と合理的配慮論

義務違反ないし行為の違法性を理由に損害賠償を求める場面としては，債務不履行や不法行為に基づく請求が考えられる。

このうち，安全配慮義務や信義則上の義務などが問題となる場面では，それが債務不履行であれ不法行為に基づくものであれ，当事者に一定の措置を求めたうえでその不実施を問題とする場合が多い。したがって，義務違反ないし行為の違法性判断において，考慮事情として合理的配慮論の考え方を取り入れることは可能といえる。

不法行為に基づく損害賠償請求の場合には，このような配慮義務と類似の視点で行為の違法性が判断できる場合もあるものの，そうでないこともありうる。そのような場合において，合理的配慮論の考え方を行為の違法性判断で考慮事情とすることができるか否かについては，特に，不作為不法行為との関係で検討をしておくことが有益ではないかと思われる。

不作為が不法行為として成立するためには，不作為についての作為義務が発生していることが要件となる。その作為義務発生の根拠としては，法令・契約・事務管理・条理・慣習などが挙げられているが[*8]，このような作為義務の内容について，合理的配慮論の考え方を取り入れた形で作為義務を構成できるか否かは検討の余地があると思われる。また，作為義務に関しては，作為義務者の判断基準として，「先行行為基準」と「支配領域基準」に分類したうえで，後者の場合には，支払領域内にある他人の権利利益に対する防御等の義務があ

---

*6　内田貴『契約の再生』（弘文堂，1990），同『契約の時代』（岩波書店，2000）。
*7　潮見佳男『新債権総論Ｉ』（信山社，2017）72頁以下参照。
*8　前田陽一『債権各論Ⅱ・不法行為法』（弘文堂，第３版，2017）18頁。

ると理解する見解があり[*9]，こうした新たな議論との関係でも，合理的配慮論の考え方を作為義務に取り込むことができないかを検討することが可能なのではないだろうか。

(3) 行政裁量と合理的配慮論

行政行為の違法性が争われる場合には，裁量権の逸脱または濫用の有無が問題となるが，このような裁量審査における考慮事情の一つとして合理的配慮論の考え方を取り入れて判断することは可能であろう。裁判例においても，行政行為の有効性が問題となった事案では，合理的配慮の考え方に近い判断方法を採用しているものがみられる。

したがって，今後は，裁量審査として指摘されている審査基準と対応する形で，どのような審査基準において，どのような形で考慮事情として取り入れることが可能か否かを検討することが考えられよう[*10]。

3 今後に向けて

法律に規定された合理的配慮義務は，2016（平成28）年4月1日に施行されたばかりであり，合理的配慮義務違反の判断や違反に対する救済などについては，今後，裁判例が出てくるものと予測される。こうした裁判例は，障害分野以外の法分野への合理的配慮論の適用ないし展開可能性を論じるうえでも重要な意味を有する。したがって，障害分野における合理的配慮論の解釈や判断を十分に議論する必要がある。

また，障害分野以外の法分野において，差別や格差が問題となる場面では，裁判例等の判断について，合理的配慮論の視点で判断を再構成できないかを試みるという作業が有益であろう。

---

*9　橋本佳幸『責任法の多元的構造』（有斐閣，2006）28頁以下，窪田充見編『新注釈民法(15)・債権(8)』（有斐閣，2017）284頁〔橋本佳幸〕。

*10　行政裁量の裁量審査については，さしあたり，曽和俊文『行政法総論を学ぶ』（有斐閣，2014）196頁以下，原島良成ほか『行政裁量論』（放送大学教育振興会，2011）のほか，榊原秀訓ほかによる「特集・行政裁量統制論の展望」法律時報85巻2号（2013）4頁以下などを参照。

こうした検討のもとに，合理的配慮論を導入することの可能性とともに必要性および有用性を検証してゆくことが必要である。また，裁判実務において，行為の違法性や有効性を論じる場合に，合理的配慮論を考慮に入れた主張を展開して裁判所に判断の契機を与えることも，今後の議論の進展のためには有用といえるだろう。

判 例 索 引

●昭和

最判昭48・12・12民集27・11・1536（三菱樹脂事件） ……………………………… 188
最判昭50・2・25民集29・2・143（陸上自衛隊八戸車両整備工場事件）……… 202,333
最判昭56・3・24民集35・2・300（日産自動車事件） ……………………………… 225
東京高判昭57・1・28判タ474・242 …………………………………………………… 125
大阪高判昭58・10・14労判419・28（小西縫製工業事件） ………………………… 145
最判昭59・4・10民集38・6・557（川義事件） ……………………………… 202,333
最判昭60・7・16民集39・5・1023（エヌ・ビー・シー工業事件） ……………… 235
東京地判61・3・20判時1185・67（日曜参観事件） ………………………………… 293
最判昭61・7・14裁判集民148・281（東亜ペイント事件） ………………………… 195
最判昭63・6・1民集42・5・277（自衛官合祀事件） ……………………………… 293

●平成元年〜10年

最判平元・12・14民集43・12・1895（日本シェーリング事件） ………………… 235
東京高判平2・1・25金商845・19 ……………………………………………………… 303
京都地判平2・7・18労判567・22（京都府立聾学校事件） ………………………… 194
神戸地判平4・3・13判時1414・26（市立尼崎高校訴訟） ………………………… 125
福岡地判平4・4・16労判607・6（福岡セクシャル・ハラスメント事件） …… 215,219
東京地判平4・8・27労判611・10（日ソ図書事件） ………………………………… 226
東京地判平4・9・24労判618・15（改進社事件） …………………………………… 263
東京地判平5・8・31判時1479・149（ガーナ国籍女子パート労災事件）………… 263
東京地判平5・11・29判時1498・98 …………………………………………………… 303
旭川地決平6・5・10労判675・72（損害保険リサーチ事件） ……………………… 197
札幌高判平6・5・24判時1519・67（留萌特殊学級入級処分取消訴訟） ………… 125
最判平8・3・8民集50・3・469（剣道受講拒否事件） …………………………… 286
長野地裁上田支部判平8・3・15労判690・32（丸子警報器事件） ……………… 250
札幌地決平9・7・23労判723・62（北海道コカ・コーラボトリング事件） …… 197
最判平10・4・9裁判集民188・1（片山組事件） …………………………………… 190

東京地判平10・5・13判タ974・268 ……………………………………………… 303
東京高判平10・12・10労判761・118（直源会相模原南病院事件）…………… 199

●平成11年〜20年

札幌高判平11・7・9労判764・17（北海道龍谷学園〔小樽双葉女子学園〕事件）… 192
大阪地判平11・7・28労判770・81（塩野義製薬事件）……………………………… 226
最判平11・9・17労判768・16（帝国臓器製薬事件）………………………………… 196
大阪地判平11・10・4労判771・25（JR東海〔退職〕事件）………………………… 192
最判平12・1・28裁判集民196・285（ケンウッド事件）…………………………… 196
最判平12・2・29民集54・2・582（輸血拒否事件）…………………………………… 294
最判平12・3・24民集54・3・355（電通事件）………………………………………… 203
広島地判平12・5・18労判783・15（オタフクソース事件）………………………… 206
千葉地判平12・6・12労判785・10（T工業〔HIV解雇〕事件）…………………… 181
大阪地判平12・7・31労判792・48（住友電気工業事件）…………………………… 229
東京高判平12・11・29労判799・17（メレスグリオ事件）………………………… 199
大阪高判平13・3・14労判809・61（全日本空輸〔退職強要〕事件）……………… 193
東京地判平13・7・23判タ1131・142（JR東日本車いす対応トイレ設置訴訟）141,165
東京地判平13・9・26 WLJ文献番号・2001WLJPCA09260011）……………… 304
大阪地判平13・10・15判時1794・88（天王寺駅事件）……………………………… 140
静岡地裁沼津支部判平13・12・26労判836・132（山宗事件）……………………… 199
東京地判平14・2・20労判822・13（野村證券事件）………………………………… 227
東京地判平14・2・22 WLJ文献番号・2002WLJPCA02220012 ………………… 304
大阪高判平14・3・14判タ1146・230（教育環境整備義務訴訟）…………………… 125
大阪地判平成14・4・12LLI/DB判例番号・L05750551 …………………………… 217
大阪地判平14・5・22労判830・22（日本郵便逓送事件）…………………………… 251
大阪高判平14・6・19労判839・47（カントラ事件）………………………………… 190
東京地決平成14・6・20労判830・13（S社〔性同一性障害者解雇〕事件）……… 280
東京高判平14・7・23労判852・73（三洋電機サービス事件）……………………… 207
最判平15・2・28裁判集民209・143 …………………………………………………… 311
東京地判平15・5・28労判852・11（東京都〔警察学校・警察病院HIV検査〕事件）180
東京地判平15・6・20労判854・5（B金融公庫〔B型肝炎ウイルス感染検査〕事件）181
東京高判平15・9・25判タ1153・167 …………………………………………………… 305

判例索引　349

最判平15・12・4裁判集民212・87（東朋学園事件） ………………………… 237
東京地裁八王子支部判平15・12・10労判870・50（Aサプライ〔知的障害者死亡事故〕
　事件） ……………………………………………………………………………… 146
東京地判平16・3・30労判876・87（千葉セクハラ〔自動車販売会社〕事件） …… 220
東京地判平16・4・25労判924・112（日本曹達事件） ………………………… 165
横浜地判平16・7・8労判880・123（A市職員〔セクハラ損害賠償〕事件） ……… 216
大阪高判平16・7・15労判879・22（関西医科大学研修医事件） ……………… 207
名古屋地判平16・12・22労判888・28（岡谷鋼機事件） ……………………… 228
東京高判平17・1・19労判890・58（横浜市学校保健会〔歯科衛生士解雇〕事件） 147,168
大阪高判平17・1・25労判890・27（日本レストランシステム事件） ………… 198
東京地判平17・2・18労判892・80（カンドー事件） …………………………… 193
京都地判平17・3・25労判893・18（エージーフーズ事件） …………………… 207
大阪地判平17・3・28労判898・40（住友金属工業事件） ……………………… 225
徳島地決平17・6・7判例自治270・48（徳島県藍住町立幼稚園就園拒否事件） … 126
大阪高判平17・6・14判時1935・65（大阪地裁堺支部庁舎事件） …………… 139
甲府地判平17・9・27労判904・41（社会保険庁事件） ………………………… 208
名古屋地判平17・12・16労判915・118（愛知学院〔愛知高校〕事件） ……… 194
最判平17・12・16裁判集民218・239 ……………………………………………… 310
名古屋地判平18・1・18労判918・65（富士電機E&C事件） ………………… 182
東京地決平18・1・25判時1931・10（東大和市立保育園就園拒否事件） …… 129
東京地判平18・3・29判時1935・84 ……………………………………………… 283
東京地判平18・4・7 LLI/DB判例番号・L06131554 …………………………… 300
大阪高判平18・4・14労判915・60（ネスレ日本事件） ………………………… 197
東京地判平18・4・25労判924・112（日本曹達事件） ………………………… 143
東京地判平18・10・25判時1956・62（東大和市立保育園入園拒否事件） …… 129
東京地判平成18・12・6 WLJ文献番号・2006WLJPCA12060001 ……………… 301
横浜地判平19・1・23労判938・54（日本オートマチックマシン事件） ……… 224
静岡地判平19・1・24労判939・50（矢崎部品・テクノサイエンス事件） …… 264
東京高判平19・4・26労判940・33（オリエンタルモーター〔賃金減額〕事件） … 193
大阪地判平19・5・28労判942・25（積善会事件） ……………………………… 208
東京地判平19・8・10 WLJ文献番号・2007WLJPCA08108002 ………………… 299
最判平20・1・24労判953・5（神奈川都市交通事件） ………………………… 190

東京高判平20・1・31労判959・85（兼松事件） ……………………………… 227
東京高判平20・3・27労判959・18（ノースウエスト航空事件） ……………… 198
大阪高判平20・5・29判時2024・20（シンガポール航空搭乗拒否訴訟）……… 141,163
東京高判平20・5・29判時2033・15 ……………………………………………… 305
東京地判平20・6・4判タ1298・174 ……………………………………………… 303
東京地判平20・11・19判タ1296・217 …………………………………………… 303

● 平成21年～

釧路地裁帯広支部判平21・2・2労判990・196（音更町農業協同組合事件）……… 208
札幌高裁判平21・3・26労判982・44（NTT東日本〔北海道〕事件）…………… 198
奈良地決平21・6・26判例自治328・21（奈良県下市町立中学校就学拒否事件）… 132
東京地判平21・6・29労判992・39（昭和シェル石油事件）…………………… 224
大阪高判平21・7・16労判1001・77（京都市女性協会事件）…………………… 252
東京高判平21・9・30判タ1317・72 ……………………………………………… 315
東京地判平22・2・8労経速2067・21（X社事件）……………………………… 198
東京地判平22・5・27労判1011・20（藍澤證券事件）……………………… 144,165
東京地判平22・8・26労判1013・15（東京大学出版会事件）…………………… 324
大阪高判平22・9・14労判1144・74（愛知ミタカ運輸事件）…………………… 252
徳島地裁阿南支部判平23・1・21判タ1346・192 ………………………………… 265
最判平23・7・12裁判集民237・215 ……………………………………………… 316
最判平23・7・15民集65・5・2269 ………………………………………………… 316
東京高判平23・12・27労判1042・15（コナミデジタルエンタテイメント事件）… 240
大阪地判平24・2・15労判1048・105（建設技術研究所事件）………………… 209
最判平24・3・16民集66・5・2216 ………………………………………………… 316
神戸地裁尼崎支部決平24・4・9労判1054・38（阪神バス〔勤務配慮〕事件） 148,168
最判平24・4・27裁判集民240・237（日本ヒューレット・パッカード事件）……… 183
京都地判平24・7・19判時2158・95 ……………………………………………… 317
大阪地判平24・11・12判時2174・77 ……………………………………………… 317
最判平24・11・29裁判集民242・51（津田電気計器事件）……………………… 324
東京地判平24・12・25労判1068・5（第一興商事件）…………………………… 155
名古屋地判平25・2・7労判1070・38（ナルコ事件）…………………………… 265
大阪高判平25・3・29判時2219・64 ……………………………………………… 318

名古屋高裁金沢支部判平25・9・4LLI/DB判例番号・L06820491 ……………… 217
大分地判平25・12・10労判1090・44（ニヤクコーポレーション事件）………… 254
最判平26・3・24裁判集民246・89（東芝〔うつ病・解雇〕事件）……… 111,184
京都地判平26・3・31 LEX/DB文献番号・25503302（ジャトコ事件）………… 194
名古屋地判平26・4・23労経速2215・3（S社〔障害者〕事件）……………… 195
大阪高判平26・7・18労判1104・71（医療法人稲門会事件）………………… 238
名古屋高判平26・8・7金商1486・44 …………………………………………… 317
最判平26・10・23民集68・8・1270（広島中央保健生協事件）……………… 236
福岡高判平27・1・29労判1112・5（社会医療法人A会事件）……………… 182
東京地判平27・3・18 LEX/DB文献番号・25540148（京成不動産事件）……… 195
東京地判平27・7・10 LLI/DB判例番号・L07030767 ………………………… 266
東京地判平27・7・29労判1124・5（日本電気事件）…………………… 152,168
東京地判平27・10・2労判1138・57（社会福祉法人全国重症心身障害児（者）を守る
　会事件）………………………………………………………………………… 239
福岡高判平27・11・5判時2299・106 …………………………………………… 318
東京地判平28・2・25LLI/DB判例番号・L07130405 ………………………… 318
京都地判平28・3・29労判1146・65（O公立大学法人〔O大学・准教授〕事件）112,150
福岡地裁小倉支部判平28・4・19労判1140・39（ツクイほか事件）…………… 237
東京地判平28・5・18労判ジャーナル54・55（三益興業事件）………………… 113
東京地判平28・6・15LLI/DB判例番号・L07131456 ………………………… 318
大阪高判平28・7・26労判1143・5（ハマキョウレックス〔差戻審〕事件）……… 254
東京高判平28・11・2労判1144・16（長澤運輸事件）………………………… 255
東京地判平28・12・19WLJ文献番号・2016WLJPCA12198001 ……………… 163
東京地判平29・3・23労判1154・5（メトロコマース事件）……………………… 256
岡山地判平29・3・28判例集未登載……………………………………………… 153

◎あとがき

　九州弁護士会連合会定期大会は，毎年，各単位会持ち回りで開催される。その際，大会に先立ってシンポジウムが行われるのが恒例であり，シンポジウムのテーマをもとに大会宣言が採択されることになる。そのため，シンポジウムは，大会宣言に向けて，政策的ないし実践的な目的を持ったテーマが設定されることになる。第70回九州弁護士会連合会定期大会でのシンポジウムも，そうした観点から，「合理的配慮の定着に向けて」をテーマとし，大会宣言につながりうる内容を企画した。

　しかし，そうした政策的ないし実践的な目的を持ったシンポジウムとは別に，その企画と並行的に，シンポジウムのテーマに関連する「合理的配慮」をキーワードとして，法律解釈や裁判例の分析といった，いわば理論的な側面などについて検討を加えるという試みを行ったのが本書である。このような方向性の検討をシンポジウムの企画とともに行うことについては異論もあるのではないかと思われるが，主として部会長の強い意向による実験的な試みとして行ったものであり，ご容赦いただきたい。

＊

　本書の内容は，シンポジウム部会の委員全員の討議を反映しているものではあるが，法解釈論や裁判例の分析等について一定の見解を示している部分もあることから，参考までに，執筆担当を以下に記しておく。

　【序章】，【第2章】，【終章】（千野博之）

　【第1章】第1節・第4節（徳田靖之），第2節（平山蒼太，田中利武），第3節（岡田壮平，佐々木淳夫，遠矢洋平，徳田靖之，濱本高史，堀哲郎）

　【第3章】第1節・第4節・第5節（千野博之），第2節（浅倉菜津，中山光歩），第3節（小白川類，千野博之）

　【第4章】第1節（靍野嘉厚，千野博之），第2節（上野貴士），第3節（藤﨑千依），第4節（安部佳雄，渡辺耕太），第5節（宇都宮妙），第6節・第7節（千野博之），第8節（今朝丸貴，千野博之），第9節（森脇宏），第10節（渡

辺耕太)

【第5章】第1節・第6節(田中利武),第2節(田中良太),第3節(田中良太,田中利武),第4節(田中保之,籾倉了胤),第5節(巨瀬慧人,千野博之)

　本書での作業は,新たな法解釈論を模索して規範を定立するという作業に慣れていない弁護士にとってはかなりの負担となったようである。ロースクールでさえ,判例の立場を中心とした既存の規範への事案適用を重視して,それを超えた解釈論の当否についてはあまり検討していないようであり,そのためもあってか,特に,若手委員のなかには,今回の作業に何の意味があるのかといった不満を持つ者もあったのではないかと思っている。また,解釈論の当否を議論することは,いわば書生論議であり,このようなことは実務家には必要がないという意見もあるのではないかと思われる。

　しかし,私自身は,いまだ裁判所の法創造機能について希望を捨ててはいない者の一人であるし,また,解釈論の当否を論じることは法曹実務家としてのスキルにもつながりうるものであると信じている。

*

　私が九州弁護士会連合会定期大会でのシンポジウムにかかわるのは4度目である。今回の大会の後,大分で再び定期大会が開催されるのは9年後であることからすると,私が定期大会のシンポジウムに主体的にかかわることができるのは,今回が最後だと思う。次の機会には,中堅や若手会員の新たな力でシンポジウムを企画していただければと願っている。

　なお,私が経験した4度の定期大会でのシンポジウムのうち,今回を含めて3回は現代人文社からシンポジウムに合わせて書籍を出版させていただいている。現代人文社の成澤壽信氏には,今回も,厳しい日程のなかシンポジウム当日に本書刊行を間に合わせていただいた。改めてお礼を申し上げたい。

(千野博之記)

第70回九州弁護士会連合会定期大会
シンポジウム部会委員一同（大分県弁護士会）

千野博之（部会長）
田中利武（副部会長）
浅倉菜津，安部佳雄，石井久子，上野貴士，内田精治，宇都宮妙，岡田壮平，
小野裕佳，亀井正照，川津優一，北﨑裕一郎，木村麻実子，今朝丸貴，河野聡，
小白川類，巨瀬慧人，佐川京子，佐々木淳夫，武内庸泰，田中保之，田中良太，
靍野嘉厚，遠矢洋平，德田宣子，德田靖之，中村多美子，中山光歩，濱本高史，
平山蒼太，福井信之，藤﨑千依，堀哲郎，松尾康利，松本佳織，宮本学治，
籾倉了胤，森脇宏，渡辺耕太

合理的配慮義務の横断的検討
差別・格差等をめぐる裁判例の考察を中心に

2017年10月27日　第1版第1刷発行

編　者	九州弁護士会連合会・大分県弁護士会
発行人	成澤壽信
発行所	株式会社 現代人文社
	〒160-0004 東京都新宿区四谷2-10 八ッ橋ビル7階
振替	00130-3-52366
電話	03-5379-0307（代表）
FAX	03-5379-5388
E-Mail	henshu@genjin.jp（編集）／hanbai@genjin.jp（販売）
Web	http://www.genjin.jp
発売所	株式会社 大学図書
印刷所	株式会社 ミツワ
カバー装画	：押金美和
ブックデザイン	Malpu Design（柴崎精治）

検印省略　PRINTED IN JAPAN　ISBN978-4-87798-682-7　C2032
©2017　九州弁護士会連合会・大分県弁護士会

本書の一部あるいは全部を無断で複写・転載・転訳載などをすること、または磁気媒体等に入力することは、法律で認められた場合を除き、著作者および出版者の権利の侵害となりますので、これらの行為をする場合には、あらかじめ小社また編集者宛に承諾を求めてください。